天津社会科学院重点课题（17YZD-07）研究成果
天津社会科学院2022年度学术著作出版资助项目

运动伤害的刑法适用

Application of Criminal Law to
Sports Injuries

段威　著

法律出版社
LAW PRESS·CHINA
北京

图书在版编目（CIP）数据

运动伤害的刑法适用 / 段威著. -- 北京 ：法律出版社，2024. -- ISBN 978 -7 -5197 -9366 -1

Ⅰ. D924.05

中国国家版本馆 CIP 数据核字第 20240CJ235 号

运动伤害的刑法适用
YUNDONG SHANGHAI DE XINGFA SHIYONG

段 威 著

策划编辑 许 睿
责任编辑 许 睿
装帧设计 李 瞻

出版发行 法律出版社
编辑统筹 司法实务出版分社
责任校对 李慧艳
责任印制 胡晓雅
经　　销 新华书店

开本 710 毫米 ×1000 毫米 1/16
印张 13.75 **字数** 212 千
版本 2024 年 12 月第 1 版
印次 2024 年 12 月第 1 次印刷
印刷 北京新生代彩印制版有限公司

地址：北京市丰台区莲花池西里 7 号（100073）
网址：www.lawpress.com.cn
投稿邮箱：info@lawpress.com.cn
举报盗版邮箱：jbwq@lawpress.com.cn

销售电话：010 -83938349
客服电话：010 -83938350
咨询电话：010 -63939796

书号：ISBN 978 -7 -5197 -9366 -1
定价：68.00 元

凡购买本社图书，如有印装错误，我社负责退换。电话：010 -83938349

序

作为一门较为典型的交叉学科，体育法学在研究内容和方法上体现出明显的“领域+部门法”和“领域+问题”的特点。以此为基础，逐渐形成体育法学独特的研究领域，并打造出自身的学科、学术和话语体系。伴随体育法学研究的深入，越来越多的部门法学者也更加主动地关注该领域，这不仅增强了交叉研究的主动性，而且在内容上的相互内嵌更加深刻，研究成果更加系统化和体系化，发展出越来越多具有体育治理特点的部门法内容。在这一过程中，如何与体育领域的治理机制实现有机结合，则是部门法实现交叉研究和适用的重点考量内容。由此，体育的刑法规制自然成为其中最具争议和难度的问题之一。依托自身的学缘和知识背景，天津社会科学院段威副研究员长期关注体育刑法，发表了一系列相关成果，提出了“体育场域”“体育行为的事实建构”等颇具创新性的观点，是国内从事体育刑法研究的较具代表性的年轻学者。如今，其新作《运动伤害的刑法适用》即将出版，这也是她将法学、美学和社会学相结合，以犯罪构成和裁判路径选择为思路，对如何实现刑法规制运动伤害进行的一次思考。

长久以来，对竞技体育运动的治理秉持“自治”理念，强调体育的“纯粹性”，在规则、组织框架和纠纷解决上坚持自我管理、自我规范，并得到了国内法的认可，司法机关对介入体育管理和纠纷也多持审慎态度。尤其是在治理竞技运动伤害方面，虽然要求刑法介入的呼声不断，但考虑到竞技体育的对抗性、犯罪构成认定的难度以及刑法的谦抑性，对运动伤害进行刑事规制面临的争议较大。围绕这一问题，本书开辟了“体育事实建构”的视角，从“刑事可罚性”“体育要素考量”“体育道德内嵌于裁判思维”三个维度对运动伤害犯罪问题进行了论述。

第一，刑事可罚性问题——刑法应否介入运动伤害。运动伤害的刑事治理在理论中历来存有争议。单纯从犯罪构成要件来看，竞技中的伤害行为如果造成了对方轻伤以上的危害结果，那么其已经符合刑法中关于故意伤害的客观要件。但因为行为发生在运动场这一特殊“场域”中，现实中鲜有致他人伤害的运动员受到刑事指控、承担刑事责任。不过，面对于运动伤害的“肆无忌惮”，刑法“相敬如宾”的态度也有所改变，无论从理论研究还是从司法实践层面，都开始对刑法介入运动伤害治理进行研究和尝试，运动伤害行为的刑事可罚性进而成为首要问题。运动伤害的刑事可罚性主要受制于体育自治以及被害人承诺等事由，所以，囿于竞技体育具有广泛性、传播性、带动性等特点，刑法、民法等部门法与体育自治间的界限均有待厘清，从而提升体育治理的能力和水平。伴随民法典中“自甘风险”条款的确立，民法与体育风险的关系得已确立，兴奋剂入刑则使刑法介入体育领域成为现实。相应地，关注体育伤害的严重性及蔓延性，避免运动伤害的泛滥破坏体育文明与社会稳定，使运动伤害的可刑罚性不再被完全禁止，而是进入了刑法如何介入的具体讨论中。

第二，体育要素的特殊考量——刑法介入运动伤害的界限。对运动伤害进行刑事规制并非易事，这种困难不仅体现在规范适用上，还体现于对价值的取舍：运动伤害究竟是一种美学还是犯罪？抑或运动伤害的规制究竟需要的是道德规范还是法律规制？体育美学和法律规制是否能够实现平衡？对于这些在讨论刑事治理运动伤害前需要回答的问题，作者在书中也尝试给出自己的答案：刑法对于运动伤害的治理应当是“审慎”的，这不仅是刑法谦抑性的要求，更是体育事业发展的特点所需。这种“审慎”，一方面体现在实体法中对犯罪构成要素的特殊确认，包括对犯罪主体的共犯判断，对犯罪主观过失及一般过意的排除，对犯罪客体的“行业化”考量，对犯罪客观“作为且有形”“超出规则且非必要”“破坏式且无施救”三个事实特征的归纳，均体现将犯罪构成要素作出适格于体育特质的表达；另一方面体现在充分尊重并保护运动员的抗辩权利，包括引入熟悉体育规则的司法人员介入案件，将行业组织、自治协会等出具的专业性报告作为证据纳入刑事裁判体系之内以及刑事犯罪记录与运动员选拔机制相衔接等建议，均是刑事法律面对体育犯罪作出的“克制性”规范表达。

第三，运动伤害犯罪的事实建构——刑法如何规制运动伤害。运动伤害事实的集中性、牵连性、科技性、隐蔽性、广泛性、规则性特征以及体育规则的“先规范性”决定了刑法适用的特殊路径。这种特殊不仅体现在实体法、程序法方面，同时也内嵌于裁判者的裁判路径与逻辑表达中，即运动伤害的刑事裁判应当充分释明体育道德。鉴于此，作者从体育道德视角出发，侧重从“社会情感”的认知层面厘清体育的本质、特征，构建出尊重体育独特性、犯罪构成要素特殊化、体育规则优先性等裁判思路，并提出关于刑法弘扬体育道德的三个思路：其一，不同性质的体育活动拥有不同的竞赛规则和特征，而对应的体育道德标准应当呈现区别化；其二，充分考量国家、种族、性别、年龄、阶级等不同层次对体育活动的需求与理解；其三，体育道德要尊重体育竞赛的功利性。应当承认，体育道德的内嵌式表达也是保证体育独立性以及恪守刑法谦抑性的重要保障，以此为基点，更易确立运动伤害刑事裁判确立可期性路径，以期实现刑事治理与体育自治的协同。

段威的本科和硕士学习阶段都在福州大学法学院度过，在攻读硕士学位期间，跟随我学习和研究国际法和体育法。工作后，她坚持学习，考取了南开大学的刑法学博士，这个学习、研究经历也是她将体育刑法作为其研究特点之一的原因和基础。段威天资聪慧，热爱法学专业，无论从事法律实务还是研究工作，其突出的逻辑思维和学习、表达能力都使她都能够较好地适应、转型，并不断地进步和积累，逐步在法学和社会治理等方面形成了自己的研究特色。时光荏苒，我与她结缘十余载，看着她从学生成长为律师、学者，实现了人生的转变，我由衷地为她高兴。这源于她对工作和生活的热爱，更离不开自身的努力和坚持。期待她在今后的工作中持续深耕，用更加科学、严谨的态度持续奉献出好的作品。

2024 年 10 月

目录 CONTENTS

绪论 001

一、研究价值 003

二、研究现状 005

三、重点难点 012

四、思路方法 013

五、创新之处 013

第一章　运动伤害犯罪理论概述 015

第一节　竞技体育的时代要义 015

一、体育内涵的时代衍变 015

二、体育作为中华民族伟大复兴标志性事业的理论内涵 018

三、竞技体育的含义 020

第二节　运动伤害的含义厘定及分类 028

一、运动伤害的界定 028

二、运动伤害的分类 031

第三节　运动伤害典型个案 040

一、运动员 VS 运动员 040

二、运动员 VS 裁判员 043

三、裁判员 VS 教练员 045

四、运动员 VS 场外人员 046
五、场外人员 VS 场外人员 048

第二章 运动伤害犯罪的成因 052
第一节 运动伤害犯罪滋生的历史成因 052
一、伤害性是竞技体育运动的天然属性 052
二、竞技场地的规则设置与多方互动 056
三、运动员脑部损伤引发的攻击倾向 059
第二节 运动伤害犯罪滋生的经济学成因 061
一、体育运动的供需失衡 061
二、体育主体间不正当竞争 062
三、利益驱动下的非理性选择 062
四、跨区域以及文化背景下的价值观念 065
五、运动伤害犯罪成本低于收益 065
第三节 运动伤害犯罪滋生的法学成因 066
一、内部处罚机制的无力性 067
二、民事救济方式的局限性 069
三、刑事救济方式应当保持谦抑性 071
第四节 运动伤害滋生的其他成因 073
一、社会学诱因 073
二、心理诱因 075
三、社会文化诱因 076
四、偶然性诱因 077

第三章 运动伤害的事实特征及难题 079
第一节 运动伤害事实建构的壁垒 080
一、源自事实建构合法性的挑战——犯罪构成的法律规范之维度 081
二、源自事实建构合规性的挑战——犯罪构成的理论模型之维度 084

三、源自事实建构合理性的挑战——犯罪构成的裁判模式之维度　091
第二节　运动伤害案件中的事实特征　094
一、事实的集中性　094
二、事实的隐蔽性　095
三、事实的牵连性　098
四、事实的科技性　100
五、事实的广泛性　101
六、事实的规则性　103
第三节　运动伤害事实的动态蜕变　104
一、碎片化的生活事实　105
二、抽象化的法律事实　105
三、具体化的案件事实　107
四、实践化的裁判事实　108

第四章　运动伤害刑事治理的国际经验阐释　111
第一节　英美法系国家的理论及司法实践　111
一、英国　112
二、美国　114
三、加拿大　115
第二节　大陆法系国家的理论及司法实践　119
一、西班牙　120
二、意大利　122
三、其他国家的治理模式　123
第三节　运动伤害的刑法出罪事由阐述　126
一、被害人承诺　126
二、自甘风险原则　128
三、正当业务理论　130
四、国家许可说　131

五、社会相当性理论 132

第五章　犯罪构成视野下的运动伤害 135

第一节　关于运动伤害案件的主体要件界定 135

一、运动员 135

二、教练员 137

三、裁判员 139

第二节　关于运动伤害案件的主观要件界定 141

一、运动伤害犯罪中的“故意”应严守罪刑法定原则 141

二、对于运动伤害犯罪中的“故意”应较之《刑法》更为严格 142

第三节　关于运动伤害案件的客观要件界定 143

一、竞赛规则对运动伤害犯罪客观要件的建构 143

二、符合竞赛规则下的伤害行为界定 144

三、违反竞赛规则下的伤害行为界定 146

第四节　运动伤害刑法法益的识别与证成 147

一、刑法体系中的体育法益探寻 148

二、正当化事由对法益形成的阻却 150

三、法益在运动伤害犯罪治理中的适用 155

第六章　运动伤害案件的刑事裁判路径 161

第一节　足球飞铲案：裁判思维之于竞技伤害事实建构的反思 161

第二节　概念思维与类型思维的博弈：裁判者对主观事实建构的共性表达 163

一、概念思维下的事实建构 164

二、类型思维下的事实建构 167

第三节　裁判思维的情感渗入：裁判者对主观事实建构的个性表达 173

一、对体育精神的共识性认知 173

二、对体育规则的经验性考量 174

三、对伤害行为“相当性”的伦理考察 175
第四节　运动伤害案件的事实建构路径 177
一、一般到特殊的实践归纳——裁判合法性的真意探寻 177
二、形式到实质的理性渐进——裁判合规性的影响性评价 179
三、客观到主观的逻辑考察——裁判合理性的事前评估 182
第五节　运动伤害刑事治理路径建构 185
一、规范适用方面：应对构成要素做特殊考量 186
二、程序保障方面：应充分尊重并保护运动员的抗辩权 188
三、裁判叙事方面：应在判决中释明并弘扬体育道德 189

参考文献 190

绪　论

近年来，中国体育事业取得长足发展，竞技体育成绩提升显著，体育改革不断深化，2022 年北京成功申办冬奥会、冬残奥会，2024 年中国体育代表团在巴黎奥运会上以 40 金 27 银 24 铜位列金牌榜第一。① 党的二十大报告明确指出要“广泛开展全民健身活动，加强青少年体育工作，促进群众体育和竞技体育全面发展，加快建设体育强国”。习近平总书记在天津会见全国体育先进单位和先进个人代表等时的讲话指出：加快建设体育强国，就要把握体育强国梦与中国梦息息相关的定位，把体育事业融入实现“两个一百年”奋斗目标大格局中去谋划，深化体育改革，更新体育理念，推动群众体育、竞技体育、体育产业协调发展。② 在法治中国建设的国家战略下，这种谋划需建立在体育事业的良性发展以及法律运行的双轨道内，相辅相成。同时，伴随生活物质水平的不断提升，人们对于精神和文化的追求不断攀升。体育作为人类社会生活的重要组成部分，满足了许多人的梦想与追求。对于运动员而言，竞技体育是其职业之根本所在，由于体育活动现已具有重要的文化、伦理、经济、政治价值，同时借由互联网技术的不断精进，体育价值的传播群体不断扩大，运动员的行为价值探讨不应再局限于体育领域自身，而应当将其放置于社会经济发展中，充分考量体育本应带给社会和国家的积极作用，

---

① 《2024 年巴黎奥运会中国体育代表团巴黎奥运会专题》，载百度百科，https：//baike. baidu. com/item/2024%E5%B9%B4%E5%B7%B4%E9%BB%8E%E5%A5%A5%E8%BF%90%E4%BC%9A%E4%B8%AD%E5%9B%BD%E4%BD%93%E8%82%B2%E4%BB%A3%E8%A1%A8%E5%9B%A2/64186639？fr = aladdin，最后访问日期：2024 年 9 月 9 日。

② 国家体育总局编写组：《深入学习习近平关于体育的重要论述》，人民出版社 2022 年版，第 65 页。

以及越轨体育行为给公众带来的消极影响。

“体育”范围极为广泛，包括竞技体育、群体体育、学校体育。而长久以来，体育运动，特别是竞技体育活动崇尚“体育自治”，提倡政治、经济等因素不应当干扰体育活动的进行，即保障体育的“纯粹性”。然而，“纯粹性”本身似一把“双刃剑”，对体育自治的过度依赖，在释放了体育自由天性的同时，也引发了一系列破坏体育公平原则的现象，体育犯罪便是其中之一。有学者指出体育犯罪的外延应包括伤害型体育犯罪、欺诈型体育犯罪和赌博型体育犯罪三类①，也有学者将其具象为“兴奋剂”“黑哨”“赌球”“运动伤害”等②，各类犯罪行为逐步凸显，而其中伤害性体育犯罪最为特殊。

本书以“运动伤害”为研究对象，概念本身较为宽泛，为避免后文论述存在争议，故对此概念进行特别说明，即将“运动”的圈定在“竞技体育”范畴内，对于群体体育和学校体育暂不讨论；“伤害”指的是“运动员、裁判员、教练员等主体违反体育规则、体育道德、体育精神的，无合理依据地教唆、指使、实施故意侵犯他人人身权利或社会公众利益的冲突或攻击行为”。③

一方面，“运动伤害”构成众多竞赛规则的核心内容，④ 系美学与体育结合的产物，竞技美学的追崇以及体育自治的传统导致刑法并未进入运动伤害的主流视野。但肆意增长的运动伤害事件不断引发不良的社会影响：第一，给运动员身体权益造成损害，在严重情况下会断送运动员的职业生涯⑤甚至生命⑥；第二，运动伤害行为容易引发观赛群众的情绪波动，进而引发观众哄

① 参见郭玉川：《竞技体育刑法规制问题研究》，法律出版社 2013 年版，第 4 页。

② 参见肖鹤：《我国竞技体育犯罪原因及法律解决机制研究》，陕西师范大学 2012 年硕士学位论文，第 1 页。

③ 书中的“运动伤害”均排除运动员在竞技体育中因自身行为或体育器材使用不当等原因造成的损伤，而特指由他人的攻击、冲突行为造成的身体伤害行为。

④ 例如，在拳击、柔道、摔跤等竞技运动中，冲突、攻击等行为是构成竞赛本身的组成部分，而在橄榄球、足球、篮球等竞赛中，攻击虽然并非体育规则的组成部分，但适当的攻击也被规则所允许或默认。攻击本身激发的体育美感及激情也是观众喜爱体育的重要因素。

⑤ 1997 年 5 月，在广州太阳神队对阵上海申花队的一场比赛中，上海申花队的主力外援球员莫拉被对方的球员铲倒，而当时广州太阳神队的这名队员脚下并没有球。随后，莫拉被鉴定为左小腿腔、腓两骨同时粉碎性骨折，职业生涯断送。

⑥ 2003 年 9 月 1 日，中国国家足球队在与海地队的比赛中，海地队的运动员在比赛中违反比赛规则，频下“黑脚”，造成多名国家队运动员受伤。

闹、聚众斗殴等越轨行为，对赛场纪律以及体育风气影响恶劣；第三，竞技体育的传播性极为广泛，运动员的行为对于社会公众，特别是青少年而言具有强烈的示范效应，运动伤害的泛滥容易误导青少年，使其将“伤害”视为一种正当获取利益的手段，破坏社会稳定。另一方面，从犯罪构成要件来看，运动中的伤害行为，如果造成了对方轻伤以上的危害结果，那么其已经符合我国刑法中关于故意伤害的客观要件，但现实中却未见导致他人伤害的运动员受到刑事指控并承担刑事责任。因此，从刑法理论上研究刑法如何对竞技运动中的伤害行为作出评价，即运动伤害行为的刑事可罚性问题便成为首要问题。① 此外，伴随竞技体育功利色彩的越发浓重以及商业价值的强势体现，运动伤害不再简单地成为运动员“无意识”或冲动之举，其主观恶性以及客观危害性的不断升级，部分运动伤害已经远超出公众理解范畴内的“激情伤害”，而因“故意性”“严重性”“多发性”成为刑法予以关注的对象。刑法的“相敬如宾”与运动伤害的“肆无忌惮”形成强烈冲突，法学理论和司法实践开始对刑法介入运动伤害治理提出诉求。特别是随着民法典“自甘风险”条款的确立，民法与体育风险的关系得已明确，但其更多针对的是民间体育或全民体育，囿于竞技体育具有的广泛性、传播性、示范性，刑法、民法、体育自治间的界限有待于厘定清晰，避免运动伤害的泛滥破坏体育文明与社会稳定。至此，面对新时期文明竞技体育的新要求，一味强调体育自治，已经无法承接竞技体育在中华民族伟大复兴中国梦的时代价值。

一、研究价值

对运动员运动伤害行为进行刑事司法思考，考量刑法介入运动伤害的可行性以及具体路径，具备以下学术及理论价值：

第一，丰富中国体育法律规范体系，加强体育法与刑法的链接。我国刑法以构成要件为核心，在犯罪主观、犯罪客观上有着自身的判定标准和价值取向，体育自身也有其独特性，对于运动伤害的治理不应僵硬套搬刑法原理，

① 参见孙杰：《竞技体育犯罪的刑法规制研究》，山东人民出版社 2014 年版，第 89 页。

但也绝非完全排斥，因为刑法适用不应有“法外地带”，解决运动伤害约束力不足的问题，最有效、最强硬的方式无疑是刑法适用。因此，应当充分考量体育运动的特殊性，在主观与客观标准上予以竞技体育“特殊关注”，融入公序良俗与体育伦理判断，制定适用于运动伤害的主观故意标准以及客观伤害的科学鉴定规则。同时，通过对运动伤害的国际经验研究，完善我国相关方面的刑法规制，并与体育自治、民事救济治理方式相匹配，形成对体育偏离行为、越轨行为、犯罪行为多层级、立体式学术研究理论体系。

第二，拓宽刑事责任研究视野，丰富刑法共犯理论。目前，体育运动犯罪罪名主要涉及贪污罪、受贿罪、行贿罪、滥用职权罪以及兴奋剂类犯罪，但上述罪名的主体往往并非运动员本身，而是集中于教练员、俱乐部负责人等。实践中，为了最大限度地满足自身利益诉求，行为人往往引诱、胁迫运动员使用恶性伤害行为影响竞赛结果，因此，研究运动伤害刑法化必须依托刑法“共犯理论”，聚焦运动伤害主体由运动员拓展至教练员、主办方、俱乐部、经纪人等，顺应体育犯罪的牵连性特征。同时囿于体育刑事责任主体、责任范围、承担形式等方面的特殊性，给予刑事司法反思及调整的动力，丰富刑法理论。

第三，保护运动员合法权益，保障体育管理秩序。2019 年国务院办公厅印发的《体育强国建设纲要》指出要“强化体育执法，建立体育纠纷多元化解机制”。发生在竞技体育领域内的伤害行为，最直接的受害人便是运动员，其严重、恶意侵犯了运动员的人身健康，造成许多超出预见范围的损伤后果。运动伤害的刑法化可以防止运动员在赛场上故意实施伤害行为，从根源保障竞技体育赛事的绿色、公平。同时，刑法的介入也为赛事的公平、安全举办提供了强力支持，同时打击了犯罪分子借伤害行为谋取非法利益的侥幸心理，具有综合治理战略的高度。

第四，提升治理国际化水平，弘扬中华体育精神。商业化资本不断融入体育场域，运动员的比赛结果直接与其荣誉、利益挂钩，部分运动员为追求经济利益，战胜对手，不择手段，违反比赛规则恶意伤害对手的行为时常发生，这对体育管理提出了愈加专业性、精细化的执法要求，但囿于自治的疲软以及体育法的原则化，救济力度以及强制力问题均成为不利于实践操作的囹圄。刑法的适用能够使体育组织在规范竞技体育良性发展的过程中有不同层级的规范规则可供选择，促进体育运动的规范力度和手段更具明晰性，对竞技伤害的刑事治理研究对体育治理中的其他问题同样具有借鉴作用。

第五，丰富司法裁判经验，应对新型案件出现。由于体育自治的限制以及民商事法律救济方式的前置，我国运动伤害犯罪的惩治尚停留在理论研究框架之内，缺乏实践操作的土壤，因为法律的缺位使体育运动伤害犯罪惩治的实践性成为空谈。本书对于法律适用的拓展旨在促使将刑事司法裁判可能性及可行性从理论框架中剥离出来，从而鲜活地践行于实践中。

二、研究现状

在国内外，对于体育运动伤害犯罪的研究呈现显著的差异性，这种差异不仅反映了学术界的关注点和研究方向，更与不同国家或地区的体育起源、体育风俗、民族传统等文化因素紧密相连。体育，作为一种全球性的文化现象，其内涵和外延在不同文化背景下呈现出丰富多彩的形态。因此，在研究运动伤害犯罪时，我们不仅要关注犯罪行为本身的特征和影响，还需要深入探讨这些犯罪行为背后的文化、历史和社会因素。只有这样，我们才能更全面地理解运动伤害犯罪的本质，进而提出更为有效的预防和干预措施。

（一）国内运动伤害研究演进脉络

1984—1993 年“体育法学”“体育立法”“体育法制”等关键词是研究热点，当时我国体育事业的发展已经进入了新的历史时期。1983 年 10 月 28 日《国务院批转国家体委关于进一步开创体育新局面的请求的通知》中提出要“着手制订体育法”以来，许多学者侧重对宏观体育管理的问题研究。1985 年“5·19 事件”[①] 的发生，“运动伤害”问题引起关注，学者开始展开对运动伤害的概念、成因、对策等相应的研究，为后续我国运动伤害研究提供了

① “5·19 事件”，载百度百科，https：//baike. baidu. com/item/5% C2% B719% E4% BA% 8B% E4% BB% B6/10634063？fr = ge_ ala，最后访问日期：2024 年 5 月 20 日。

早期可供考究的依据。这一时期主要的研究重点集中在体育运动中的攻击行为、球迷骚乱的心理过程与管理对策、足球伤害事件起因及防范，以及足球竞赛中观众精神文明建设等问题。

1995—2003 年，对于“运动伤害”的研究更为深入、细致。学者更加关注球场伤害行为，并对“运动伤害”概念本身进行厘定，将研究聚焦为“破坏性运动伤害”。同时，对体育运动中的攻击性行为与控制进行探讨，指出体育运动中攻击性行为产生的原因。此外，还就体育运动中的攻击行为特征，结合相关行为因素进行成因分析并提出预防措施。

而同期“足球流氓”“足球伤害”“球迷骚乱”等关键词是研究热点，这一时期文章内容在足球专题上尤为丰富，球迷闹事事件多有发生，甚至延续到2007 年，基于“1994 年中国足球正式职业化”的时代背景，这进一步引发了学者对于足球赛场上发生运动伤害等问题的关注。于是我国采用问卷调查、逻辑分析等方法对足球赛场球迷的群体构成、行为表现及其态度进行了研究，认为足球运动之功能与球迷需要相契合，形成价值同构，这是构成球迷狂热、形成球迷现象的本质原因，总结出球场观众伤害行为发展趋势、研究进展与遏制策略。

2004—2013 年，运动伤害与其他学科交叉研究开始涌现，民法、刑法的适用研究引发学者关注。在民事领域，研究集中为关于运动伤害侵权民事诉求途径的探讨、国际体育赛场运动伤害侵权纠纷的民事解决方式、竞技体育过程中运动员人身侵权责任的分析以及对同场竞技运动员间伤害的侵权责任的探析等。在刑事责任领域，学者从竞技体育刑法制约论等视角对运动伤害等行为进行剖析，并结合刑法学、犯罪学对体育运动中的犯罪现象进行分析和原因探讨，并借以国外相关体育犯罪治理经验进行对策研究。

从 2014 年至今，“体育犯罪”“抗辩事由”“身体伤害”“测量维度”等关键词的研究热度不减，规制运动伤害的研究内容不断深入，特别是伴随《民法典》的出台以及运动伤害事件的不断发生，结合理论依据为指导的阐述不断形成。学者通过对中外体育越轨行为的研究分析与比较，结合体育运动中的犯罪特征，对既往运动伤害的研究热点、演进脉络及发展趋势进行梳理，开始对运动伤害与国家安全以及人权保护的关系、对运动伤害与运动员运动寿命的影响展开思考，同时越发关注运动伤害中刑法介入的边界。这一时期，虽然部分学者仍坚持体育系正当业务行为，应阻却刑法适用，但大量研究则借鉴英美国家立法规制、刑事判例、联盟规则等，认为明确遏制运动伤害需要与刑罚相结合，合理的刑法介入运动伤害符合刑法谦抑性、社会公众期待及国际司法实践，进而建议就我国刑法罪名及竞技体育的特殊运动情景，以被害人同意等为正当化事由，限定运动员、教练员、裁判员等为主体，探索运动伤害入罪原则及路径。

总体而言，对于运动员的恶意、严重体育运动伤害违法行为，我国学者的主要研究观点归纳为以下三种：

第一，坚持“体育自治”为传统，主张“用尽内部救济”原则。竞技体育领域内一直存在大量的“行规”，体育内部的事务应当由体育组织按照内部的竞赛规则和章程予以解决，即使在某一事件中产生一些不公正，也是运动员参与竞技体育所必须付出的代价。

第二，以“民事救济”为主要措施，引用“民事侵权规则”。契合竞技体育运动伤害行为法律救济的需要，运动伤害行为民事侵权过错责任原则从过去的完全风险自负，向重大过失演变，展现了体育运动伤害侵权行为救助方式的发展趋势，同时这一原则也被《民法典》吸收采纳。一方面，法院仍关心体育运动行业侵权行为特殊性，对于被害一方自愿参加且能够预料的风险进行法律许可；另一方面，针对伤害事件不断增多的实际情况，民事法律关系管理体系作出了相对应的反馈。

第三，刑法介入运动伤害行为具有必要性。尽管体育运动伤害行为以体育自治、民事治理方法制度性为主，但刑事治理依然有其适用的必要性。一方面，体育组织的行业自治尚无政策法规来规制业余比赛里中的伤害行为；另一方面，民事救济可以维护当事人的权益，却难以覆盖社会公共利益。因此，刑法的干预可以面向社会传递这样一个信息：在体育运动中，法律不忍受不必要的伤害行为。

总体而言，我国学者对运动员运动伤害的研究呈现如下特点：（1）整体研究呈现点状分布，未链接成理论体系，没有把运动员、教练员、裁判员等作为运动伤害的共同主体，未能系统性研究其犯罪规律、特点、构成及惩处。（2）关于刑法在体育场域的适用性研究止于浅表。目前针对运动伤害行为进行研究的多为体育学或体育法学的学者，较少有以刑法为专业背景的学者。例如，在研究运动伤害行为的正当化根据时，学者提出了“社会相当性理论”“允许风险理论”“被害人承诺理论”“正当业务理论”等来为运动伤害行为的正当化寻求理论上的根据，但囿于论者的理论背景，对各种理论的渊源、适用范围、要解决的现实问题以及能否适用到运动伤害行为的正当化根据等一系列问题缺乏深入的探寻与反思。（3）研究成果与我国现有法律规定衔接不够紧密。我国现行的法律体系，对体育运动犯罪调整能力薄弱，法律规定较为原则性。作为专门法律的《体育法》截至目前已经过三次修改，最新修订的《体育法》在2023年开始正式实施，修订后的《体育法》由原来的8章56条增加至12章122条，新增了反兴奋剂、体育组织、体育产业、体育仲裁等章节，对体育事业的各个方面进行了更全面、更具体的规定。根据篇章体例不难看出，相对聚焦于反兴奋剂①的治理，此外，2020年发布的《刑法修

① 《体育法》第53条规定，国家提倡健康文明、公平竞争的体育运动，禁止在体育运动中使用兴奋剂。任何组织和个人不得组织、强迫、欺骗、教唆、引诱体育运动参加者在体育运动中使用兴奋剂，不得向体育运动参加者提供或者变相提供兴奋剂。

第54条规定，国家建立健全反兴奋剂制度。县级以上人民政府体育行政部门会同卫生健康、教育、公安、工信、商务、药品监管、交通运输、海关、农业、市场监管等部门，对兴奋剂问题实施综合治理。

第55条规定，国务院体育行政部门负责制定反兴奋剂规范。

第56条规定，国务院体育行政部门会同国务院药品监管、卫生健康、商务、海关等部门制定、公布兴奋剂目录，并动态调整。

第57条规定，国家设立反兴奋剂机构。反兴奋剂机构及其检查人员依照法定程序开展检查，有关单位和人员应当予以配合，任何单位和个人不得干涉。反兴奋剂机构依法公开反兴奋剂信息，并接受社会监督。

第58条规定，县级以上人民政府体育行政部门组织开展反兴奋剂宣传、教育工作，提高体育活动参与者和公众的反兴奋剂意识。

第59条规定，国家鼓励开展反兴奋剂科学技术研究，推广先进的反兴奋剂技术、设备和方法。

第60条规定，国家根据缔结或者参加的有关国际条约，开展反兴奋剂国际合作，履行反兴奋剂国际义务。

正案（十一）》第44条中亦明确增加了“妨害兴奋剂管理罪”。[①] 相较而言，《体育法》对于竞技体育犯罪的相关规定显得较为笼统，仅在“法律责任”一章中作了泛泛表述，[②] 且在体育运动伤害的问题上，并未作出明确和具体的规定，这无疑为体育司法裁判带来了挑战。仅有《治安管理处罚法》中对赛场外伤害行为进行了概括性规定。[③] 综上，法律的不完善导致对于竞技体育运动伤害的关注难以和实践需求相匹配。

（二）国外体育运动伤害研究实践经验

无论是从理论上还是实践中，英美法系国家都对刑事规制体育运动伤害行为持肯定态度。大陆法系国家则从“正当化”考量，倾向限制对体育运动伤害进行刑法制裁。

1. 英美法系国家

理论方面，英美法系国家通过阐释竞技伤害的原因以及细分伤害类型的方式，作为刑法介入的依据。首先，竞技伤害产生的原因是多样的、复杂的，应综合心理学、运动情景等角度剖析；其次，运动伤害可分为言语、身体、财产及踩踏四个类型，对言语、财产伤害应阻却刑法介入，只有故意或过失且违反规则的身体伤害才视为违反了刑法容忍极限；最后，刑事治理应考量竞技体育的特殊性，如比赛规则、行为性质、伤害程度、风险引发、主观意图、身体接触、本能反应、竞赛内容、竞赛习惯等因素。

---

① 《刑法》第355条之一规定，引诱、教唆、欺骗运动员使用兴奋剂参加国内、国际重大体育竞赛，或者明知运动员参加上述竞赛而向其提供兴奋剂，情节严重的，处三年以下有期徒刑或者拘役，并处罚金。组织、强迫运动员使用兴奋剂参加国内、国际重大体育竞赛的，依照前款的规定从重处罚。

② 《体育法》第119条规定，违反本法规定，造成财产损失或者其他损害的，依法承担民事责任；构成违反治安管理行为的，由公安机关依法给予治安管理处罚；构成犯罪的，依法追究刑事责任。

③ 《治安管理处罚法》第24条规定：“有下列行为之一，扰乱文化、体育等大型群众性活动秩序的，处警告或者二百元以下罚款；情节严重的，处五日以上十日以下拘留，可以并处五百元以下罚款：（一）强行进入场内的；（二）违反规定，在场内燃放烟花爆竹或者其他物品的；（三）展示侮辱性标语、条幅等物品的；（四）围攻裁判员、运动员或者其他工作人员的；（五）向场内投掷杂物，不听制止的；（六）扰乱大型群众性活动秩序的其他行为。因扰乱体育比赛秩序被处以拘留处罚的，可以同时责令其十二个月内不得进入体育场馆观看同类比赛；违反规定进入体育场馆的，强行带离现场。”

实践方面，20世纪60时代，欧洲各国“职业足球流氓”问题凸显，美国、西班牙等国的科学研究组织随后进行了对体育运动伤害行为问题讨论。国际性运动心理学会（ISSP）曾建议将体育竞赛中攻击和伤害倾向作为主要研究内容之一，并对此事投入了大量的时间、资金、精力。海外体育运动伤害行为科学研究已经取得比较丰富多样的成效，充分体现在理论与实体模型、因素、干涉和控制措施等多个方面，并且在抵制体育运动伤害行为实践探索层面累积了众多工作经验。与此同时，德日法系学者多基于该当性阻却事由、违法性阻却事由等考量排斥刑法对竞技体育运动伤害行为的适用。

总体而言，英美法系国家在实践中确立了对体育运动伤害主导者承担刑事责任的基本原则，刑法干预体育运动伤害行为获得了判例法的肯定，运用刑法的能量严厉打击体育运动伤害成为趋势，充分体现了法律抵制体育运动伤害行为不良风气的决心。具体而言形成了三点经验：第一，形成了专门的刑法规制依据。美国、英国分别以《模范刑法典》（Model Penal Code）、《侵犯人身罪法案》（The Offences against the Person Act）作为运动伤害行为的主要法律依据；在加拿大，运动伤害可按照《刑法典》第244（a）条“一般袭击罪”“袭击致伤罪”起诉；西班牙的《体育法》对“体育暴力事件的预防”“体育惩戒”“体育法庭”等有详尽规定；①“海瑟尔球场惨案”后，意大利国会出台了《反足球暴力法》。第二，案例成为细化刑事介入标准的重要渊源。一系列有关运动伤害的典型判例，对如何界定正当伤害和非法伤害、如何协调刑事治理与其他治理手段，发挥了指导作用。第三，责任阻却及合理适用刑罚。英国采用“参赛即同意原则”，美国则倾向于“默示同意原则”，通过对比赛规则、性质、强度、身体接触程度、运动情景等进行分析，阐释被害人对伤害结果有预期，阻却追究刑事责任。此外，在量刑上，以罚金及非监禁刑为主，通过轻刑化体现对体育运动特殊性的关照，保证运动员合法权利，也有益于比赛体育竞赛正常的进行。

---

① 薛静丽、田吉明：《竞技体育犯罪：法律与伦理的双重审视》，载《成都体育学院学报》2010年第36期。

2. 大陆法系国家

大陆法系国家否定刑法对运动伤害的介入，主要基于“正当化事由”理论，并从多角度论述其正当性。

第一，被害人同意说。体育运动可能造成的法益侵害已经被事前知晓并同意，因为被害人的承诺有类似于“法律允许”的效力。但被害人同意说将被害人对于危险的同意拟制为对结果的同意。第二，自甘风险理论。通常指的是个体自愿参与具有一定风险的活动，并自行承担由此可能产生的损害后果。在体育运动中，由于运动的本质特性，通常存在一定程度的风险和潜在的身体伤害。但合理的身体接触和对抗是常见的，这些行为通常被视为比赛的一部分，并在规则范围内被接受。第三，正当业务说。体育运动若已征得法定组织应允、参赛人健康符合赛事要求、伤害结果未违背合法的竞赛规则，应认为其属于正当业务范围，即使符合伤害罪的构成要件，也应排除违法性。第四，国家许可说。国家许可并提倡体育运动发展，若竞赛规则得到了国家认可，则竞赛中造成的伤害就不具备刑事可罚性。第五，社会相当性说。只要社会一般观念认为体育运动是正当的，就应认为伤害行为是正当的，从而阻却违法。体育规则内发生的死伤是一个不幸，而非不法。此外，大陆法系国家通过对前额叶皮质损伤的研究将赛场伤害分为反应性攻击及工具性攻击，并从体育环境改善、体育价值提倡、体育心理疏导等方面进行运动伤害预防。

综上所述，国内外对运动伤害的研究呈现如下特点：（1）英美法系国家的运动伤害刑事治理与国民偏爱高对抗型运动项目以及伤害事件高发的实践密切相关。同时，大量案例裁判经验将难以具体化的刑法介入标准在实践中予以明确，形成判例法渊源，并分别在程序和量刑中体现对体育运动的特殊考量。（2）大陆法系具有深厚的正当性事由理论，出于提升体育发展的实践需要，理论中更关注运动伤害的预防以及治理手段的“柔和性”，研究重点放在通过体育环境改善、体育价值宣扬、体育心理辅导等进行运动伤害预防，并开始融入脑科学、信息通信技术等研究。（3）两大法系为我国提供了不同视角的经验，需要根据我国国情、体育发展、社会接受程度等作出经验筛选及法律适用调试。在判定伤害行为“入罪”时，借鉴大陆法系正当化事由理论精华，防止因刑法过度干预影响体育之魂；在“出罪”时，借鉴英美法系“程序保障”“轻刑化政策”经验，给予运动员充分抗辩权。同时，关注运动员由于长期训练及赛场冲撞所引发的神经性改变，运用脑科学、人工智能等先进技术研究运动伤害问题。

三、重点难点

运动伤害治理是依法治体的重要内容，事关体育赛场风气与国家体育形象。刑事手段作为社会治理的一种路径，在运动伤害治理中却长期受到争议，一方面是认为体育自治与民事治理足以遏制运动伤害的蔓延，另一方面则考虑刑法的严苛性会破坏体育运动的自由与活力。然而，越演越烈的体育运动伤害所引发的恶性事件暴露了体育自治的疲软性与民事治理的有限性，刑事法如何合法、合理地介入运动伤害治理再次成为焦点。

内容重点：第一，对国际经验进行贴合各国体育发展、法律发展脉络的梳理是本书要阐释的内容重点。第二，运用刑法“共犯”理论规制体育场域多主体犯罪问题，建立打击体育领域上下游犯罪现状是本书要解决的法律重点。第三，刑法介入的前提之一在于有“危害结果”的发生，如跨栏运动员遭受对手伤害而造成跟腱断裂，虽鉴定为轻微伤，却可能导致职业生涯终结。对运动伤害结果做“行业化”考量是实践要解决的实践难点。第四，打造刑事手段与体育自治、民事救济体系的融合体系，既是课题的痛点，也是课题的核心。

主要目标：第一，建立运动伤害刑法介入原则。在保障体育顺畅发展的前提下，寻求刑事治理的路径，对外顺应国际治理趋势，对内强化体育执法、遏制体育犯罪。第二，确定运动伤害的“正当化”与“犯罪化”界分标准。“正当化”与“犯罪化”界分的核心是刑法介入的尺度问题，即为运动伤害行为画出法律红线，让刑法坚守至红线外，确保刑法介入有严格的标准、科学的程序、合理的判罚。第三，构建我国运动伤害刑事治理程序性规则。程序规则的保障核心是赋予运动员充分的抗辩权，包括体育规则、性质、体育精神的理解以及现场运动情景对行为的影响、被害人合理预期等。

四、思路方法

研究思路：沿袭“提出问题—经验梳理—提供方案”的研究思路。首先，指出现行运动伤害治理的局限性，分析运动伤害的新特征及滋生原因，指出刑事治理是体育之需、社会之需、国际之需。其次，梳理英美法系及大陆法系国家面临的体育治理困境及解决方式，分析各自经验的优势与不足，为寻求路径指明方向。最后，调试我国法律适用、建立刑事治理标准，为运动伤害刑事治理提供路径，实现刑事治理与内部自治、体育发展与法律监管、赛场安全与运动自由间的平衡。研究思路清晰，针对性强，突出问题，结论明确。

研究方法：(1) 跨学科协同研究法。对运动伤害进行刑事规范，必须有体育学、医学等知识支撑，其中对英美经验的梳理拟通过个案分析、文献研究等社会调查方法对经验素材和犯罪现象进行归纳分析和科学抽象。整合跨学科研究力量，将体育和法律有效整合，是研究研究方法的最大特色。(2) 多法学方向结合研究法。研究涉及刑法学、国际法学、民事法律等知识和理论，将上述专业成果及研究方法相结合，是进行研究的必要方法。(3) 实证和比较分析法。目前，我国尚无刑法介入运动伤害行为的立法及先例，因此，跟踪各国实践，比较分析各国的研究成果和法律规范，分析效果，是发现和解决运动伤害法律问题的有效方法。

五、创新之处

第一，多元主体，突出应用视角。运动员实施运动伤害行为可能涉及主办方（受贿罪）、教练员（兴奋剂类犯罪）、赞助商（行贿罪）、俱乐部（赌博、诈骗类犯罪）等多元主体，将刑法共犯原理引入体育治理模式有助于应对体育上下游产业类犯罪。第二，各取所长，融合社会学方法。布迪厄“场域”理论解释了运动伤害的滋生原因，分析了体育运动伤害在美学实践与犯罪间的动态转化过程，阐释了运动伤害犯罪在主体、客体、主观、客观方面不同于传统犯罪的新特征。第三，另辟蹊径，事实为规范破题。复杂多变的事实催生了规范的立改废释。一方面，运动伤害犯罪事实的危害性、严重性解释了刑法介入的必要性、迫切性；另一方面，运动伤害事实严格圈定了竞赛的宗旨、规则、主体、场地、时长、流程、胜负评判标准等内容，为刑法适用提供素材，并划定疆界。

第一章
运动伤害犯罪理论概述

如今，体育中加注了过量化的商业利益，无度的越轨、违法犯罪行为势必使体育的公平、公正、公开遭到亵渎，甚至沦为追名逐利的遮羞布，随之而来的是体育赛场上出现诸多负面情形，恶性运动伤害便是其中之一。随着互联网的运用以及转播技术的发展，体育运动伤害所引发的社会不利影响传播速度更快、范围更广，所引发的舆论会迅速发酵，进而影响运动员自身及赞助商、所在球队或俱乐部，甚至整个体育行业的健康发展。

第一节　竞技体育的时代要义

一、体育内涵的时代衍变

“体育”是一个经常被提及的词语，但究其本源，其是一个“舶来品”。“体育”的英文是“Physical Education”（简称 PE），是由日本人首先用汉字意译英语而成的日本外来语，再由日语传入中国。日本学者箕作麟祥最早将其译为“体之教”，体育虽然有悠久的历史，但是 1878 年才正式统一为“体育”。[①]“体育”这个词最早在我国出现是在 1897 年由上海南洋公学自编的教材《蒙学读本》中，其中写道：“泰西之学，其旨方端，而以德育、知育、体

① 谭华、刘春燕：《身体、观念与体育——评罗伯特·麦基考夫的〈体育哲学史〉》，载《武汉体育学院学报》2014 年第 7 期。

育为三大纲。德育者，修身之事也，智育者，致知格物之事也，体育者，卫生之事也……是编故事六十课，属德育者三十，属智育者十五，属体育者十五。"[①] 第一次在报刊上使用这个词，则是1899年维新派人士在日本横滨出版的《清议报》上的一篇评论戊戌变法失败之后中国时局的文章中：变法失败以后，"人耻文弱，多想慕於武侠……有志之士乃汇集同志，聘请豪勇军帅，以研究体育之学"[②]。这时"体育"一词的本义指身体培育（body cultivation或physical cultivation）。在1905年《湖南蒙养院教课说略》上也提到："体育功夫，体操发达其表，乐歌发达其里。"

19世纪中叶德国和瑞典的体操传入中国，清政府在"洋学堂"中设置了"体操课"。"体育"这一术语传入我国后，更多的西方文化涌入学校、体育的内容逐步多元化发展，篮球、田径、足球也相继出现在中国学生的课堂中。许多有识之士提出必须理清体育这一概念，后1923年《中小学课程纲要草案》中正式把"体操课"改为了"体育课"，"体育"一词成为标记学校中身体教育的专门术语。中国现在所使用的"体育"这一词语，经历了从"体操"到"体育"的演进过程。后随着社会的进步和体育事业的不断发展，体育所涵盖的内容也超出了最初"体育"的范畴，体育不仅是指狭义的"体育教育"，还是指广义的"体育运动"。

对于体育概念的探讨必须放置于体育强国的背景下，深入研究体育运动发展的历史进程与重要经验。推进我国体育强国建设，使之成为中华民族伟大复兴的标志性事业，体育经历了一个国家软实力体现直至整体跃升的过程。对此，学者从历史发展、功能变化、现实逻辑和制度演进等方面，阐述了体育对民族复兴、国家强盛的作用，并指出：中国体育百年发展历经启蒙革新的"体育救国"阶段、改造创建的"体育兴国"阶段、改革创新的"体育报国"阶段、全面提升的"体育强国"阶段。坚持中国共产党领导、以人民为中心、为国家中心任务服务、走中国特色社会主义体育发展之路，是中国体

---

① 陈学恂：《中国近代教育史教学参考资料》（上册），上海教育出版社1993年版，第659～662页。

② 欧榘甲：《论政变为中国不亡之关系》，载《清议报（第27册）》1899年9月15日。

育发展、民族复兴的重要经验。在每个时期，根据社会发展需求形成了具有时代特征的体育精神，最终汇聚成了习近平新时代体育强国思想。

1. 新民主主义革命时期：体育具有革命性功能，形成了以苏区体育思想、抗日体育思想、解放战争体育思想为主要内涵的红色体育思想。

（1）中国共产党初创时期：毛泽东在《新青年》上发表《体育之研究》一文，提出体育不但关乎人的全面发展，还可以卫国。陈独秀、恽代英等也高度认同体育的社会功效。

（2）苏维埃时期：中国共产党在革命根据地内为劳苦百姓争取体育权利，鼓励妇女开展体育活动，从根本上解放了妇女的思想，体现出我国体育的人民性特征。

（3）抗日战争至新中国成立时期：强调强身卫国，锻炼体魄，为革命战争服务，体育主要服务于军事斗争的需要，贺龙曾在《新中华报》上提出“开展体育运动，为打败法西斯服务”的口号。在革命根据地内推广体育运动，在革命高校设置体育专业，在部队进行以军事训练为主的体育活动。在此期间内形成的红色体育精神为中国特色社会主义体育思想的形成奠定了基础。

2. 社会主义革命与建设时期：体育兼具政治性功能，中国特色社会主义体育思想具备雏形。新中国成立后，无论是国防事业建设还是经济发展都需要良好的国民体质，普及体育运动、提高全民身体素质与健康水平都迫在眉睫。体育发展主要围绕着“增强人民体质”这一中心任务开展，在此基础上推进竞技体育，振兴民族精神。体育事业承担了为经济社会发展、国家繁荣昌盛服务的重要使命，被赋予政治色彩。伴随竞技体育取得的阶段性成就，实现了新中国体育发展与国际体育的初步接轨。体育作为文化传播的重要载体，在政治外交上也发挥了作用，中美乒乓外交成为世界体育外交史的经典范例。同时，体现社会主义制度优越性的“举国体制”逐渐形成，有力地保障了新中国体育事业的迅速发展。

3. 改革开放新时期：体育兼具战略性功能，以体育兴国战略助推改革开放的成果。在国际赛场实现成绩突破，提升中国的国际体育话语权。体育兴国理论与实践赋予了中国特色社会体育思想以新的时代内涵，体育思想逐步成熟。首先，体育的战略功能体现在体育法治化的提升上。1982 年《宪法》以根本法的形式确立了人民群众享有体育权，通过群体体育的形式促进全民身体健康。1995 年《体育法》颁布，我国体育事业的发展有了较为完善的法制规范。其次，举国体制战略实施助推我国竞技体育在国际赛场实现新突破，迈入了体育大国的行列。涌现出一批以女排为代表的世界冠军，他们为国争光的奋斗精神，丰富了中国特色社会主义体育精神的时代内涵。最后，体育的全面普及展现了我国体育事业发展的人民性，体育的社交功能推动了不同群体间的交流，有助于和谐社会的整体构建。北京奥运会的成功举办，为我国由体育大国向体育强国迈进提供了极大的支持。

4. 伟大复兴新时代：体育具有制度性功能，通过全民健身与体教融合战略的开展，为实现中华民族伟大复兴提供力量源泉。同时，经过体育实践与理论的不断发展，铸就了新时代中国体育强国思想。体育强国为实现中国梦提供了强大的动力支持，而且揭示了我国体育事业发展同中华民族历史命运基本走向之间的内在关联。首先，体育强国的本质在于人民，全民健身战略强调群体体育的发展，体教融合战略则侧重于学校体育的培植，二者所蕴含的全民身体素质的提升与青少年身心健康都是实现中华民族伟大复兴的题中之义。其次，国际话语权的提升与传统文化的传承是伟大复兴的重要内容，体育强国战略对我国外交制度发挥着补充作用。通过积极承办与参与国际体育赛事，不断展示中国的友好风度。国际赛场上冉冉升起的五星红旗，则以形象化的符号承载了中华民族自豪感，厚植了爱国主义情怀，增强了中华儿女的凝聚力。

二、体育作为中华民族伟大复兴标志性事业的理论内涵

体育事业的成就可以推动个人、社会、国家、世界的发展进程，成为复兴进程中的新理论、新理解、新内容。

（一）体育作为中华民族伟大复兴标志性事业的时代推进

体育是社会发展和人类进步的重要标志，因为体育事业的发展需要不断

满足人民日益增长的体育需求，体育的本源在于人类发展，这一价值亘古未变。近年来，我国体育改革不断深化，体育的公共服务水平稳步提升，在全民健身浪潮席卷下，越来越多的民众自发加入体育活动中，而且重大赛事的举办更是将体育的影响力逐步扩大。但仍需注意的是，体育是全球的、全民的，我们目前的体育发展中，不平衡、不充分的问题仍然存在，校园体育、残疾人体育、农村体育等体育事业难点领域仍不可忽视。面对新形势、新任务、新要求，要及时关注群众对于体育的需求，结合体育发展实际，制定具有时代性、战略性、前瞻性的政策，并作为我国体育发展的主要驱动力，以彰显体育的时代推进功能。通过发掘体育改革路径，构建满足人民、国家需求的体育发展模式，实现体育强国建设目标。

（二）体育作为中华民族伟大复兴标志性事业的必然选择

体育作为“标志性事业”，既推进纵向发展，又强调横向比较。一方面，体育事业的发展是相对的、动态的、综合的，随着经济和社会发展产生变迁，具有一个国家自身历史纵向比较的相对性。体育成为“标志性事业”，要求体育事业的发展不仅依附于我国政治、经济、社会、文化的总体发展水平，而更要对个人、社会、国家产生较大引领作用。另一方面，赋予体育“标志性事业”的新要求，要实现与其他国家比较的新高度。体育强国是一个相对概念，需从体系层次、影响力传播等方面进行国际横向比较，实现体育事业总体发展水平处于一流或前列国家的体育强国要求。强调体育成为标志性事业，既是贯彻落实习近平总书记2022年4月8日在北京冬奥会、冬残奥会总结表彰大会上的重要讲话，“我们要坚持以增强人民体质、提高全民族身体素质和生活质量为目标，高度重视并充分发挥体育在促进人的全面发展中的重要作用，继续推进体育改革创新，加强体育科技研发，完善全民健身体系，增强广大人民群众特别是青少年体育健身意识，增强我国竞技体育的综合实力和国际竞争力、加快建设体育强国步伐。”也是顺应世界体育发展大势、促进体育事业全面高质量发展的需要，更是发挥体育在促进国民经济和社会发展中的独特作用的需要。

（三）体育作为中华民族伟大复兴标志性事业的发展模式

加快推进体育强国建设，是对体育发展进入新阶段、新周期提出的新的时代要求。发展体育事业需从国家发展、民族振兴的战略高度，将体育强国建设融入国家“五位一体”总体布局和“四个全面”战略布局以及社会经济发展的大局之中，把体育发展内化为国家的政治影响力、经济生产力、社会凝聚力、文化传播力和国民健康力，助力国家富强、社会进步、民族振兴、人民幸福。从全民健身、竞技体育、体育产业、体育文化、体育交往五个方面展开调研，寻求政府职能转变、灵活高效的体育发展新模式，实现体育治理体系和治理能力现代化。

（四）体育作为中华民族伟大复兴标志性事业的国际引领

扩大国家的国际影响力、引领世界体育发展是体育强国建设的重点，在中华民族伟大复兴进程中具有重大意义。我国的体育外交强调“共同利益、合作发展”的全局或共享理念，以体育为平台，话语权为核心，推进全球体育法治进程。目前，中国在国际体育界话语权相对微弱，新时代体育外交发展面临新形势、新任务和新要求。从我国体育外交工作的思想认识、战略谋划、体制机制、决策应对出发，顺应整合外交资源、参与制定国际规范、传播体育文化等方面的新发展，探究提高国际体育话语权的路径。厘清国际体育执法话语权概念及核心，分析我国体育执法话语权面临的困境，做针对性提高国际体育执法话语权的方案研究。

三、竞技体育的含义

广义的“体育”包括竞技体育、群体体育与学校体育，三者虽有共性，但区别十分明显。国际上关于竞技体育的定义主要体现在《体育名词术语》中的描述：“个人或集体为了超过自己或对手的记录而充分发挥自身生理及心理的能力的一种专门竞赛活动。”我国学者对竞技体育的界定主要有“竞技体育是体育的重要组成部分，是以体育竞赛为主要特征，以创造优异运动成绩、夺取比赛优胜为主要目标的社会体育活动”①。也有学者认为“竞技体育是一种规则性、竞争性、娱乐性、挑战性及不确定性的身体活动”②。上述定义反映了竞技体育的表性特征，强调了竞技体育的技术特性及评价标准，但究其实质，上述定义并未深层次挖掘竞技体育内在特质，不能很好地将竞技体育同群体体育、学校体育明确区分。

（一）竞技体育的内核是对体育精神的遵循

竞技体育是体育的重要组成部分，其通过竞赛或比拼的方式展现运动员优秀的身体素质和运动技巧，以打败竞争对手来获取有形或无形的价值利益为目标，它强调的是个人的技术水平和体能素质，以及团队合作和沟通协作的能力。相较于侧重兴趣和爱好的群体体育和学校体育，竞技体育更突出专业性、竞争性和组织性的特点。竞技体育不仅重视比赛成绩和胜利的结果，还重视参与、合作和进步的过程。在竞技体育中，运动员既要遵守规则、尊重对手、保持公正和诚实，又要积极进取、勇于挑战、不断超越自我。整个竞争过程既考验个人的技术水平和体能素质，又锻炼团队合作和沟通协作的能力。竞技体育是一种极具体育精神的运动，体育精神是竞技体育的灵魂和核心价值观，也是推动竞技体育健康发展和大众身心健康的重要保障。概言之，体育精神包括以下三个维度：

第一，体育精神应当涵盖友谊、团结、公平、和平、进步等价值。体育精神是由体育运动所孕育出来的意识形态，其超越体育运动本身，经过长期的淬炼与升华，内化为人类心中的一种信念和追求。竞技体育具有世界性，各国政治、经济、伦理、价值等各具特色，而竞技体育之所以能够在国际社会上流行，说明其蕴含了超出国别差异的共同特质，这种特质得到了国际认同，并能够镶嵌于竞技体育本身，而这便是“体育精神”，即体育运动中所蕴含着的对人的发展具有启迪和影响作用的有价值的思想作风和意识。因此，探讨竞技体育的概念，不应脱离对体育精神的探讨。

① 全国体育院校教材委员会审定：《运动训练学》，人民体育出版社 2000 年版，第 1 页。

② 周爱光：《对竞技运动概念的再认识》，载《中国体育科技》1999 年第 6 期。

第二，体育精神应当具有推动社会、个体进步的引领作用。从社会进步的角度而言，体育是对人产生良好社会化功能的重要途径和独特手段之一，[①]在提升人的身体素质与培养奋斗精神方面具有其他学科不具备的优势，特别是在助推文化传承方面具有得天独厚的优越性，能够助推文化脉络发展和延续发散。此外，体育对推动经济发展具有不可替代性，兼具心理功能、生理功能和社会功能；[②] 从运动员个体角度而言，体育领域内的不良风气，诸如运动员外流、恶性伤害事件、打假球、兴奋剂使用、生活丑闻等问题的出现与体育精神的缺失不无关联。“在巨额的财富的引诱下，公理代替了理想，奥运会也不再是古希腊神圣的祭典和民族文化的集会了，而成为少数职业选手纯粹为金钱而进行的职业竞争场所。日益严重的职业化现象带来的副作用使奥运会的理想和精神受到扭曲。”[③] 降低体育运动伤害，重塑体育赛事新风，刻不容缓。

第三，体育精神应当尊重传统文化及国别差异。体育是一种国际语言，通过肢体与智力竞技，向外界输出对于人类身体、智力极限探索的努力。不同国别、语言、文化的公众甚至不需要翻译就能够自由交流。于我国而言，体育价值应当体现传统中华民族精神，在五千多年的发展中，中华民族形成了以爱国主义为核心，团结统一、爱好和平、勤劳勇敢、自强不息的伟大民族精神。博大精深的中华民族精神作为我国人民的精神支柱，人类文明的重要部分，符合竞技体育的内在追求，在促进我国社会发展与世界文明发展过程中的作用重大，我们有义务将这一人类财富以竞技体育运功等形式作为载体与世界共享。

（二）竞技体育的特质是对时代价值的体现

党的十九大报告提出“加快推进体育强国建设”。体育承载着国家强盛、

① 参见马乃欣：《体育社会化功能研究》，载《西安体育学院学报》2005 年第 4 期。

② 参见文启湘、席建强：《扩大农村居民消费的新思路：基于体育消费的视角》，载《学术交流》2009 年第 8 期。

③ 罗时铭、谭华主编：《奥林匹克学》，高等教育出版社 2007 年版，第 16 页。

民族振兴的梦想，体育强国梦与中国梦紧密相连。2019年8月，国务院办公厅印发的《体育强国建设纲要》对加快推进体育强国建设作出明确部署，并提出要努力将体育建设成为中华民族伟大复兴的标志性事业。《中华人民共和国国民经济和社会发展第十四个五年规划和2035年远景目标纲要》在"全面推进健康中国建设"这一章中"建设体育强国"一节，明确作出指示。对此，将体育打造成为中华民族伟大复兴的标志性事业，可以从以下五个角度解读竞技体育的时代价值：

1. 竞技体育是国家综合实力的重要体现：体育作为一个国家综合实力的重要指标，代表着国家的软实力和硬实力。体育事业的繁荣发展，不仅代表着国家在体育领域的国际竞争力，还代表着国家在经济、文化和社会等方面的综合实力。

2. 竞技体育是促进社会发展的重要手段：体育具有广泛的社会价值和功能，它不仅可以提高人民的健康水平和生活质量，还可以促进社会交流和融合，增强社会凝聚力。体育事业的发展也能够带动相关产业的发展，促进国民经济的增长。

3. 竞技体育是实现民族复兴的重要途径：在实现中华民族伟大复兴的过程中，体育事业的发展具有重要的战略意义。通过体育事业的繁荣发展，可以弘扬中华民族的优秀传统文化，增强民族自信心和自豪感，激发民族凝聚力和创造力。

4. 竞技体育是提高人民健康水平的重要途径：体育对于提高人民的健康水平具有积极的作用。通过体育锻炼和其他形式的身体活动，可以增强身体素质、预防疾病、促进身心健康，提高人民的生活质量。

5. 竞技体育是推动全球体育发展的重要力量：中国作为一个拥有丰富体育资源和巨大市场潜力的国家，已经成为全球体育发展的重要力量。中国体育事业的繁荣发展不仅对自身的健康和稳定发展具有重要意义，也对推动全球体育事业的繁荣发展具有积极的作用。

因此，在中国伟大复兴进程中，体育事业被视为一个重要的组成部分。学者认为，体育不仅是一种文化符号和国家形象的展示，更是一种促进人的全面发展和民族复兴的重要力量。通过体育活动，可以增强人们的身体素质和健康水平，提高民族凝聚力和文化认同感，促进社会交流与合作，对于推动中华民族的伟大复兴具有积极的意义。

（三）竞技体育的根基是对体育文化的尊重

体育事业的繁荣发展也是社会进步和文明程度的重要标志之一。体育不仅代表着国家综合国力和社会文明程度的高低，更是推动人类社会进步和发展的重要力量。体育体现国家综合国力，一个国家的体育实力不仅反映出国家经济、国民的综合素质和社会的文明程度，更内嵌国家的体育文化、教育的实力。体育虽是身体活动，但更是一种文化表达和社会交流的方式，作为一种国际通用语言，体育有着跨越国界、沟通心灵的神奇力量。我国是一个多民族的国家，因其独特的民族文化，形成的多样体育文化充分丰富了我国的体育精神，是体育强国建设的内原动力。中华民族五千年的历史承载着亿万人民之梦想，五千年文化传承着中华民族的发展历程，引领着国家与民族发展前进，因此，强化体育文化软实力，就要树立自身体育文化自信，文化自信是国家与民族屹立于世界之林的精神支撑。同时，我国传统民族文化讲究以和为贵，体育方面如太极注重阴阳平衡，武术中也强调以武强体，区别于国外的个人英雄主义和胜负论，在如今我们更应当取其精华去其糟粕，建设能与我国传统体育文化相适应具有中国特色社会主义的体育文化。具体而言，体育文化应当涵盖以下内容：

1. 爱国敬业精神。爱国主义，是一个民族、一个国家得以维系、生存和发展的最基本的精神力量；敬业精神是提高运动成绩，国家体育事业稳步高效发展，实现自我价值与社会价值的重要法宝。体育具有广泛的社会性和群众性，通过体育活动可以加强人际交流、增进民族团结、提升国家形象和国际竞争力。党的十八大以来，体育文化工作以习近平新时代中国特色社会主义思想为指导，深入贯彻习近平总书记关于体育的重要论述，不断满足人民日益增长的体育文化需求，不断推动体育文化高质量发展，不断增强体育文化影响力，积极为体育强国建设和实现中华民族伟大复兴的中国梦贡献体育文化力量。

2. 自由平等精神。体育是集物质财富和精神财富于一体的，体育有助于人民群众养成正确健康的生活方式，增进彼此的友谊，更以体育文化为交流媒介，有助于健康的世界观、人生观和价值观的形成，有利于个体融入社会，消除民族或文化上的差异。① 正因如此，体育被视为国际性的语言和交流平台，参与体育活动能够感受体育文化的氛围和魅力，从而更好地弘扬体育文化，而通过体育进行交流，增进不同国家和地区之间的沟通，推动中华体育精神的领悟和传播。在今天，我们更应该重视传统体育项目的传承与创新，令体育事业焕发出新的生机和活力，传播和弘扬体育项目背后的文化，助力推动文化的传承和创新，为推动全民健身和国家文化软实力的提升贡献力量。

3. 诚信公正精神。诚信是为人之道，是立身处事之本；公正是竞技体育比赛有序进行、对运动员竞技水平客观评定、体育比赛结果真实有效的保证。我国“赶超型”体育发展方式逐步转换为“可持续发展型”，新方式具有鲜明的以人为本的价值取向，强调体育发展的公开、公正、公平，并将提升体育治理体系和治理能力现代化作为实现手段。强调在新时代背景下，体育治理应以法治为治理的价值基础和目标，推动中国体育的改革与发展。

4. 团结友善精神。传统体育项目有着深厚的历史和文化背景，如武术、太极拳、龙舟等，这些项目在中国的传统文化中有着重要的地位。作为竞技比赛项目中的一员，要时刻牢记只有“人心齐”，才能“泰山移”，团队具有凝聚力、战斗力，才能取得好成绩。这些传统体育项目不仅能够帮助人们强身健体，更能够培养人的意志品质和团队精神。随着社会的不断发展，传统体育项目逐渐融入了现代元素，如瑜伽等，这些现代与传统体育项目融合在一起，形成了新的体育形式，也推动了传统体育文化的传承与创新。

5. 自强不息精神。体育代表着一种精神，即追求卓越、积极向上、团结协作，这种自强不息的精神对于社会的凝聚力和活力至关重要，是运动员面

① 参见黄静：《多元文化背景下毛里求斯大众体育发展研究》，重庆大学2017年硕士学位论文，第4页。

对日常高强度训练、突破自身乃至人类极限，传递正能量必不可缺的精神品质，[①] 更是获得优异成绩、不断超越自我的实现路径。20 世纪 80 年代，我国经济基础尚显薄弱，在国际上缺失话语权，对此我国提出要优先发展体育运动，并确立了以“奥运战略”为中心的竞技体育发展战略，扭转了“弱国无外交”的局面，同时向世界各国展示出自信、自立、自强的国家形象，提升了我国的国际地位，增强了国际竞争力。[②]

综上所述，体育精神历久弥新，中华体育精神已成为中华民族的宝贵精神财富。体育比赛中所呈现的爱国主义、集体主义等核心价值观也极大激发了人民群众的爱国热情和民族自豪感，进而增强国家凝聚力。以竞技体育为例，强化竞技体育的综合实力，提升竞技体育为国争光的能力，举国体制与市场机制相互结合且不断调适，[③] 优化体育发展模式。人民群众通过参与和观看体育比赛，可以更加深入地了解自己国家和地区的体育文化和成绩，从而增强民族自信心和凝聚力，促进国家和社会的稳定和发展。2022 年北京冬奥会“胸怀大局、自信开放、迎难而上、追求卓越、共创未来”的精神，2023 年杭州亚运会“用心交融，互相包容”的精神，激励着全党和全国各族人民，是实现中华民族伟大复兴的强大精神动力，是在新时代发展体育事业的进程中，必须进一步继承创新并持续发扬光大的伟大中华体育精神，是增强中华民族的凝聚力、向心力和自信心的核心要义。

（四）竞技体育的主旨是对“体育强国”的建构

在建设体育强国的进程中，中华体育精神所内嵌的时代特性以及价值能够助力国内体育文化建设，理论先行、问题导向、内涵凸显、样板鲜明、贡献独特是中华体育精神助力中华民族伟大复兴的时代特质，也是解读体育成

---

① 参见罗军委、钟建伟：《当代中国竞技体育精神文化的危机与重构》，第十届全国体育科学大会会议论文，2015 年于杭州。

② 参见李润：《“一带一路”格局下我国体育产业发展的理论构想》，载《广州体育学院学报》2017 年第 4 期。

③ 参见卢文云：《迈向体育强国我国竞技体育发展面临的问题与对策》，载《沈阳体育学院学报》2020 年第 2 期。

为中华民族伟大复兴标志性事业内涵的重要时代依据和内容。[①] 要建构“体育强国”话语体系，从内容上来看，可以选取体现中国特色社会主义的体育大事件，把体育道路、体育精神、体育事业、体育文化加以融合。可以说，对中华优秀传统体育文化的传承与发展，是实现中华民族伟大复兴，建设中国特色社会主义“体育强国”的重要基础。充分挖掘中国体育文化的特色和内涵，明确中国传统体育文化价值观念，打造中华优秀传统体育文化品牌，坚定中华体育文化自信，传承中华传统体育文化基因，最终达到“体育强国”话语建构的目标。同时，通过体育锻炼，人民群众可以保持身体健康，提高身体素质，增强抵抗力，成为更有力的社会力量。体育推动社会经济的发展，体育的蓬勃发展带动了体育产业及体育周边产业的发展，促进了消费和体育产业结构的调整和升级，带来了巨大的经济效益，体育事业为经济增长和社会发展也作出了重要贡献。

体育强国建设重视制度建设，强调依法治国，而目前国内体育类法律法规偏少且相对不健全、不完善，立法不明确会制约我国体育行业的发展，缺乏可操作性在执法时也会出现执法不严的情况，体育立法需要保证运动员的权利和义务，突出群众体育的权利。政府权力与公民权力脱节，这是政治建设运行过程中容易出现的问题，需要明确法律的至高性和权力的权威性，让政府服务于群众利益而不是让群众为政府服务。

实现“两个一百年”奋斗目标进而实现中华民族伟大复兴是中华民族迈向体育强国之企盼，凝聚着人民的重托。体育作为一种世界通用语言发挥其独特价值，通过体育外交互动推动中国与其他国家建立良好交流环境。因此，提高体育事业政治站位，争夺中国在世界的体育话语权是实现体育强国梦的现实需求。体育事业一直以来作为党和政府民心工程和民生工程的大事来抓，有着光荣的传统。新中国成立初期虽然经济发展水平低，但在党的号召和国家领导人率先垂范的影响下，全民体育事业如火如荼，创造了世界体育史上的奇迹，既弥补了历史遗留的短板和缩小了与发达国家的差距，又为中国改

① 参见李爱群等：《中华体育精神助力中华民族伟大复兴的时代特质与价值——“中华体育精神与中华民族伟大复兴”研讨会述评》，载《武汉体育学院学报》2022 年第 8 期。

革开放后体育大发展奠定了基础。

站在新时代的历史方位和面对社会基本矛盾变化，建立健全体育事业体制机制发展，重点围绕体育法治环境建设和营商环境建设进行建设和发展。加快修订与《体育法》相配套的政策、文件和法规，让体育事业依法进行。条件成熟时可将公民享有体育资源、体育时间纳入法治范畴，使公民依法享有体育权利。优化体育发展环境，激发体育市场主体活力，通过政府配套体育市场服务实现过程性监管。依法建立健全体育行业标准制定、企业经营行为规范、体育纠纷处理规则、用好体育道德规范和成立赛事仲裁机构，使体育事业和体育市场走上有法可依、有法必依、违法必究与执法必严的法治轨道，保障体育产业、赛事活动、人才队伍培养等规范发展。

第二节　运动伤害的含义厘定及分类

无论是在体育领域还是其他社会领域，滥用肢体力量，使用过度的、不必要的或不合理的力量来对待他人，无论是否造成实际的伤害，都是对个人权利的侵犯，① 也是对社会秩序和法律的破坏。毋庸置疑，伤害始终是社会各领域，特别是法学领域中重要的研究对象，因为伤害在现实生活中通常蕴含着愤怒、恐惧、激动等情感因素，主观要求行为人“有意”。“有意”应当理解成刑法上的“故意”，即排除过失、意外事件、不可抗力等因素，强调行为人的“有意为之”。这在一定意义上违背了我国的传统道德，过度的伤害也与体育文明相背离。

一、运动伤害的界定

相较于其他活动，体育与伤害二者间关系相对紧密，但这种关系并不是

① 侵犯称之为“攻击行为”，在社会心理学上，指有意伤害他人的任何行为。侵犯行为可分为两类，一类为敌对性侵犯，以伤害他人为主要目标；另一类为工具性侵犯，指侵犯他人是为了某个其他目标，如为了抢钱而伤人。参见翟继勇：《球场暴力预防与管理——以美职篮和中职篮为例》，中国文史出版社 2013 年版，第 38 页。

必然的。体育本身是一种健康的身体活动，在某些情况下，体育活动之所以会与伤害产生联系，这主要归咎于个别行为和社会环境等因素的影响，破坏性运动伤害是一种违背体育精神和道德准则的行为，并不利于竞技体育的发展，因而近年来运动伤害行为受到强烈的关注。在学术界，体育与伤害的关系也始终是个争论不休的热点话题，“体育究竟是降低了伤害，还是增加了伤害”这一经典命题，由于体育活动的复杂性和多样性，以及社会、文化、心理等多方面因素的影响，仍未得到实质性的解释。① 归根结底，体育场域是一个复杂的体系，体育中的伤害具有自身的独特属性，可能与一般社会中的伤害行为有所不同。因此，在研究体育与伤害的关系时，需要综合考虑各种因素，包括参与者的动机、情绪状态、比赛环境、社会文化背景等。以既往的研究为基础，可以明确本书所研讨的“运动伤害”，主要是指蕴含在体育场域内的一种肢体冲突，是一方对他人身体的“攻击”或侵犯行为。

对竞技体育定义必须依赖理论基础，在此基础上对竞技运动伤害进行解构以及要件分析才更具有说服力。② 运动伤害行为的概念在学术界有诸多定义，学者观点不一，迄今尚未达成明确、一致的共识。③ 梳理来看，大致存在以下几种观点：

第一种观点是基于运动伤害行为的性质和影响进行解读，认为运动伤害可分为建设性运动伤害和破坏性运动伤害两类。建设性运动伤害是指在规则框架内，以提高比赛竞争性和观赏性为目的的冲突行为。这种伤害通常被视为比赛的一部分，并且在某种程度上被观众和参与者所接受。然而这些行为也可能引发争议，因为它与比赛的公平性和运动员的安全有关。在极端情况

---

① 参见陈卓、李丽芬：《新制度主义视野下的体育暴力研究》，载《西南交通大学学报（社会科学版）》2023 年第 4 期。

② See Galtung J, *The Specific Contribution of Peace Research to the Study of Violance: Typologies*, Jean - Marie Domenach and Henri Laborit, Violance and Its Causes, Unesw, p. 84 (1981).

③ 例如，康均心教授从犯罪学角度将运动伤害行为定义为，发生在直接对抗性的体育比赛中的对他人身体健康甚至生命权益造成侵害的暴力行为；韩勇教授则认为，运动伤害是指个体由于他人在竞技体育比赛中的过错而受到的人身损害结果。这些学者都是基于自己研究问题的重点而下的定义，康均心教授主要研究对抗性比赛中的运动伤害行为，所以定义时便强调是发生在“直接对抗的体育比赛”中；韩勇教授是从事民事责任方向的研究，故其的定义便引用了民法上伤害行为的构成要件予以分析。

下，建设性运动伤害可能升级为过度竞争或恶意攻击，导致运动员受伤或其他不良后果。破坏性运动伤害是竞技运动伤害犯罪中更为严重的类型，与建设性运动伤害相比，破坏性运动伤害更具危害性和不可接受性，违反了比赛的规则和道德准则，对参与者造成伤害。

第二种观点是从社会学角度解读，认为竞技体育暴力反映了社会中的不良风气和价值观的扭曲。球迷或球员侵犯他人人身、财产、情感等方面的非理智行为，甚至对体育运动观念的曲解和误导以及任何收买、侵犯、偏离和歪曲体育运动概念的东西都应称为暴力。同样，按照它的内涵可以把球场暴力的类型分为偏离行为、越轨行为和犯罪行为。[①] 此种观点强调了竞技体育暴力对参与者及社会造成的负面影响和危害。

第三种观点是从心理学角度解读，认为竞技体育暴力犯罪可以被视为一种情绪失控的表现。运动员或观众在比赛过程中可能会因为紧张、压力或其他原因而失去控制，采取过激的行为来表达自己的情绪。这种情况下，个体通常会表现出攻击性、敌意、愤怒或其他形式的暴力行为。这些行为可能是针对其他运动员、观众、裁判员或比赛设施，旨在表达他们的不满和挫败感。但这种情绪失控的行为往往会导致伤害、破坏和混乱。例如，球迷骚乱就是一种相对典型的激情犯罪行为。激情是一种比较激烈的、爆发性的、时间短暂的情绪状态，狂喜、愤怒、恐惧等都是激情的表现。

第四种观点是从竞技体育环境角度解读，认为竞技体育暴力的定位范围和对象应当更广泛，空间不应局限于竞技场，主体也不应限定在运动员之间，即强调体育竞技中的暴力行为，既可能发生在竞技场上，也可能发生在竞技场外；主体既可能发生在竞技人员（包括运动员、裁判员、管理人员）之间，又可能发生在竞技人员与非竞技人员（观众）之间，甚至可能发生在单纯的非竞技人员之间。此种观点下，竞技体育暴力犯罪的含义广泛而复杂，暴力行为与比赛本身无直接关联，但仍然在竞技体育环境范围内，包括在竞技场内外、竞技人员之间以及与非竞技人员之间发生的各种暴力行为，突出强调

---

① 参见张金成、王家宏、舒钧：《我国球场暴力研究概述》，载《天津体育学院学报》2005 年第 3 期。

了竞技场外环境对暴力行为的影响以及非竞技人员之间的潜在冲突。

二、运动伤害的分类

探讨竞技体育运动伤害犯罪的前提是要厘定刑法关于犯罪事实的表达和筛选构成，清晰界分一般性冲突与真正构成犯罪的伤害行为，进而探讨刑法介入的必要性。对体育运动伤害进行分类，可以进一步明确刑法中关于运动伤害犯罪的构成要件，为体育运动伤害犯罪的“入罪”审视提供思路。

（一）根据伤害行为的主体划分

从狭义的角度来看，运动伤害是指在竞技体育活动中，基于行为人的故意，实施冲撞或其他行为导致超出社会所容许的危险范围的伤害行为。[①] 这种行为通常是运动员、裁判员、教练员等竞技主体在比赛或活动中故意采取的，对其他人造成伤害的行为。例如，在足球比赛中，当一名运动员恶意铲球导致对方受伤时，这种行为就可以被界定为狭义的体育暴力。

从广义的角度来看，运动伤害行为则指体育中发生的一种有目的的伤害或破坏行为，有外显的语言或身体动作。[②] 这种行为不仅包括狭义的运动伤害，还包括在非竞技体育（如体育活动）中出现的任何其他形式的伤害行为，如在球场上发生的球迷骚乱行为（球场伤害）。

不难发现，广义与狭义的体育运动伤害区分主要体现在行为主体上，即犯罪主体要件。在实践中，运动伤害既可能发生在竞技人员（包括运动员、裁判员、管理人员）之间，又可能发生在竞技人员与非竞技人员（观众）之间，甚至可能发生在单纯的非竞技人员之间。[③] 体育运动伤害行为以主体为划

---

① 参见刘延军：《竞技体育规则：规制伤害行为的优位选择——兼论刑法的适度干预》，载《天津体育学院学报》2010 年第 5 期。

② 参见韩勇：《体育法的理论与实践》，北京体育大学出版社 2009 年版，第 435 页。

③ 例如，球迷骚乱，也是一种广义的运动伤害，其体现为激情犯罪行为，即比较激烈的、爆发性的、时间短暂的情绪状态。狂喜、愤怒、恐惧等都是激情的表现，由于情绪失控而导致的犯罪行为，在激烈的体育比赛中，球迷的情绪容易被激发，有时会导致失控行为的发生。这种情绪化的行为不仅会对其他人造成伤害，也会破坏体育活动的正常秩序和形象。参见卢元镇主编：《体育社会学》，高等教育出版社 2005 年版，第 177 页。

分依据，主要是基于不同主体在竞技体育中扮演的角色和行为特征存在差异，而这种差异直接影响了暴力行为的性质和发生概率。

1. 运动员之间的伤害行为

一场精彩的比赛是由参赛运动员呈现的，而竞赛中的伤害行为也主要来自参赛运动员。发生在运动员之间的伤害事件大体可以分为两种：一种是和队友之间的冲突，另一种是和对方运动员之间的冲突。无论是哪一种都会带来不良的影响，还有可能会给运动员的健康造成严重后果，缩短运动生涯，甚至还会引起其他形式的伤害事件。如 2015 年全国男子冰球联赛中，某队队员郎某某在队友与对方队的黄某发生对抗时，从侧方故意用肘部冲撞黄某的头部，并用拆去杆套的冰球杆攻击黄某的嘴角，导致黄某 3 颗牙齿脱落，左脸颊缝针 42 针，最终，国家体育总局冬季运动管理中心对郎某某作出终身停赛停教的处罚，取消其参加中国冰球协会组织的一切赛事和培训资格。①

2. 观众之间的伤害行为

竞技体育中的观众伤害事件常见于足球比赛中，来现场观看比赛的观众一般都有自己支持的球队，当自己喜欢的球队未能获得满意的成绩或者受到不公平待遇的时候，看台上的观众和粉丝就会容易产生愤怒情绪，而此时支持对方球队的观众发出的呼喊声往往会成为双方球迷情绪的催化剂，冲突一触而发。例如，“海瑟尔惨案”②，这是一个影响深远的事例。在 1985 年的欧洲冠军杯决赛中，利物浦队和尤文图斯队在布鲁塞尔海瑟尔体育场相遇。这是一个年久失修的比赛场地，双方都提出更换比赛地点的建议，但都没有被欧洲足球协会联盟（以下简称欧足联）采纳，这就为后面惨案的发生埋下了伏笔。欧足联把门票分成 3 份，分别卖给利物浦队球迷、尤文图斯队球迷和中立球迷，但中立球迷的球票大多被海瑟尔地区的意大利人（尤文图斯队球迷）买走了，进场后利物浦队球迷发现尤文图斯队球迷比自己多出将近 1 倍，

---

① 《当事人还原冰球事件真相　专家：伤人可构成犯罪》，载网易体育 2015 年 12 月 10 日，https：//m. 163. com/all/article/BAF8MML800051CAQ. html。

② “海瑟尔惨案”，载百度百科，https：//baike. baidu. com/item/% E6% B5% B7% E7% 91% 9F% E5% B0% 94% E6% 83% A8% E6% A1% 88/874874？ fr = ge_ ala，最后访问日期：2024 年 5 月 11 日。

双方球迷大打出手，看台坍塌，造成39人死亡，并有300多人受伤。而由于坍塌的中立区域都被尤文图斯队球迷占据，因此死者都是尤文图斯队球迷。事后所有英格兰球队被禁止参加欧洲三大杯赛事5年，利物浦球队7年。

3. 观众和运动员之间的伤害行为

运动员是竞技场上的主角，而观众是竞技场上不容忽视的配角，运动员和观众之间应该是相辅相成、相互促进的关系。观众因关注和喜爱某个运动员，进而去了解、支持和推广该运动员参与的运动项目，客观上促进了体育项目和体育行业的发展，在这个过程中，运动员的商业价值也会提高，发展前景会更广阔。反过来说，观众通过观看激烈的竞技比赛，能够放松身心、调动情绪，得到满足感，还能从运动员身上学习到不服输、不放弃、坚持、拼搏等美好品质，汲取力量，重获信心去解决生活中的困难。可尽管如此，竞技体育中也会发生来自场上运动员和场下观众之间的伤害事件。例如，2016年中国男子篮球职业联赛（Chinese Basketball Association，CBA）总决赛群殴事件，总决赛第三场，S省某俱乐部队总比分二比一领先于L省某俱乐部队。比赛结束后，在主客队下榻的酒店门口，L省几名队员卷入了主客队球迷之间的冲突，最终演变成一场群殴。这起伤害事件导致涉事L省某俱乐部队篮球队员都有不同程度的受伤，CBA对涉事者处以严重警告、通报批评、停赛等处罚。

综上所述，本书立足于狭义视角下的体育运动伤害行为研究，即以运动员作为直接行为主体的伤害犯罪研究，而除运动员以外的非竞技主体可能以共犯的形式出现在刑法视野之下，对于无运动员直接参与的运动伤害行为不做深入探讨。

（二）根据伤害的性质不同划分

运动伤害的性质与规则本身紧密相连，也与犯罪客观要件的认定密不可分。竞技体育不是毫无章法的凌乱竞争，而是在“竞赛规则”下的对决。竞技体育追求“公平和公正”的对抗，正是依靠强有力的竞赛规则支撑，才能使运动员的正当权益被保障。竞技体育伦理的核心价值①涵盖对人权的尊重、身心健康的保护、内在修为的规范，“竞赛规则”是体育核心价值的范式“法则”，是体育竞赛的实质性公平的基准，更是人类对于美好生活的向往投射。

虽然竞技体育中赛场伤害时有发生，但并非所有的伤害行为都会受到大众诟病。这与竞赛规则密不可分，因而以“竞赛规则”为依据，对“竞技运动伤害是否具有合理性”进行分类：在规则范围内的伤害行为，具有合理性，被称为“建设性运动伤害”；而超出比赛规则的伤害行为，不具有合理性，被称为“破坏性运动伤害”。

1. 建设性运动伤害

长期以来体育在社会发展中发挥着积极的推动作用，体育的概念源于早期的战争，即通过运动斗争的方式解决冲突。随着人类文明进步的推进，体育给人们带来了新的视觉体验，逐步演化为人类合理追求的竞技对决的途径之一，其背后的体育竞技精神也成为鼓舞人们奋勇向前的内在动力。体育运动伤害成为社会范畴下的野蛮文化，是温和背后的阴暗面，竞技体育充满着竞争和肢体对抗，正是由于肢体的直接接触，竞技运动员之间发生伤害的概率大大增加，虽然体育伤害的出现违背了体育的初衷和伦理道德，但是体育本就是特殊的冲突表达形式，是体育固有的一种属性，因而当伤害行为发生在竞赛规则允许范围内时，受到裁判员监管和控制，也是推动比赛发展、提高竞技水平的一种正常且必要的现象，被称为“建设性运动伤害”。

建设性运动伤害是一种特殊形式的冲突，是体育活动中的激烈对抗和竞争，被视为一种“礼仪化的战争”，可以理解为一个典型的建设性运动伤害的案例是在美式橄榄球比赛中的“合理冲撞”。在这个运动中，冲撞是被规则允许的，并且是比赛的一部分。运动员通过合理的冲撞来争夺球权、阻止对方进攻或保护自己的球员。虽然运动员之间的身体对抗是激烈的，但他们的目标是争夺比赛的胜利，而不是故意伤害对方。

① 竞技体育伦理的核心价值是自主性原则、不伤害原则和公正原则。参见章淑慧：《竞技体育伦理基础理论和核心价值观研究》，湖南师范大学出版社 2012 年版，第 192 ~ 197 页。

2. 破坏性运动伤害

与建设性运动伤害相对应的是破坏性运动伤害，即超出体育竞赛规则允许，容易导致人身伤害、冲突升级和比赛中断等问题，对参与者和社会都会造成负面影响的行为，称为破坏性运动伤害行为。破坏性运动伤害是一种违反比赛规则和道德准则的行为，严重侵犯了参与者的权利和尊严。破坏性运动伤害的极端性、超出规则允许范围等特点，会对参与者和观众造成身心伤害，破坏比赛的正常秩序和形象。同时，破坏性运动伤害行为又可以进一步细分为运动伤害①、看台伤害②和混合伤害三类。③ 建设性伤害是体育固有的，体育的本质就是身体的对抗游戏，因此产生摩擦的侵犯性行为是不可避免的，符合规范的礼仪化冲突反而能激发运动员斗志以及观众热情的开关。对于这种伤害，有学者指出其具有舒缓暴力、符号转换的功能，是具有行为的边界和使用身体的合法权，相较之下的破坏性伤害则是我们常在体育赛事中看到的违反道德以及规范的无边界感侵犯行为，是完全负面消极的存在，如在比赛中因对裁判员的判罚不满而导致运动员对裁判员的攻击和谩骂，而观众因主场输球而冲入场内殴打运动员，或是观众席上丢掷物品砸向运动员或裁判员都属于破坏性伤害。④ 破坏性运动伤害更像是竞技体育的不良衍生品，影响体育健康发展的同时，干扰社会正常秩序，被社会大众诟病。需要注意的是，建设性运动伤害与破坏性体运动伤害之间的界限有时容易混淆。在某些情况下，过于激烈的对抗和竞争可能导致情绪失控和行为越界，从而演变为破坏性运动伤害。

---

① 运动伤害主要是指运动员、教练员或裁判员在参加比赛时发生的伤害行为。这种行为可能是由于情绪失控、过度竞争或其他因素引起的，如恶意攻击对方运动员、与裁判员发生争执等。

② 看台伤害则是观众在观看比赛时引起的运动伤害。这种行为可能是由于观众的情绪失控、对比赛结果不满或其他因素引起的，如攻击其他观众、破坏球场设施等。

③ 混合伤害是在体育比赛中，发生在看台和运动场之间的伤害，主要是观众与运动员、教练员或裁判员产生的伤害行为。这种行为通常是由于观众的情绪失控与比赛中的紧张氛围相互作用而引起的，例如，观众冲入比赛场地攻击运动员等。参见翟继勇、刘一民、贾学明：《对体育暴力概念的探讨》，载《辽宁体育科技》2003 年第 1 期。

④ 杨诗慧：《体育赛场暴力的分类体系研究——基于分类社会学的视角》，扬州大学 2023 年硕士学位论文，第 23 页。

（三）根据危害情节的严重程度划分

依据运动伤害行为的严重程度，运动伤害行为可以分为违反道德规范的伤害行为、一般违法伤害行为以及伤害犯罪行为三类。① 违反道德规范的伤害行为通常是指观众或相关参赛人员在比赛过程中使用侮辱性语言、恶意攻击等不适当的方式来表达自己的情绪和态度；一般违法伤害行为是指在比赛中出现的轻微冲突和肢体碰撞，如推搡、拉扯等，虽然这些行为没有造成实质的伤害结果，但仍然是不应当发生的；伤害犯罪行为则是指违反了法律的规定以及道德准则，造成严重的身体伤害甚至死亡结果，是最为恶劣的一种运动伤害行为。显然，危害情节的分类标准从犯罪构成的客体入手，将最具严重性的伤害行为划入刑法范畴，而将违反道德规范的伤害行为以及一般违法伤害行为交由体育自治及民事手段予以解决。

（四）根据法益侵犯性划分

法益的范畴是十分广泛的，不仅包括他人人身、财产、情感等方面，也涵盖对体育精神、价值、伦理等内涵。在法益侵害性视角下，可以把体育运动伤害分为偏离行为、越轨行为和犯罪行为三种。② 偏离行为通常指的是一些轻微的违规或不适当的行为，如观众使用带有攻击性的语言或举止不当。虽然这些行为可能不会对他人造成直接的身体伤害，但仍是对体育精神的歪曲和误解。越轨行为更加严重，违反了比赛规则和道德准则，包括球员或球迷的恶意攻击、故意伤害或其他形式的伤害行为，对受害者和社会都造成了负面影响。犯罪行为则是最严重的伤害行为，其已经超出了体育比赛的规范范畴，属于刑事犯罪的领域，涉及严重的身体伤害、财产破坏或其他违法行为，需要受到刑事法律的制裁。此外，由于法益涵盖体育精神、价值及伦理等内

---

① 参见阎小良、王家力、邓仕琳：《从体育学与法学的视角对球场暴力概念的重构》，载《沈阳体育学院学报》2007 年第 2 期。

② 参见张金成、王家宏、舒钧：《我国球场暴力研究概述》，载《天津体育学院学报》2005 年第 3 期。

涵，法益侵害性分类下的体育运动伤害也应包括对体育运动观念的曲解和误导，以及任何收买、侵犯、偏离和歪曲体育精神、价值、伦理等行为，这意味着，运动伤害不仅是对个体的伤害，更是对整个体育运动和社会价值观的破坏，而这也弥补了民事法律及体育自治无法涵盖公众利益的局限所在。

（五）根据伤害的主观要素划分

竞技体育常与运动伤害挂钩，探究运动伤害行为的法律性质，意在考量罪与非罪、界定此罪与彼罪的相关问题，其中主观要件反映了行为人的内心意图，是评价伤害行为性质的关键要素。

1. 故意性运动伤害

故意性运动伤害行为是行为者明知自己的行为会对对方造成伤害，而故意采取的攻击性行为。这种行为通常是有预谋的，出于加害心理，行为者可能是基于私人恩怨，也可能是出于报复心理，还有可能是为了获得比赛优势，而故意伤害犯规突破规范原则，以过限的行为动作侵害对方身体。此种故意性运动伤害对受害者的身心健康造成严重伤害，行为人的主观恶性较大，严重违背了体育道德和竞技体育精神，甚至可能构成犯罪。

2. 过失性运动伤害

过失性运动伤害行为是行为者由于疏忽或情绪过于激烈而违背比赛规则，但并非出于故意伤害对方的目的。通常是行为人因未尽到应尽的注意义务，实施了不合理的行为或者实施合理行为超过必要限度，造成对方受到侵害。此类的伤害行为具有突发性，行为人没有经过事前预谋，一般是由于运动员沉浸在对抗中，追求比赛的胜利而忽略了可能的伤害后果。这种伤害行为出于过失，是竞技体育必然蕴含的合理风险，例如，运动员在激烈的比赛对抗中或身体失控所导致的，虽然过失性体育伤害行为并非出于故意，但仍然可能会对受害者造成一定程度的伤害结果。

（六）根据伤害的外在表现形式划分

为了对运动伤害行为进行全面细致的探究，从多角度了解伤害的内容，以表现形式为分类角度，可以将赛场上多发的伤害行为划分为斗殴、欺凌、犯规、侮辱四种主要类型，既包含肢体类的接触型伤害，又包含言语类的羞辱型伤害。

1. 斗殴

竞技体育中的斗殴类伤害行为通常表现为双方或多方运动员在比赛中发生身体冲突，互相进行激烈的肢体对抗，常发生在竞争激烈、情绪高涨的场合，如足球、篮球等比赛中。但也不乏运动员与其他竞技体育参与者之间，甚至发生在教练员与裁判员等赛事参与者之间的肢体冲突。

2. 欺凌

竞技体育中的欺凌行为是指在体育比赛中，运动员或教练员采取不公平的手段，故意伤害对方或违反体育道德的行为，通常表现为对单个运动员或弱势群体的持续侵犯和压迫，包括身体和言语上的欺凌。例如，强壮的运动员对弱小的运动员进行持续的推搡、挤压、恶意犯规、肘击、踢人、肘击、恶意铲球等行为欺凌，或者对某个队员进行持续的嘲笑、讽刺、恶意挑衅等言语欺凌。

3. 犯规

犯规是一种违反比赛规则的行为，比赛规则是竞技体育的基础，是赛场上的运动员双方均必须严格遵守的行为准则，戈德斯坦（Goldstein）敦促社会从攻击性、竞争性的运动转向非竞争性的、合作的体育运动，认为竞争性体育的本质是奖励胜利，这使作弊和犯规行为具有发展的内在可能性。① 具有身体接触的运动的犯规现象较无接触性运动项目的犯规更为常见，因为这些运动通常具有更高的身体对抗性，运动员之间频繁的接触和摩擦更容易导致犯规的发生，这些运动的规则通常更加严格。规则的制定和完善并非偶然与故意刁难，而是权衡后的选择。

犯规行为既可以是身体上的，如恶意冲撞、肘击等，也可以是言语上的，如恶意辱骂、挑衅等。因此，当犯规行为以伤害对手为目的而发生时，应当

---

① 参见张建荣：《社会文化视野下的体育暴力现象研究》，江西师范大学 2022 年硕士学位论文，第 23 页。

被视为一种运动伤害形式，此种犯规行为不仅严重威胁到了运动员的安全，更违反了竞技体育的内核精神；而单纯过失性犯规或某些技术性犯规等行为，不应被视作运动伤害的一种，这些犯规可能是运动员的无意或技术失误造成的，并不具有伤害对手的意图。换言之，“犯规行为”暂不能与“伤害行为”完全对等。

4. 侮辱

侮辱类伤害行为通常表现为在比赛过程中，对对手或比赛的侮辱或贬低，既可能是言语上的，也可能是肢体上的。言语侮辱是指通过口头语言或肢体语言对对方进行攻击、贬低或嘲笑，如使用带有侮辱性或攻击性的言辞、喊叫、标语等。肢体侮辱是指通过身体动作或姿势对对方进行侮辱或挑衅，如做出不尊重对方的姿势、吐口水、推搡等。

（七）根据伤害行为发生地点划分

部分体育比赛是具有一定对抗性质的活动，在比赛中，运动员为了争取胜利，常常需要展现出强烈的攻击性和对抗性。然而，这种伤害行为通常是被规则所允许的，并且受到一定程度的保护，因为在竞技体育中，适当的身体接触和对抗是不可避免的，这也铸成了竞技体育场域特殊的保护圈。运动伤害行为围绕在每位参赛人员的周围，而从行为发生地点为划分依据，运动伤害可以分为赛场内伤害行为和赛场外伤害行为。

1. 赛场内伤害行为

赛场内伤害行为就时间和领域做了限定要求，即在比赛进行过程中或比赛间隙，在比赛场地内发生的伤害行为。这种行为通常包括运动员之间的身体冲突、对裁判员的攻击，也包括言语上的侮辱或挑衅等。

2. 赛场外伤害行为

赛场外伤害行为，是指在比赛前后或与比赛无关的情况下，发生在比赛场地外抑或在比赛期间离开赛场后的伤害行为。例如，观众扰乱比赛秩序的暴力行为，一些球迷可能会因为对比赛判罚、比赛结果的不满，而对参赛队伍、教练员、运动员进行威胁或人身攻击，甚至引发大规模的骚乱和球迷之间的冲突；也有一些运动员或教练员可能会在比赛结束后，对裁判员的判决表示不满，从而采取过激行为，这也属于赛场外伤害行为的一种。

第三节　运动伤害典型个案

从运动游戏到体育竞技的转变，某种意义上是一个脱胎换骨的过程。体育运动，特别是竞技体育是规则性的，以橄榄球等为例，体育规则明确设置了各种各样的限制，包括对于地点选择、时间设置和技术规范都作出了严格的规定，一旦出现违规攻击，可能面临严厉制裁。规则的制定避免了在运动中因界限不明确，对侵犯行为没有足够规范的情况发生。换言之，体育规则为防范无限度伤害筑起了堤坝，采取了最大限度的抵制。运动与伤害之间的关系越发紧密，运动伤害现象相较过去更为猖獗，多种诱因导致运动伤害的滋生，竞技体育作为现代体育的中流砥柱，对其他社会性体育活动影响深远。竞技体育活动不仅要遵守竞赛规则，而且要严守法律底线，从不同维度对运动伤害的表现形式进行分类，能够更加清晰地对行为特点和成因等因素进行全面解读，以便于确定相关法律责任的承担，对伤害行为进行有效规制。据此现以冲突双方的身份为分类依据，对过往发生的运动伤害案件进行示例阐述。

一、运动员 VS 运动员

（一）2004 年 4 月 20 日科威特卡德西亚队 VS 卡塔尔萨德队集体斗殴事件[①]

2004 年 4 月 20 日，在亚洲足球联合会（以下简称亚足联）50 周年庆典之际，科威特卡迪斯亚队与卡塔尔萨德队进行了一场亚冠联赛的比赛。然而，

① 《亚洲足球最耻辱一幕：斗殴持续 14 分钟　哈曼怒发冲冠》，载新浪体育，https：//sports. sina. com. cn/j/2004 - 05 - 10/1014876449. shtml？ from = wap。

这场比赛却因为冲突导致伤害事件而成为一场“群体拳击赛”，让亚足联的50岁生日庆典变得并不平静。正常比赛，双方的情绪均较为亢奋，身体动作幅度较大。其间，科威特卡德西亚队球员图雷因粗暴动作违反规则，裁判员出示两张黄牌后被罚下场，随后科威特卡德西亚队的穆塔瓦和象牙海岸外援特拉奥里也因粗暴犯规被红牌罚下。比赛的火药味在补时阶段引爆，双方运动员拳脚相向，科威特卡德西亚队工作人员也参与其中，打斗持续14分钟，后被媒体称为亚洲足球的耻辱时刻。事后，卡塔尔萨德队领队萨利姆·阿里和4名球员被紧急送进了当地医院，其中一名球员被确诊为中度脑震荡。这场比赛的伤害程度引发了公众广泛的关注和批评，不仅让亚足联面临巨大压力，也引发了大众对亚足联比赛安全管理的质疑。亚足联主席哈马姆曾说：“我看了比赛录像，简直就是场拳击比赛。”

事件处理：科威特卡德西亚队被亚足联给予处罚：赶出了亚冠联赛，且此后3年不得参加一切在亚洲范围内举办的赛事，包括国家队比赛。此外，球队还要上交2万美元的罚款。同时，球队的多名球员被处以2年内禁止参加任何由亚足联主办的俱乐部或国家队比赛，处罚立即生效执行。卡塔尔萨德队也有4名球员受到了同样的惩罚，球队则被罚款1万美元。

（二）2009年10月英格兰地区级别联赛特里·约翰逊伤害案①

英格兰联赛以拼抢激烈而被熟知，西班牙球员雷耶斯就曾因不堪忍受对手的伤害最终选择了离开，在英格兰的低级别联赛中拼抢更加凶悍，伤人事件比比皆是。2009年10月一场英格兰地区级别联赛中出现了一幕惨剧：当比赛还剩20秒时间时，马克·查普曼看到特里·约翰逊控制的球离身体较远，尚未稳定，便想利用铲球进行断球。值得注意的是，马克·查普曼共对特里·约翰逊进行两次断球，但两次均直接踩踏在特里·约翰逊的小腿处。后特里·约翰逊痛苦倒地，小腿部肌肉完全撕裂，露出断掉的腿骨，场面十分血腥。裁判员立即以危险动作为由向马克·查普曼出示红牌。赛后，特里·

① 刘水庆：《体育赛场反暴力法律问题研究》，武汉大学2015年博士学位论文，第88~89页。

约翰逊被确诊为小腿骨断裂，而这对于一名足球运动员而言，预示着职业生涯的提前终结。被害人特里·约翰逊将马克·查普曼告上了法庭，要求其承担法律责任。

事件处理：在法庭之上，特里·约翰逊向大家展示了他恐怖的腿伤，他要求马克·查普曼对此进行经济赔偿，并且表达了将马克·查普曼送入监狱的愿望。“在球场上，球员铲球是正常的行为，上个月阿森纳球员拉姆塞还因此被铲断了腿。”马克·查普曼的律师认为这纯属无稽之谈，他要求法庭从宽考虑，但是法官罗伯特在经过反复研究后得出了一个让所有人感到惊讶的结果，马克·查普曼被判入狱 6 个月。

“法庭之所以作出这样的裁决完全是因为马克·查普曼犯规情节过于恶劣，相比于拉姆塞的受伤，这是一次完全不同的举动，两者性质天差地别，这不是正常的足球运动，而是一次血腥的伤人事件，对此法庭不会手软，否则就是纵容犯罪。”罗伯特对裁决作出了官方的解释，随后英格兰足球总会也确认马克·查普曼被送入监狱，原因就是对对方球员的身体造成了巨大的损害，而他也成为英国第一个因铲球而被送入监狱的球员。英格兰足球首例护球犯规获刑案也震惊了世界体坛，这种判罚是史无前例的。

（三）1988 年 8 月 15 日弗洛伊德伤害案①

1988 年 Council Bluffs YMCA 的夏季冠军四人制篮球比赛联赛在 8 月 15 日举行，比赛对阵的双方是罗杰斯所在的球队和弗洛伊德所在的球队。比赛过程中，各支队伍虽然未出现严重犯规，但场上球员的动作还是比较粗野，比赛气氛如同球员们的动作一样激烈。在与第二场比赛的上半场比赛中，弗洛伊德所在球队的球员布洛在对方球队的罗杰斯准备投篮时，打到了他，随后两队球员都出现了激烈情绪。布洛被逐出了赛场，但仍在场边观看比赛。直到比赛第二节，比赛仍是比较公平的，此时弗洛伊德所在球队领先 10 分。比赛还剩最后 5 分钟，对方球员罗杰斯在防守弗洛伊德时，出现了挑衅动作。

① 刘水庆：《体育赛场反暴力法律问题研究》，武汉大学 2015 年博士学位论文，第 95 ~ 98 页。

当罗杰斯试图对要投篮的弗洛伊德进行封盖时，又打了他的手。裁判员鸣哨，判定罗杰斯犯规。比赛停止后，罗杰斯与弗洛伊德相互斗嘴，随后弗洛伊德推倒罗杰斯，弗洛伊德及其队友还攻击了前来劝和的对方球员凯尼利，并相继殴打了对方场上的其他球员以及场下的球员。赛场的惨状不堪入目，弗洛伊德将对方球员麦克海尔打倒在地，由于受到地面撞击，麦克海尔出现了脑溢血及脑组织损伤，虽经两天的严密看护，但他仍永久性地丧失了嗅觉，丧失了部分记忆，并可能存在突发癫痫的风险，此外罗杰·巴瑞尔受重伤、道恩·巴瑞尔被毁容。

事件处理：州检方对被告弗洛伊德提起两项故意伤害指控，却被陪审团认定为犯有两项指控中较轻的那项罪名——致他人人身伤害的袭击罪。法庭判处被告最高1年的监禁。法院依法判处弗洛伊德犯袭击罪，与检方的控诉并不完全一致。据有关资料介绍，爱荷华州检方是以两项故意伤害罪名向法院进行的起诉，但是法院仅判处了部分罪名成立。很显然，它是发生在体育赛场上运动员的伤害行为，法院考虑到本案的特殊性，采用了较轻的罪名。弗洛伊德伤害案充分说明了刑法介入的可行性。对于与体育技战术无直接关系的暴力，在排除了体育特殊性的因素以外，刑法更应该大胆地介入。

二、运动员VS裁判员

（一）2007年1月25日法国球队队员顶撞当值裁判员①

继齐达内2006年的德国世界杯上上演了用头撞击马特拉奇的一幕后，又一位法国球队队员上演了这一“好戏”，而他顶撞的是当值的裁判员，所受到的相应处罚是高达6年的禁赛。根据巴黎媒体报道，2007年1月25日进行的一场法国丙级足球联赛中，奥卡勒队队长在被红牌罚下后，用头撞裁判员。

事件处理：

行业内部处罚：赛后，肇事球员奥卡勒被相关机构禁赛6年。科达莫尔

---

① 《齐祖顶人一幕法国再演　肇事球员禁赛六年开先河》，载搜狐体育2007年2月25日，https：//sports. sohu. com/20070225/n248339420. shtml。

省足球协会总主席塞梅尼亚指出，在接受处罚的6年时间里，他不能在球会里担任任何职务，包括球员或管理者。此外，其所在的球队会被扣除联赛积分5分，并支付100欧元（约人民币1000元）的罚款。

法院判决方面：法国迪南市轻罪法庭作出判决，判处攻击裁判员的足球运动员奥卡勒3个月有期徒刑缓期执行，并处罚金2800欧元。这是法国实行承认裁判员“公务身份”后的第一例判罚。这是因为法国在2006年10月颁布了一项新法律，该法律承认裁判员执法时是在执行公务，违反该项法律者最高可被判处3年有期徒刑，并处45000欧元罚金。

（二）2022年2月25日ATP年终总决赛男单半决赛队员顶撞当值裁判员事件①

职业网球联合会（Association of Tennis Professionals，ATP）。在2022年ATP阿卡普尔科站比赛，兹维列夫是男单卫冕冠军，但比赛让他很糟心，男单首轮比赛，他鏖战3小时20分，以2∶1逆转击败布鲁克斯比，艰难收获开门红，比赛是凌晨1点多开始的，一直到凌晨4点55分才结束。

在双打比赛中，兹维列夫与梅洛搭档出战，结果1∶2告负，抢十局6∶8落后时，兹维列夫的搭档梅洛发球出界，结果被对手接回到界内，并被裁判员判为好球。彼时，兹维列夫的情绪彻底失控，他拿球拍猛砸裁判员座椅，随后放话，“你自己看看球弹到哪里了，你眼睛长哪里了，滚蛋吧”！在视频画面中，裁判员还下意识抬了脚，怕被兹维列夫打到。现场的球迷也随即对兹维列夫报以嘘声。阿卡普尔科组委会很快作出决定，“根据ATP决议，由于存在严重违反体育道德行为，兹维列夫被禁止继续参加本站赛事，即时退赛”。

事件处理：ATP就兹维列夫的行为开出罚单，对其罚款4万美元（辱骂裁判员+违反体育道德各2万美元），并且扣除他在本站赛季3.1万美元的奖金和积分。值得一提的是，4万美元也是单次违规的最高处罚。

---

① 《爆粗口+狂砸球拍攻击裁判！男单卫冕冠军遭重罚，取消比赛资格》，载搜狐网2022年2月23日，https：//sports. sohu. com/a/524934156_ 120225650。

三、裁判员 VS 教练员

（一）2021 年 5 月 9 日全国摔跤锦标赛事件[①]

2021 全国国际式摔跤锦标赛在温州开赛，在第 116 场比赛时 G 队教练员斯某不满比赛判罚，和队员叶某一起大闹赛场。斯某直接一把推开裁判员，走下台一脚踹开裁判席的人员，即使有人前来阻拦，也没能拦住他，他接着走向主席台，掌掴工作人员，并在踹翻主席台之后一把推翻裁判席。

事件处理：该教练员被处以禁赛 4 年处分；运动员被责令做深刻检讨；取消 G 摔跤队体育道德风尚奖资格；所造成的经济损失，由 G 队承担；当值裁判员被处以停赛 4 年处分。

（二）2023 年 12 月 23 日 CBA 联赛常规赛事件[②]

2023 年 12 月 23 日，2023—2024 赛季 CBA 联赛常规赛第 20 轮场序 199，在 T 俱乐部先行者篮球队与 F 俱乐部篮球队的比赛中，F 男篮客场 91∶106 不敌 T 男篮。在比赛进行到第三节剩余 6 分 59 秒时，T 队以 70∶48 大比分领先，在 T 队的防守回合，T 队林某在拿不到球的情况下对福建队外援杰某有犯规动作。30 号裁判员吹哨示意林某一个普通犯规，而 F 队主教练朱某某认为裁判员应该吹违体犯规，因此在场边冲着 30 号裁判员怒骂，24 号裁判员上前给朱某某吹了夺权哨，将他驱逐出场。而朱某某继续指着 30 号裁判员辱骂，随后还将一个战术板向裁判员的方向狠狠地砸了过去。

事件处理：根据《中国男子篮球职业联赛纪律准则》第二章第 24 条的规定，对 F 队主教练朱某某处以停赛 2 场、罚款人民币 5 万元的处罚，停赛场次为 2023 年 12 月 25 日第 21 轮场序 206、12 月 27 日第 22 轮场序 216 的比赛。朱某某本赛季此前已因情绪激动行为被警告一次，作为球队主教练，依

---

① 《各打五十大板！摔跤全锦赛现打砸闹剧　教练禁赛 4 年主裁亦停哨 4 年》，载新浪网 2021 年 5 月 11 日，https：//k. sina. com. cn/article_ 7247919280_ 1b00278b000100tf8j. html。

② 《CBA：天津逆转送福建 3 连败　朱世龙朝裁判怒扔战术板被驱逐》，载腾讯网，https：//new. qq. com/rain/a/20231223A07VHK00。

照本赛季 CBA 联赛赛风赛纪责任人制度相关规定，对其追加处罚人民币 2 万元，共计处罚人民币 7 万元。

四、运动员 VS 场外人员

（一）运动员 VS 观众——2004 年 11 月 19 日 NBA 奥本山宫打架事件[①]

2004 年 11 月 19 日，美国职业篮球联赛（National Basketball Association，NBA）在活塞队的主场进行的一场步行者队与活塞队的比赛当中，爆发了一场球员球迷大斗殴，是 NBA 历史上规模最大、处罚最重、影响最恶劣的群殴事件。[②]

在比赛仅剩 45.9 秒时，活塞队与步行者队有 15 分的分差，暂时落后，而此时，步行者队前锋阿泰斯特对本·华莱士采取了较大幅度的犯规动作，导致正处比赛下风的活塞队队员本·华莱士的情绪激动，其在被犯规后，重重地推了阿泰斯特，进而引发双方球员的激烈冲突。阿泰斯特被叫回场下冷静。而场上的火药味迅速蔓延至场下的观众，有观众向躺在裁判席上的阿泰斯特扔了可乐瓶子，这一不文明行为彻底激怒球员，阿泰斯特立刻起身冲到观众席上殴打球迷，队友小奥尼尔和杰克逊等人也随之冲上观众席加入混战，场面瞬间失去控制。最后，大批警务人员冲入球场，拉开斗殴人群，将阿泰斯特遣离，但在步行者队员离开的过程中，情绪激动的球迷仍然不断地向球员抛掷爆米花、饮料等随身的食物，直至比赛哨声结束。被惹怒的步行者队员在走廊里再一次和球迷厮打起来，混乱的场面持续了一段时间后终于被警察控制。此次奥本山宫打架事件共造成 9 名球迷受伤，其中两人被送入医院。

---

① “奥本山宫打架事件”，载百度百科 2013 年 2 月 28 日，https://baike.baidu.com/item/%E5%A5%A5%E6%9C%AC%E5%B1%B1%E5%AE%AB%E6%89%93%E6%9E%B6%E4%BA%8B%E4%BB%B6/545934?fr=ge_ala。

② 参见武汉晚报：《百名球迷怒打客队惹事球员》，载环球网 2014 年 3 月 2 日，https://sports.huanqiu.com/article/9CaKrnJEqVl。

事件处理：

NBA内部处罚方面：NBA总裁大卫·斯特恩经过对录像进行研判之后作出了史无前例的从重处罚，包括阿泰斯特在内的多名球员遭受了严厉的禁赛处罚，其中，阿泰斯特被禁赛73场，将无法参加2004—2005年赛季剩余的所有比赛，同时停发所有薪水，累计损失高达499.5万美元。杰克逊停赛30场、小奥尼尔停赛25场、约翰逊停赛5场；活塞队中锋本·华莱士被禁赛6场，由于他并没有直接参与斗殴，被免予起诉。本次事件导致共9名球员被禁140余场比赛。

法院判罚方面：步行者队中三员大将：阿泰斯特、杰克逊以及杰奥尼尔由于参与"奥本山宫打架事件"，被判以每人一年的察看期、60小时社区服务以及250美元罚款。除此之外，他们三人必须要接受愤怒情绪辅导。

此外，几位球迷也遭到了起诉（包括打架、闯入球场、扔椅子等行为的球迷），他们在本·华莱士推搡阿泰斯特后加入了斗殴事件。最后活塞队禁止了5位球迷再次进场看球。而根据现场录像，那位始作俑者向阿泰斯特扔饮料杯的球迷（不是被阿泰打的那位无辜球迷）还被判处了30天监禁。

（二）运动员VS摄影师——沃尔瑞德状告桑姆勒案①

该案是摄影师状告运动员的案件。与赛场上的运动员相对应，摄影师类似于观众，他和观众一样都是在欣赏比赛。事件发生于1963年，在英国进行的"重量级猎手"赛马比赛中，运动员桑姆勒骑着赛马"艺术品"在赛场上奔驰，当赛马奔跑到一个角落时，由于速度过快，摔倒在场地中，赛马受到惊吓冲倒了赛场边的摄影师沃尔瑞德，致使沃尔瑞德受到撞击后受伤倒地。为了维护自己的合法权益，沃尔瑞德把赛马运动员桑姆勒告上了法庭。

事件处理：大法官迪普洛克认为，作为一个旁观者，摄影师沃尔瑞德既然进入赛马场观看比赛或者摄影，他就已经知道赛马运动的危险，并且已经接受了赛马场的危险，来观看比赛属于自甘风险的行为。在本案中，法庭支

① 刘水庆：《体育赛场反暴力法律问题研究》，武汉大学2015年博士学位论文，第183~189页。

持了赛马运动员桑姆勒，认为他已经尽到了注意义务，不用对受害摄影师承担赔偿责任。

五、场外人员 VS 场外人员

（一）观众 VS 裁判员、警察——1964 年 5 月 24 日秘鲁首都利马足球惨案①

1964 年 5 月 24 日，在秘鲁首都利马，举行了一场奥运会南美洲预选赛，对阵双方是秘鲁队和阿根廷队。这场比赛对秘鲁队来说至关重要，因为他们需要在主场迎战阿根廷队的比赛中至少打平，以保持出线的希望。然而，前 88 分钟，阿根廷队一直保持 1∶0 的领先。在比赛即将结束，只剩下 2 分钟的时候，秘鲁队终于打进一球，将比分扳平，球场瞬间沸腾。但来自乌拉圭主裁判员的一声哨响，判罚这个球犯规在先，进球无效。随后，两名球迷冲进场内直奔主裁判，想发动突袭，第一名球迷被警察粗暴镇压，拖出了场外，第二名球迷被警察暴打一顿。警察的行为点燃了球迷们的怒火，因为秘鲁球迷无法接受自己国家的警察为了一个乌拉圭裁判员和一群阿根廷队员而粗暴对待自己人。看台上的球迷开始将一切能拿起的东西砸向警察，甚至有一群球迷冲进球场准备和警察肉搏。有些现场球迷感到了事态的严重，怕自己成为无辜受害者，开始撤离体育场，但当时许多出口都关闭着。警察开始向空中鸣枪，向人群施放催泪弹，试图阻止骚动。据后来的调查，光是其中的一个北看台，警察就扔了近 20 瓶瓦斯，全场加起来的总数无法统计。人们只能从少数几个出口向外拥挤，在混乱中造成 398 人（也有媒体报道说为 318 人）被挤死、踩死，500 多人受重伤的重大惨案。事件发生后，政府于 1964 年决定将体育场的座位容量从 53, 000 减少到 42, 000。2004 年美洲杯时又增加到 47, 000。这是足球史上死亡人数最多的惨案，它不同于一般的踩踏事故或者看台崩塌、球迷斗殴，它是因为足球而引起的一场民众和警察之间的冲突。

① “利马足球惨案”，载百度百科 2024 年 12 月 3 日，https：//baike. baidu. com/item/%E5%88%A9%E9%A9%AC%E8%B6%B3%E7%90%83%E6%83%A8%E6%A1%88/22899165？fr = ge_ ala。

对于秘鲁来说，这不只是一个体育事件，更是一个政治事件。

事件处理：最终秘鲁政府对这件事的处理结果是，判罚下令投放瓦斯的警官有期徒刑2年半。

（二）观众VS观众——1985年5月29日布鲁塞尔海瑟尔体育场的“海瑟尔惨案”①

1985年5月29日，比利时布鲁塞尔海瑟尔体育场内，利物浦队和尤文图斯队在冠军杯决赛中相遇，这本应该成为俱乐部历史上最伟大的夜晚之一，但却因为运动伤害事件而蒙上阴影，成为足球史中的一个至暗时刻。

因比利时布鲁塞尔海瑟尔体育场是年久失修的中立赛场，因此利物浦队和尤文图斯队都强烈要求欧洲足球协会联盟（以下简称欧足联）更改比赛地点，比如伯纳乌等地，却没有被欧足联采纳。海瑟尔地区是意大利人聚集地，欧足联把门票分成3份，一份卖给利物浦队球迷、一份卖给尤文图斯队球迷，一份留给中立球迷。但是中立球迷的球票大多被海瑟尔地区意大利人买走，利物浦队球迷入场时，发现尤文图斯队球迷比他们多1倍。双方球迷带着满身酒气进场。在距离原定比赛开始时间还有半小时时，在利物浦队球迷区的流氓开始闹事，有些还在纵火。在比赛中，不断有双方球迷进行辱骂和投掷行为，双方球迷大打出手，导致看台倒塌。当场压死39名尤文图斯队球迷，死者中包括意大利人32名，比利时人4名，法国人2名，爱尔兰人1名，并有300多人受伤，这就是著名的“海瑟尔惨案”。

此件事由海瑟尔体育场年久失修引起，意大利球迷所在的坍塌区域本该是卖给中立球迷的，但是主办方却卖给了意大利人，进而导致正面冲突。此次事件死亡的都是尤文图斯队球迷，正是因为坍塌的中立区域全被尤文图斯队球迷侵占。

那晚，尤文图斯队依靠普拉蒂尼罚人的一个有争议的点球以1∶0取胜捧走了欧洲冠军杯。比赛的结果已经不再重要了，因为谁都不愿意再去记住这

---

① “海瑟尔惨案”，载百度百科2024年12月3日，https：//baike.baidu.com/item/%E6%B5%B7%E7%91%9F%E5%B0%94%E6%83%A8%E6%A1%88/874874？fr=ge_ala。

场比赛。

事件处理：英格兰各级俱乐部5年内无法参加欧洲三大杯赛（从1985/1986赛季开始，到1989/1990赛季结束），而利物浦队为7年（直到1992年才得以解禁）。

（三）观众VS观众、运动员——2012年2月1日埃及东部的塞得港球场球迷骚乱事件①

塞得港的埃及人队VS埃及豪门球队阿赫利队。埃及人队主场作战，阿赫利队客场作战。主场作战的埃及人队以3∶1战胜了阿赫利队，按照常规比赛进行的节奏，主场作战并且在豪门球队身上取得了2个净胜球。然而，阿赫利队球迷的一则赛场标语激怒了埃及人队球迷，标语内容是“塞得港没有男人”，这句带有侮辱性的标语让埃及人队球迷感觉到莫大的耻辱。比赛结束后，埃及人队球迷利用退场时球场管理松散的时机攻入阿赫利队看台，并向阿赫利队球迷发起了疯狂的进攻，阿赫利队球迷也不甘示弱，他们予以坚决还击。阿赫利队球迷认为埃及人队球迷的疯狂庆祝就是对他们的挑衅，他们不愿意受这样侮辱，看台上的球迷很多都在朝球场内投掷焰火，一些疯狂的球迷甚至携带刀具来攻击对方球迷。顿时，赛场陷入了瘫痪状态，警察进入赛场维持秩序，但因势单力薄，也消失在打斗的球迷中。

这次大规范的球迷冲突引发的伤害事件共导致77人死亡（也有媒体报道为74人死亡），1000多人受伤，最让人痛心的是，球场上的球员也成为球迷攻击的对象，有多人受伤。据法国媒体的报道，埃及卫生部门在一份声明中称：“截至目前死亡人数已经上升到74人，包括一名警察。”目击者说，冲突人群被驱散后，可以看到“尸横遍野”，现场到处都有带血的尸体，球员休息室变成了临时战地医院。医疗部门官员表示，许多人被刀刺死，有的人头部重伤死亡。此外还有一些人被从高处扔下摔死。另有许多人在混乱中被踩踏

① “2·1埃及塞得港球迷骚乱事件”，载百度百科2024年12月3日，https：//baike.baidu.com/item/2%C2%B71%E5%9F%83%E5%8F%8A%E5%A1%9E%E5%BE%97%E6%B8%AF%E7%90%83%E8%BF%B7%E9%AA%9A%E4%B9%B1%E4%BA%8B%E4%BB%B6/9498795？fr=ge_ala。

身亡。埃及卫生部副部长席哈称：“骚乱是不幸的，令人感到深深的悲哀，它是埃及足球史上最大的灾难。”前任国际足球联合会（FIFA）主席布拉特称：这是足球历史上最黑暗的一天。

事件处理：2013 年 3 月 9 日，埃及法院宣布了对 2012 年发生在塞得港足球惨案的终审结果，21 名肇事球迷被判处死刑，塞得港球场的安保部主管萨马克和萨德均被判处 15 年的监禁。

第二章

运动伤害犯罪的成因[①]

刑法对运动伤害的介入具有必要性和紧迫性。然而，体育的独特性质使我们不能简单地将处理传统伤害行为的方式直接应用于运动伤害。体育的自治性与外部法律干预之间存在矛盾，这进一步强调了刑法在处理运动伤害时的重要性。必须准确把握运动伤害滋生的原因。运动伤害的滋生有其独特的历史成因、经济学成因以及法学成因，三者从不同角度解释了运动伤害滋生的土壤与缘由、运动伤害发展的动力与利益、运动伤害蔓延的责任与规避。

第一节　运动伤害犯罪滋生的历史成因

竞技性是比赛运动的本质，选手间的对抗造就了运动的娱乐性与观赏性，并以此明确输赢，授予健身运动自身以成功与造就。对抗一般表现为选手智商与体力的多重博弈，而在现在的竞技运动中，只要是牵涉身体对抗的竞技运动，伤害行为都会衍化为比赛手段的一种，无法避免。

一、伤害性是竞技体育运动的天然属性

但“伤害性”并不等同于“无限制的伤害”。竞技体育运动中的伤害性

① 本章节部分内容节选自段威：《体育暴力之刑法化思考——社会学视域下的体育暴力解读》，载《成都体育学院学报》2015 年第 3 期。撰写时，内容有修正。

不同于现实生活中的暴力，在规则和裁判员的制约下，体育竞技中的伤害性被限制在一个相对安全和受控的范围内。因而，攻击性行为在一定程度上被容忍，但过度的伤害行为是不被接受的。

第一，体育竞技的形成与振兴与“战事”密切相关。体育竞技中的许多项目和规则都源于古代战争和军事训练。例如，古希腊的奥林匹克运动会中的摔跤、拳击和战车比赛等项目，最初是为了培养战士的体能和战斗技巧而设立的，后逐渐发展成为具有竞技性和观赏性的体育活动，并形成了现代体育竞技的雏形。这些技巧在战场上是生死攸关的，而在竞技场上则转化为得分和胜利。在战争期间，各国之间的军事竞争和对抗促使了体育竞技的发展。这种从战场到竞技场的转变意味着，体育竞技确实吸收了战争中的某些元素，其中就包括一定程度的伤害性。

运动伤害的滋长本质就是为了以合理合法、礼仪知识性的形式取代战事违法、暴虐性的形式。在古希腊，城邦之间各行其是，战争长时间持续，造成生灵涂炭，大家厌烦战事，向往安宁。公元前 884 年，伊利斯王与斯巴达王缔结了一项重要协议，决定定期在奥林匹亚举行集会，并通过签署《神圣休战条约》，用体育竞赛的方式替代战争。这种方式逐渐演变成了奥林匹克运动会。然而，19 世纪初的欧洲笼罩在战争的阴影下，法国意图通过战争再度瓜分世界，战火几乎遍布整个欧洲。法国作为德国的邻国，其民众深知战争的灾难性，他们渴望和平，希望阻止战争的蔓延。在这个背景下，古代奥运会的友谊、团结的精神，恰好契合了法国民众以及全世界人民对和平的渴望。他们希望通过体育竞技的方式，传达出和平与友好的信息，以此替代战争和冲突。这种精神不仅是对古代奥林匹克传统的回归，而且是对和平与理解的追求，更是对全人类共同的未来愿景的体现。① 振兴夏季奥运会，不仅有益于国际体育的发展，而且有利于法国的民众和全世界人民抵制法国统治世界的

① 参见曲伶俐、吴玉萍：《竞技体育暴力行为的刑法解读》，载《山东社会科学》2010 年第 3 期。

战争。在这样的时代背景下，夏季奥运会得以振兴。① 究其实质，人们更愿意接受符合一定规则的、可预期的、符合礼仪的伤害，并让其替代真实的战争。

第二，体育竞技有着民族情感地投射。回顾我国数千年的社会发展历程，长期的封建统治，帝国主义、封建主义和官僚资本主义的沉重压迫，以及半殖民地半封建社会的巨大冲击，这些历史事件如同沉重的枷锁，深深烙印在每一个国人的心中。当我们迈进社会主义社会后，又历经了经济和社会的波动时期，这些经历积累了复杂的情感，驱使着人们迫切地寻求内心的解脱，重新找回作为人的尊严与骄傲。随着我国实施对外开放政策，现代化进程不断加速，新的思想观念和意识逐渐萌发。然而，在新旧观念交替的过程中，不可避免地会产生各种矛盾和分歧，而在这个过程中，体育竞技成为情感投射的重要平台。它不仅是个人才华的展示场，更是民族精神的体现。每当国旗升起、国歌奏响，那份归属感和自豪感便油然而生，人们在这里找到了共同的目标和信念。②

体育比赛作为一个特殊的社会现象，在国家发展中发挥了重要的作用，因为体育比赛独特、快速和聚集地体现了不同国家或地区间选手的较量；选手间的竞技对抗成为一种象征，不少人认为体育的较量能够体现国家地区或民族间的博弈，体育竞技中的奋斗精神和团队合作精神激发了人们的勇气和自信心，同时民众通过参与或观看体育比赛来释放人们内心的压迫。进而使得体育竞技逐步超越单纯的运动和娱乐，成为国家荣誉和民族情感的象征。体育竞技中的奋斗精神和拼搏精神与中华民族的传统美德相契合，当我国运动员在国际比赛中取得优异成绩时，全国人民都会为之欢呼和骄傲。竞技体育也成为中华民族文化交流和传承的重要方式，在国际比赛中，我国运动员展示的不仅是他们的个人实力和技巧，还通过比赛加强了与其他国家和地区运动员间的沟通交流，更对外展示了中华文化独有的魅力和特色。尤其是经历了历史转折时期和现代化进程后，人们经历了许多困难和挫折，体育运动

---

① 参见曲伶俐、吴玉萍：《竞技体育暴力行为的刑法解读》，载《山东社会科学》2010 年第 3 期。

② 参见项世新：《体育暴力成因初探》，载《体育科学》1987 年第 1 期。

为人们提供了一个释放情感、追求荣誉和认同的平台，帮助人们克服恐惧，而这种情感上的投射有时会导致过度强调胜利和击败对手，从而使伤害性在某种程度上被容忍，尤其是在某些极端的情况下。

第三，伤害行为传递了人们侵害、攻击等感情，并借此缓解压力、减少矛盾。在美国，最大的“职业摔跤联盟”（WWF）每周在电视上播出 15 小时，吸引了多达 3500 万人次的观众，其有线收费电视订阅户也达到了 850 万人。这种展现“英雄”形象和充满“激烈对抗”元素的表演已经成为美国最受欢迎的体育节目，其受欢迎程度甚至超过了橄榄球、棒球和篮球。[①] 精神分析学家弗洛伊德首次使用“本能反应”来描述人类的攻击行为。他认为，人类天生具有一种好战的本能反应，这种本能反应是对抗行为和各类攻击行为的根源。这些攻击能力源于个人内部不断累积的本能冲动，而且这种累积是潜意识中的，不受人的意识控制的。当这些冲动在适当的环境下被触发时，它们就会转化为外显的攻击性行为。而体育竞技中的对抗行为正是一种攻击性情感的体现，它为人类本能的攻击和竞争属性提供了一个既安全又得到社会认可的发泄途径。在体育竞技场上，人们在公平公正的比赛规则的约束下，通过攻击和防御来宣泄自己的攻击行为和被社会所压抑的进攻本能。这为控制和解决冲突提供了一种间接的“释放”可能，就像是为被堵塞的江河开辟了一条河道，使社会的其他部分免受严重甚至毁灭性的影响。因此，体育竞技不仅是一项娱乐活动，更是一种社会调节机制，有助于维护社会的稳定和谐。然而，虽然体育竞技提供了一个相对安全的环境来释放攻击性能量，但过度的伤害和攻击行为仍然是不被接受的，一方面伤害并非解决处理问题的有效方式，另一方面体育竞技中的伤害行为与解决现实生活中的压力和矛盾并不能混为一谈，更何况竞技体育内核的公平竞争和公正裁判的红线亦是不能逾越的。

---

① 参见谭红春：《对体育“暴力”的文化人类学解读》，载《天津体育学院学报》2009 年第 3 期。

二、竞技场地的规则设置与多方互动

规则制定时需要考虑多种因素，包括运动员的安全、比赛的公平性、观众的观赏体验等。规则需要明确、具体，并且能够被所有参与者理解和遵守。同时，规则也需要根据比赛的发展和变化进行适时的调整和完善。

第一，竞技体育对抗推动了体育运动规则的制定和开展，增强了体育运动的趣味性与美学价值。“除了战争，体育运动可能是唯一一种在展现激烈对抗倾向时不仅被当今社会大多数人所容忍，甚至可能引发欢呼和喝彩的活动。设想一下，如果在商业广场发生类似马戏团表演或橄榄球场里的骚乱，一定会被刑事处罚。然而，在‘体育运动’这个特殊的舞台上，社会道德规范和相关法律法规被暂时搁置，取而代之的是一种全新的公信力准则——体育运动竞赛规程。这些规程明确规定了哪些行为是不合法的，如暗中攻击等。这使得体育运动在展现其激烈对抗的同时，也确保了参与者和观众的安全。”① 在竞技性体育运动项目中，如柔道、摔跤、足球和羽毛球等，经常会出现一些看似粗暴的肢体接触。例如，在足球比赛中，为了破坏对方的进攻，球员可能会采取铲球的方式。然而，这些动作在比赛规则下是被允许的，并且在合理的范围内被认为是合法的冲撞，以争夺球权。同时，一些竞技体育规则的设置是为了更好地保护运动员的安全，如冰球球员必须佩戴头盔，保护头部安全；拳击选手必须按照体重分为不同的级别，避免因巨大的身材差异而导致伤亡；橄榄球球员必须佩戴符合标准的头盔、护肩、护膝等护具才能参加比赛，以减少因激烈的身体对抗而引发的伤害情况。

竞技体育的对抗行为或肢体接触并不是随意的，而是在一定的规则和框架内进行的。这些所谓的肢体接触或对抗行为是体育运动项目自身的需求，在体育竞技中被看作一种策略或技术，是一种正当行为，是体育竞技中独有的状况，不是单纯为了伤害对方，而是为了争夺球权和优势、获取胜利。人们恰好是从这些有肢体接触的项目中，应用各种各样的技术更好地发挥身体

① Russell GW. , *The social psychology of sport*, Spring er Verlag, 1993.

优势和战术技巧，一方面通过训练和实践，学会如何在规则允许的情况下有效地使用这些技术，进而取得胜利。另一方面这些肢体接触所衍生的伤害行为增加了比赛的紧张性和刺激感，使比赛更加吸引人，也为观众带来了观赏性和娱乐性。

此外，体育竞技的某个专用型专业术语充分体现了对抗行为特性。例如，足球运动中专业术语有插上进攻、下底传中提升、篱笆墙战略、密防御、全攻全守等，搏击运动中专业术语有摆拳、钩拳、振拳、速击拳等。再如，在篮球比赛中，抢断、投篮等关键时刻是打手犯规的多发时刻，基于进攻球员的移动变化，防守球员在抢断过程中，断球易引发肢体接触导致打手犯规，但抢断成功将攻防转变，因此，打手犯规被视为一种策略，使最后的比赛结果难以预测，也使比赛更具竞技性和观赏性。正是这些标准无形之中赋予体育运动自身的娱乐性与挑战性，让人们能够深层次地置身于比赛情境中，提升了交互性。

第二，竞技体育参与人的影响。除了参赛选手，体育竞赛还包括执法的裁判员、现场指导的教练员以及具有选择性的观众，他们共同构成了一个临时性、局部性的“小社会”。在这个“小社会”中，各成员在情感和行为上不可避免地存在互动和交流。

首先，这种影响源于观众们的激励与压力。运动员在这样一个“小社会”中处于主体地位，是赛场里的绝对焦点，参赛双方运用战术，努力达到竞赛的直接目标——战胜对手。其次，观众们并非只是消极地观看比赛。观众与选手之间存在一种情感与行为的交流。这种交流通过观众的评论、呼喊、欢呼等外在行为表现出来，并与运动员精湛的技巧、防御的连续变换以及比赛的高潮迭起相互影响。选手们从观众的助威声中获得了巨大的精神力量，仿佛得到了一剂兴奋剂。有时，在观众强烈的情感影响下，选手们可能会忘记原定的战术，表现出异常的“强悍”，违规行为增多，侵略性抑制效果减弱，从而埋下了“伤害”的种子。同样，观众们也从运动员的行为中得到满足，更加热情地为他们加油助威，甚至达到忘我的境界，情感得到释放。这种情感在观众之间相互感染，可能导致认知失调，而在这种情况下，理智往往失效，一旦遇到挫折，就很容易引发“玩命”的行为，从而造成不幸。例如，“5·19事件”和“海瑟尔惨案”的发生就与这种因素密切相关。①

第三，裁判员的偏向和处罚也是一个重要因素。裁判员在赛场上扮演着“审判长”的角色，他们负责监督选手遵守比赛纪律，并处理违规行为，以确保比赛的公平和顺利进行。裁判员的公正性和执法水平不仅对运动员的胜负产生重要影响，还直接关系到维护体育运动的宗旨、遏制和平复运动员的过激行为。裁判员的偏向以及明显的误判和漏判都可能成为伤害事件的直接触发点，这在体育史上并不罕见。“1964年利马足球惨案”的发生就与裁判员的判罚具有极大的关联性，是世界历史上最严重的足球伤害事件之一。

第四，来自教练员的质疑与否定。想要获得竞技比赛的胜利，运动员自身的表现和教练员的指导是两个不可或缺的而因素。当运动员在赛场上处于不利地位时，心理会出现紧张、焦虑、愤懑、沮丧等情绪，导致自身优势无法展现，比赛节奏被打乱，这时教练员会通过叫暂停或局（节、盘）间的休息，在最短时间内向运动员传输对手的漏洞、战术的指导、赛事的分析以及心理上的慰藉，帮助运动员稳定情绪和心理，恢复状态。可见，教练员的情绪对于运动员自身的行为有着重要影响，而伤害事件的产生与这种互动和交流有着密切的联系，如教练员与选手之间在比赛规则、战术安排、技术执行等方面的矛盾和冲突，② 而影响运动员训练和比赛心理状态的教练员行为包括悉心指导③、过度责备④、

① 项世新：《体育暴力成因初探》，载《体育科学》1987年第1期。

② 参见项世新：《体育暴力成因初探》，载《体育科学》1987年第1期。

③ 包含及时总结、细心分析、比赛考虑周到等条目，强调在训练和比赛中教练员对运动员的细心观察和悉心指导行为，这些有助于促进运动员积极心理状态的形成。参见徐文泉、王智：《影响运动员训练和比赛心理状态的教练行为：运动员知觉模型的建立与测量》，载《山东体育科学科技》2013年总第35期。

④ 包含否定、责备等条目，反映了教练员在训练和比赛场上对运动员不佳表现或技术的过度否定、责备、批评会阻碍运动员积极心理状态的形成。参见徐文泉、王智：《影响运动员训练和比赛心理状态的教练行为：运动员知觉模型的建立与测量》，载《山东体育科学科技》2013年总第35期。

宜人行为[①]以及反常态度[②]四个维度，而过度责备及反常行为等消极影响无疑会对运动员的清晰带来负面压力，进而影响其在赛场上的行为。

三、运动员脑部损伤引发的攻击倾向

运动员在长期训练及竞赛中进行高强度的身体对抗，如拳击、橄榄球等以对抗和冲撞为主要竞技内容的运动更是如此，这些行为可能导致运动员的脑部受到损伤。这种累积的损伤可能对运动员的大脑结构和功能造成影响，增加他们出现攻击伤害的倾向与风险。

晚近时期，大陆法系国家通过对前额叶皮质[③]损伤的研究将赛场伤害分为反应性攻击及工具性攻击，并从体育环境改善、体育价值提倡、体育心理疏导等方面进行竞技伤害预防。例如，村井俊哉教授介绍称，前额叶皮质损伤与暴力攻击之间存在关系。前额叶皮质是大脑中负责认知、情感和行为控制的重要区域之一，健康的前额叶具备理解他人愤怒和正确识别他人的痛苦和疼痛的能力，此外前额叶参与决策、冲动控制、社交行为以及情绪调节等多种复杂的心理过程。而当前额叶皮质受损时，个体的这些心理功能可能会受到影响。研究表明，前额叶皮质损伤可能导致个体的冲动控制和决策能力下降，影响个体情绪调控能力，从而增加攻击伤害、情绪爆发的风险，即运动伤害。其中，反应性攻击，也称为情绪性攻击，通常是由于愤怒、挫败或其他强烈情绪引发的即时反应。这种攻击行为往往没有经过深思熟虑，而是由强烈的情绪驱使。前额叶皮质损伤可能导致个体更难以控制自己的情绪反应，

---

① 包含教练员的沟通、随和、热情、微笑等条目，强调教练员在训练和比赛中亲切、随和、热情地对待运动员的行为表现，他们能与运动员进行很好的交流与沟通，会促进运动员积极心理状态的形成。参见徐文泉、王智：《影响运动员训练和比赛心理状态的教练行为：运动员知觉模型的建立与测量》，载《山东体育科学科技》2013 年总第 35 期。

② 包含莫名奇妙地发火、态度冷淡、不问清情况就开始批评等条目，强调教练员在训练和比赛场上对待运动员反常的态度和行为表现，会对运动员的心理状态产生负面影响。参见徐文泉、王智：《影响运动员训练和比赛心理状态的教练行为：运动员知觉模型的建立与测量》，载《山东体育科学科技》2013 年总第 35 期。

③ 前额叶皮质（医学术语），通常被称为脑部的命令和控制中心。决策和自控等较高层次思考就在这里进行。

从而增加了发生反应性攻击的风险。与此不同，工具性攻击则是有目的、计划性的攻击行为，旨在达到某种特定的目标，如抢夺财物或获取权力。这种攻击行为通常涉及更多的认知和决策过程，需要个体进行权衡和计划。前额叶皮质在决策和认知控制中起着关键作用，因此其损伤可能导致个体更难以进行恰当的决策和控制自己的行为，从而增加了发生工具性攻击的风险。因此，对于前额叶皮质损伤的运动员，需要特别关注他们的行为和情绪变化，及时采取干预措施，防止暴力攻击的发生。目前主要的消除运动伤害路径是进行脑科学和信息通信技术（ICT）的引入。脑科学的研究可以帮助我们更深入地了解运动员的脑部结构和功能，为制定更有效的伤害预防措施提供依据。而信息通信技术的应用则可以为运动员提供更加科学、精准的训练和比赛监测，及时发现和预防潜在的伤害风险。

一些研究采取借助神经影像学技术，如功能性磁共振成像（fMRI）和结构性磁共振成像（sMRI），来探索神经区域损伤与暴力攻击之间的关系。除前额叶外，研究主要关注杏仁核①、扣带回②等区域的结构和功能异常。其中，患有杏仁核损伤的个体更容易表现出愤怒、敌意和攻击性行为。一项研究发现，与健康对照组相比，患有杏仁核损伤的被试者在面临社交冲突时表现出更高的愤怒反应和攻击性倾向。③ 这表明杏仁核在情绪处理和情绪反应中起着重要作用，其损伤可能导致情绪调节能力的下降，增加暴力攻击的风险。同时研究表明，扣带回的损伤可能导致自我控制能力的下降，增加冲动和攻击性行为的风险。④ 一项研究发现，扣带回受损的患者在情绪刺激下更容易表现出愤怒和攻击性反应，这表明扣带回在情绪调节和自我控制中起着重要作用。此外，还有一些研究探索了神经递质和基因变异在神经区域损伤与暴力

① 杏仁核（脑部组织），又名杏仁体，呈杏仁状，是边缘系统的一部分。是产生情绪、识别情绪和调节情绪，控制学习和记忆的脑部组织，而且研究发现，幼儿孤独症似乎也与扩大的杏仁核有关。

② 扣带回（解剖学术语），是位于大脑半球内侧面的扣带沟与胼胝体沟之间的脑回，属于边缘系统的皮质部分。扣带回的前部（24 区）与躯体运动区和躯体感觉区有联系。

③ 参见赵辉、张亚冉、肖玉琴等：《“忽冷忽热”的杏仁核：与攻击相关的重要核团》，载《心理科学进展》2023 年总第 31 期。

④ 参见杨帅、赵翼、王洪等：《脑损伤对道德行为的影响及相关伦理困境》，载《科学通报》2020 年总第 65 期。

攻击之间的关系中的作用。例如，某些基因突变和神经递质的不平衡可能与攻击性行为和伤害倾向有关。

第二节　运动伤害犯罪滋生的经济学成因

运动伤害犯罪是一种社会现象，其产生的原因涉及许多方面，经济因素也是其中之一。体育的激烈竞争性使其背后蕴藏着巨大的利益，同时也激发了运动员强烈的求胜欲望。面对金牌荣誉和丰厚奖金的激励，少数运动员可能会采取不正当手段以获取比赛胜利。这种行为违背了体育的公正、公平、准确和客观原则，可能将人类崇高的奥林匹克精神引入了错误的道路。竞技体育运动自身的这些特点，也是体育暴力产生的诱因。从经济学的角度来看，包括体育运动的供需失衡、体育主体间不正当竞争、利益驱动下的非理性选择、跨区域以及文化背景下的价值观念等。

一、体育运动的供需失衡

供需失衡为竞技体育领域带来了一系列问题。随着社会经济的发展，大众参与体育运动的热情日益高涨，越来越多的人选择成为职业运动员，但供给方并未能有效跟上需求的增长，体育运动领域出现的供需失衡现象逐渐凸显。这种供需失衡使许多运动员甚至没有上场比赛的机会，长期的不满与焦虑逐渐积累导致争夺上场参赛的机会成为运动员之间的矛盾点。竞争激烈的体育环境同样是竞技运动伤害犯罪的诱因。一些运动员和教练员为了获得优势，可能会采取不正当手段，如以体育作弊、使用违禁药物、伤害行为等方式谋取胜利。种种虚假的行为手段是对竞技体育精神的亵渎，更产生了不良的示范效应，若年轻一代效仿，则会成为竞技体育发展的阻碍。

此外，体育运动的商业功利化，也加剧了运动伤害犯罪的产生。商业利益驱使着一些俱乐部、赛事组织及广告商追求利润最大化，为了吸引观众和赞助商，一味地使用高对抗性运动博眼球，从而引发体育赛场上运动伤害行为的滋生。

二、体育主体间不正当竞争

在商业和经济领域的不正当竞争是以违反公平、诚实信用等公认的商业道德的手段去争取交易机会或者破坏他人的竞争优势的行为，严重影响市场秩序和公平竞争环境。体育也存在不正当竞争，而受利益纽带相连的各个体育主体，均可能成为不正当竞争的牺牲品。

赛场上的判罚由裁判员决定，裁判员的公正、准确、及时判罚对于维护正常竞争关系至关重要。随着市场经济的迅猛发展，竞技体育比赛逐渐沾染了浓厚的商业色彩和职业氛围。裁判员的不当操作、主观偏见、恶意判罚等不当裁决会扭曲的赛场公平秩序，激化赛场矛盾。更有甚者，在利益的驱使下，一些裁判员丧失了职业道德，他们可能涉及行贿受贿、滥用职权等犯罪，对体育文明造成极大创伤。例如，在某个体育比赛中，如果裁判员有意偏袒某一方，或者受到金钱利益的诱惑，可能会错误判罚或忽视规则，改变竞赛结果。这种情况下，不正当竞争便产生了，真正有实力的竞争者将受到不公平的对待，导致赛场秩序被无视。这种不公平的判罚直接引发了运动员在赛场上的愤怒与反抗，进而滋生伤害行为。

除了裁判员的影响，利益输送也可能会导致某些人或团体为了自己的利益，采取不正当手段来影响比赛。一方面，赛场的胜利就意味着经济价值，这可能诱发竞技体育主体的不正当竞争心理；另一方面，在竞技体育中，胜利和失败往往是瞬息万变的，竞技中的挫败感和愤怒情绪会导致竞技体育主体的心理失衡。因而，利益链上的某方教练员或运动员，参与赌博集团勾结、操纵比赛结果，甚至将暴力手段直接用于比赛场上。当利益输送成为竞技体育中的一种常态时，竞技体育暴力行为也将难以控制。

三、利益驱动下的非理性选择

非理性选择是人们在决策时受到情绪、认知偏见、从众心理等因素的影响，而作出的不符合逻辑和理性的选择。在利益驱动下，人们可能会为了追求短期利益，而作出某些违背道德的行为，因而非理性选择发生的概率会更高。在体育运动中，受利益驱使的非理性选择也较为常见。

（一）教练员与运动员文化素质偏低

在我国，这是目前普遍存在的社会现象，不容忽视。文体分家导致有天赋的孩子要完成学业不得不放弃成为职业运动员的机会，而高水平运动员大都在国家队或省队训练，过度关注运动技能的培养，而相对忽视了文化素质的提升，这种倾向有时会导致运动员的价值观发生偏差。

首先需要明确的是，教练员与运动员的文化素质是相辅相成的，他们之间的互动关系和相互影响不容忽视。教练员的文化素质不仅涉及个人修养与素养，还包括对体育精神与道德的理解和实践，而运动员的文化素质则涉及他们的人格塑造、价值观培养以及社会责任感。教练员作为运动队的领导者和榜样，他们的言行举止对运动员的行为有着深远的影响。如果教练员文化素质偏低，缺乏道德修养和正确的价值观念，很可能会给运动员树立错误的榜样，让他们对胜利的执着变得过于强调结果而忽略了过程中的公平、诚信和团队合作等重要价值。这样一来，运动员也会受到教练员的误导，对胜利以及自身的发展产生片面的理解，忽视体育运动背后的体育精神。

其次，运动员的文化素质也是决定他们的行为和价值观的重要因素。如果运动员本身文化素质偏低，缺乏对社会道德规范的认同和思考能力，那么他们很容易被外界的消极因素所影响，对竞技方式、荣誉观念以及公正公平等方面的认知产生扭曲。在比赛中，他们可能会为了获得好成绩而采取不正当手段，违背体育竞技精神。这样的行为不仅会对个人的形象造成负面影响，也会在社会上产生恶劣的示范效应。

（二）竞技商业化是幕后的推手

在现代社会中，体育商业化已成为一种不可忽视的趋势，商业化给体育带来了巨大的改变和影响。商业化的推动，一方面来自市场需求的增长和观众对娱乐形式的多样化追求。体育商业化在使体育比赛具有更大的观赏性和娱乐性的同时，吸引了更多的赞助商和广告商。这样的变化不仅使体育成为娱乐产业中一颗璀璨的明珠，也为运动员们提供了更广阔的发展空间。另一方面，商业机构对体育更多地以利益为导向，通过赞助合同、广告宣传、体育明星代言等方式，将体育赛事变成了一个重要的商业资源。这样的商业化推动着体育发展到了一个新的境界，赛事规模不断扩大，比赛水平不断提高，运动员的收入和地位也相应地上升。但在体育的商业化进程中，某些利益主体为了追求利润最大化，可能会使运动员、教练员、裁判员等主体对赛场利益进行妥协或者牺牲。

奥林匹克运动精神是友谊、团结、公平竞争，是与“友谊第一、比赛第二”的我国体育指导方针一致的。而目前体育竞赛中的商业利益和个人经济利益占据了主导地位，使运动员急功近利，扭曲了体育比赛的本质。① 因为，在体育赛事中，巨大的经济利益可能驱使一些人采取不正当手段来获取利益。例如，非法赌博集团可能通过操纵比赛结果、收买球员或裁判员等手段来牟取暴利。如果这些行为被揭露，可能引发相关方的暴力报复或做出掩盖真相的行为。

（三）运动员的不当行为

运动员是体育赛事中的重要参与者，他们通过充满竞争性和荣誉感的比赛，展现出卓越的技艺和顶级的身体素质。然而，有些运动员在追求胜利的过程中，采用了严重违背了体育精神和竞技道德的不当行为，以故意采取不正当的行为攻击对手，引起对手的愤怒和不满情绪，进而引发运动伤害。

例如，2006 年德国世界杯的四分之一决赛中，德国与阿根廷展开激烈对决，酣战 120 分钟后，双方以 1∶1 的比分进入点球大战。随后，德国队最终以 4∶2 的比分战胜了阿根廷，成功晋级四强。然而，在比赛的最后时刻，德国队第四个主罚点球的博罗夫斯基在进球后做出了一个充满挑衅意味的动作，这一举动点燃了阿根廷球员的怒火，导致比赛结束后双方球员发生了激烈的

---

① 参见张云翔：《竞技场上暴力行为归因与类型分析》，载《新乡学院学报（自然科学版）》2010 年第 6 期。

冲突。阿根廷后卫库弗雷推倒了德国中后卫默特萨克，随后双方多名球员纷纷加入混战，场面一度失控。事后，国际足联对此事进行了调查，并对参与斗殴的球员进行了处分。①

四、跨区域以及文化背景下的价值观念

文化背景和社会制度的差异，可能导致人们对伤害行为有着不同的理解。有些人认为，应对直接伤害的行为持谴责的态度。有些人认为，激烈的对抗虽导致伤害行为，但在一定程度上被视为一种表达强壮、有勇气和激情的方式。运动员通过竞争和冲突迸发出自己的激情，展示身体力量和技能，调动观众的兴奋和娱乐感官。同时，这种冲突行为也是体育比赛本身的一部分，是一种自我表达和释放身体能量的方式，因而被视为正常和可接受的。例如，在海瑟尔足球事件中，参与闹事的球迷认为这是一种展示团结和力量的方式。这种接受程度为运动伤害犯罪的滋生提供了条件，配合观众和媒体对于运动伤害行为的煽动和热捧，更使一些运动员逐渐盲目追求在场上的力量和狂热。这种过度追求胜利和对强者的偏爱，令一些运动员和球迷忽视了公平竞争和体育精神，而无视对他人的伤害。

五、运动伤害犯罪成本低于收益

犯罪经济学认为，人类的犯罪活动实际上一种经济活动，既是供给又是消费，并且是经过权衡“成本投入”和“预期收益”后的理性分析，因而在人类生活中犯罪市场是实际存在的。诺贝尔经济学奖得主加里·斯坦利·贝克尔教授提出从一种新的视角来看待犯罪活动其运用经济学原理对犯罪原因加以分析。他认为，犯罪实际上是一种经济活动，犯罪者与普通人一样，都是“经济人”，他们在犯罪活动中同样受到理性的指导。犯罪是犯罪者在权衡了各种不同牟利方式所需的成本和预期收益后，所作出的理性选择。② 理论假

---

① 参见《历史足坛十大火爆球场斗殴事件，因斗殴马拉多纳被甩卖至那不勒斯》，载网易 2024 年 5 月 3 日，https：//www.163.com/dy/article/J19QD9QB05563TP7.html。

② 参见宋浩波：《试论犯罪经济学的原理》，载《福建公安高等专科学校学报》2003 年第 1 期。

设每个人都是“经济人”，那么其所做出的任何经济行为均是基于谋求最大限度利益的理性选择。

从经济学的角度来看，运动伤害犯罪成本可以分为直接成本和间接成本。直接成本是指与犯罪行为直接相关的成本，如行业自治下的判罚、受到法律制裁后的民事赔偿以及刑事追责后的人身权益被限制或剥夺、政治权利的丧失、经济上的处罚等。但当前在运动伤害犯罪中，运动员、教练员或相关人员因违反比赛规则而受到的禁赛、罚款等处罚或民事赔偿等占大多数，刑事追责的情况少之又少。间接成本是指与犯罪行为间接相关的成本，包括运动员、教练员或相关人员因违反比赛规则而受到的声誉损失，以及因禁赛或罚款而错过的比赛和商业机会等。除此之外，运动伤害犯罪还可能存在一些潜在的成本，如对运动员身心健康以及对家庭的影响等，这些成本虽然不是经济学意义上的成本，但对于相关人员来说同样会产生负面影响。

运动伤害犯罪的收益，即经济人实施犯罪行为的内在动力，是通过犯罪行为谋求的利益。一方面，为行为人带来即时的、明显的利益收入，如在某些竞技赛场上，通过伤害行为直接获得比赛的胜利，从而获得奖金、荣誉和商业机会，抑或是暴力伤害背后非法收受的金钱、财物等权钱交易。另一方面，可能带来潜在的、长期的利益。通过伤害行为可能在团队或组织中获得更高的地位和更大的影响力，甚至利用伤害行为建立或维护某种不正当的竞争优势。也就是说，伤害所带来的收益既包括可以实际量化为金钱上的收益，又不乏感官上的愉悦和精神欲求的满足。

综合来看，体育司法对运动伤害犯罪行为的低惩罚性，与社会公众对运动伤害犯罪行为的高容许性，均会引发伤害行为所蕴含的成本与收益的博弈失衡，即伤害行为的成本投入远低于所获收益，而这也成为滋养运动伤害犯罪行为的温床，导致伤害行为在体育运动中屡禁不止。

第三节　运动伤害犯罪滋生的法学成因

体育行业具有自治性质，许多体育组织都有自己的规章制度和处罚机制。

然而，当伤害行为超出行业自治权限的范围时，就需要刑法的介入。体育行业的自治性质与刑法的介入之间的张力可能导致刑法在介入运动伤害行为时面临一定的困难。同时，刑法的谦抑性原则与运动伤害行为的特殊性之间存在矛盾冲突，刑法的谦抑性原则要求刑法不应将所有的违法行为都作为其对象，而应将不得已才使用刑罚的违法行为作为其规制对象。然而，运动伤害行为具有特殊性，其往往涉及运动员之间的身体对抗和竞争压力等因素，这使刑法在介入时需要更加谨慎和克制。加上刑事处罚和体育处罚是两种不同的处罚体系，它们在处罚目的、处罚手段和处罚程序等方面存在差异。因此，在将刑事处罚应用于运动伤害行为时，需要考虑如何与体育处罚进行有效的衔接，以避免出现双重处罚或处罚不公等问题。

刑法是保证运动员基本权利的必然选择，因为法律不应容忍非必要性运动伤害对运动员及体育精神的伤害。同时，即使运动伤害可以通过行业自治、民事诉讼加以规制，刑法也有不可替代的功能性价值，因为体育领域的行业自治无法规制业余比赛中的伤害行为，而民事诉讼所保护的法益无法拓展至社会公共利益。综合来看，运动伤害不是一个简单的“刑法是否应该介入”的问题，而是一个涉及多方面、多层次考虑的复杂问题。在解决这个问题的过程中，需要综合考虑体育的特点、内部处理方式的局限性、刑法的目的和功能，以及公众的期望和观感等多种因素。只有这样，才能找到一个既能保护运动员权益，又能维护体育产业健康发展的平衡点。

一、内部处罚机制的无力性

“用尽内部救济”是体育争议解决的原则，意味着在发生体育争议时，应当首先通过体育组织或协会的内部机制进行解决，这也曾一度是规范运动伤害的唯一途径。然而，随着运动伤害的病毒式蔓延，内部救济越发呈现疲软之势。[①] 在竞技体育领域，内部处罚机制通常是由相关体育组织或协会来执行。体育自治确实为体育组织提供了一定的灵活性和自主性，但当其内部处

① 参见李智：《体育赛场暴力侵权的民事诉求途径》，载《法学评论》2010 年第 1 期。

理方式不能有效地保护受害运动员或给予他们应有的补偿时，这种方式就显示出了其局限性。完全依赖内部处理可能会导致运动员对体育组织产生不信任，进而影响整个体育体系的公信力。内部处罚机制缺乏足够的权威性和效力。一方面，体育组织或协会往往与相关运动员、俱乐部或赞助商有利益关系。因此，当面临处罚决策时，他们可能会受到金钱、声誉或商业合作等方面的影响，从而导致处罚力度不够或执行不严格，使内部处罚机制无法起到应有的威慑作用。另一方面，内部处罚机制通常缺乏独立的第三方监督，这意味着处罚的公正性和透明度可能受到影响。没有独立的监督机构来确保处罚的公正执行，更容易出现处罚不公或不透明的情况，引发运动员和公众对内部处罚机制的不信任，削弱其处罚的有效性和公众接受度。

例如，1998 年 5 月 10 日，在甲 A 联赛的一场比赛中，S 队的外援莫某在无球状态下被 G 队的后卫队员叶某铲倒并受伤。经诊断，他的左腿胫骨和腓骨粉碎性骨折。经过一年多的治疗，尽管他的行动能力有所恢复，但他从此无法再从事职业足球。依据 2019 年《中国足球协会章程》第 54 条第 1 款的规定，会员协会和注册俱乐部需遵守本章程和国际足联的规定，不得将与国际足球联合会、亚洲足球联合会及其会员协会和俱乐部的争议提交法院，而是同意将争议提交各方认可的仲裁委员会，并接受其裁决。因此，S 队只能选择向中国足协提出申诉，以此解决此事。这个真实的案例真切地反映出运动伤害的严重性以及内部救济的局限性，虽然中国足协对此事进行了处理，但内部处罚机制存在利益纠葛和缺乏独立监督等不足之处，关于体育自治的处理方式是否能给予受害运动员充分的保护和补偿，这一问题引起了社会的广泛关注。特别是《中国足球协会章程》中关于争议解决的规定，要求会员协会和注册俱乐部将争议提交给各方认可的仲裁委员会，并接受其裁决，而非通过法院解决。这种规定限制了包括刑法在内的其他法律在体育争端解决中的适用，其合理性确实值得深入探讨。

体育竞赛由于其竞技性而伴随一定程度的伤害，这是被社会公众所接受的。但是，这种伤害的程度是否应有所限制，以及受害运动员是否仅凭体育自治的处理方式就能获得充分的保护和补偿，此外，体育内部规定是否应完全排除包括刑法在内的其他法律在体育争端解决中的应用，都是值得深入探讨的问题。但从刑法的角度来看，当运动伤害达到一定程度时，是否应该允许刑法的介入是一个重要的问题。刑法作为一种最为严厉的制裁手段，其使用应当慎重。但是，如果内部救济无法有效解决运动伤害问题，应该考虑是否利用刑法保障救济法益，从而起到警示作用。①

二、民事救济方式的局限性

顺应运动伤害法律救济的需求，其民事侵权归责原则从传统的完全风险自负，向重大过失演进，传统的完全风险自负原则在现代看来可能过于绝对，无法满足所有情况下的法律诉求，体现了运动伤害侵权救济模式的发展。一方面，法庭仍关注体育领域侵权的特殊性；另一方面，对伤害行为过度泛滥的现实，民事法律体系做出了相应的回应。但是，重大过失标准当前虽得到应用，但仍被认为是“例外原则”，尚无法满足应对运动伤害的法律诉求。例如，在一个垒球比赛致伤的案件中，一名跑垒者踩到接球者的腿，并致其骨折，美国亚利桑那州最高法院认为：在体育竞赛中，依据重大过失或故意侵权规定，提起民事损害赔偿而完全排除风险自负原则的适用，违反宪法中的正当程序要求。这表明，即使在运动伤害侵权的情况下，法庭仍然非常谨慎地权衡各种因素，以确保法律的适用既公平又合宪。美国威斯康星州最高法院在另一起运动伤害伤害案中认为：风险自负原则是适用于体育运动的最合适的标准，那些适用重大过失标准的州并没有合理理解风险自负原则。这说明，对于风险自负原则的理解和应用在不同的司法管辖区可能存在差异，也可以理解为，由于体育运动种类繁多，各种运动的风险程度不一，难以找到一个统一适用的归责原则。全面综合考虑所有的体育运动侵权事件，风险自负原则足够灵活，且不会阻碍竞争。但对于极端或特殊的伤害行为，可能需要更严格的归责原则来确保运动员的安全和权益得到充分保护。

可见，面对日益增多的运动伤害侵权行为，在归责方式上做点滴的努力，

① 参见段威：《体育暴力之刑法化思考——社会学视域下的体育暴力解读》，载《成都体育学院学报》2015 年第 3 期。

都要付出相当大的努力。无论是对风险自负原则中的可预见性风险进行判断，还是对重大过失标准中的忽视和放任风险的意图进行甄别，都是一件困难的事情，不但需要深入了解具体情境、对运动员的行为以及运动本身的特性进行分析，还要求法律系统具备高度的专业性和敏锐性，能够准确甄别各种情况下的责任归属。而且，基于体育运动的特殊性，受害运动员自身将运动伤害侵权诉诸法院，本身就是有障碍的，并且可能是阻碍受害运动员寻求法律救济的重要原因。法律的介入与体育内部的文化、结构和利益关系等发生碰撞。第一，运动员往往不愿意去起诉其他的运动员，因为诉讼可能会使其招致来自对手、教练员、管理层等方面的压力；第二，因竞赛产生的纠纷，往往是跨国（州）的，因此产生的管辖权及法律适用问题，会产生极大的诉讼负担；第三，各职业联盟或体育联合会有自身的争端解决机制，它们不希望运动员超出体育自治领域而寻求外部法律的救济。① 从法院的角度来看，体育领域的特殊性，归责原则难以把握，使它们更倾向于将运动伤害侵权视为体育领域内部的事务。即使在审理案件的过程中，法院也会尽量尊重体育联盟内部的规则，而不愿努力调整传统的归责方式。② 虽然这在一定程度上反映了法院对体育自治的尊重和对法律介入谨慎的态度，但是这也可能导致一些明显的法律空白或不当处理。显然，无论是依靠内部争端解决机制，抑或诉求于民事诉讼，均在争端的解决及处罚间暴露出弊端，此时，刑法的介入成为一种可能的补充手段，恰恰在一定程度上弥补其他救济手段所无法应对的社会现实，对极端或严重的伤害行为进行更有效的制约和惩罚。同时，囿于刑法适用的谦抑性，其在竞技体育活动中的运用相较于普通社会行为，更加谨慎，以确保不会过度干预体育活动的正常进行，同时保护体育的核心价值和特性。唯此，才能在保证体育活动文明发展的同时，保护竞技体育激情、自

---

① See Linda S. Calvert Hanson & Craig Dernis, *Revisiting Excessive Vio - lence in the Professional Sports Arena: Changes in the Past TwentyYears?*, Hall Journal of Sport Law, Vol. 6, p. 148 - 149 (1996).

② 参见李智：《体育赛场暴力侵权的民事诉求途径》，载《法学评论》2010 年第 1 期。

由、释放的天性及魅力。①

三、刑事救济方式应当保持谦抑性

刑法的最后救济性、必要性和抑制性，是谦抑性的核心表达，刑法在保护法益时必须兼顾上述原则，以确保刑法适用既有效又谨慎。

其一，刑法的最后救济性。“刑法应作为最后的手段，仅在习惯、道德制裁和民事规制等手段无法有效应对违法行为时，才应被启动”②，刑法不将所有违法行为都视为其规制对象，而是将刑罚作为不得已时才使用的手段，③ 即当其他部门法无法对某类行为予以规制时，刑法才补充性地作为使用法律登场。

刑法的最后救济性也是法律体系系统性的体现，判断一个行为的合法性与否，应当将其置于整个法律体系的大框架下综合考量。若不当地将其他法律明确许可或未禁止的行为认定为犯罪，难以获得社会公众的普遍认同。④ 但刑法的最后救济性是体现在“序位”，而非“资格”，在竞技体育领域，强调通过行业内部监管和处罚维护竞技体育的健康发展，这并不能天然排除刑法对运动伤害行为进行规制。事实上，将运动伤害行为界定为犯罪并无不妥，当案件达到特定严重程度时，启动刑事治理反而是行业内部救济下更为周延的保护路径。

其二，刑法的必要性。刑法的本质并非泛泛地保护所有法益，刑罚作为最严厉的制裁手段，其必然面对具有严重社会危害性，且其他法律手段不足以遏制其发生与再犯的行为。刑罚的适用必须以满足“刑罚必要性”（Strafbedurfnis）的前提，虽然刑罚是一种有效的社会控制手段，但其本质在

---

① 本章节引自段威：《体育暴力之刑法化思考——社会学视域下的体育暴力解读》，载《成都体育学院学报》2015年第3期。并于撰写本章节过程中予以改动。

② 李海东主编：《日本刑法学者》，法律出版社、成文堂1995年版，第72页。

③ 参见［日］大谷实：《刑法讲义总论》（新版第2版），黎宏译，中国人民大学出版社2008年版，第119~120页。

④ 参见［德］克劳斯·罗克辛：《德国刑法学总论》（第1卷），王世洲译，法律出版社2005年版，第397页。

于“仅在必要时才使用”。这意味着刑罚只应在所谓的“苦的必要性”（die Bittere Notwendigkeit）情形下适用，即当社会损害行为达到不可忍受之情形（die unertragliche Beispiele）时，刑法才将其规定为犯罪构成要件。[①] 因而刑法的必要性也体现为刑罚发动的妥当性、有效性与不可替代性。

就不同类型的法益而言，刑法必要性是刑法介入程度差异化的直接映射，这种差异源于对法益重要性的评估，以及对法益自我保护可行性的衡量，简言之，评估所侵害法益对社会秩序和公共安全的影响，并衡量能否通过其他非刑事方式实现法益自我保护的可能性与效果。在体育领域中，运动伤害行为均具有违法性，而如果该行为的违法性过于轻微，即未达到需以犯罪论处的程度，不宜作为犯罪处理，则没有刑法介入探讨的必要；反之，若运动伤害行为具有严重违法性，即足以引发该行为是否构成犯罪的审视时，才有必要展开刑法介入的研究。

其三，刑法的抑制性。刑法应秉持克制与审慎的原则，而非肆意扩张，必须在排除社会损害性以及选择最小负面效果的制裁措施间寻求平衡。[②] 否则，刑罚的随意或过度使用实属无益且有害之举。一是刑法在实践中并非消极的“无为”，恰恰因为刑法抑制性的内在要求，使刑法始终以“配角”之名积极的“有为”，顺应时代发展脉络，行“主角”之实，敏锐应对社会变化。二是刑法的抑制性亦非旨在构建一个轻刑化、甚至无刑罚的理想国，而是深刻洞察现实需求，践行宽严相济刑事政策。

任何形式的伤害，无论是在体育领域还是其他领域，都应该有一个明确的界限。超过这个界限，伤害就不再是“竞技的一部分”，而是变成了纯粹的伤害行为。刑法作为社会法律体系的一部分，其目的之一就是保护公民的权利和利益不受侵犯。当体育内部的伤害行为达到一定程度，以致威胁到运动员的生命、健康或身体完整性时，让刑法介入必然是合理的选择。这不仅可以为受害运动员提供更为有效的法律保护，还可以起到威慑作用，防止类似事件再次发生。尽管刑法在某些情况下应该介入，但这并不意味着它应该被

① 参见陈志龙：《法益与刑事立法》，台北，台湾大学丛书编辑委员会 1992 年版，第 128 页。
② 参见林钰雄：《新刑法总则》，台北，元照出版社 2020 年版，第 11 页。

轻易或频繁地使用。刑法的介入应该是在其他手段都无法有效解决问题时的一个备选方案。同时，介入的方式和程度也需要根据具体情况进行权衡和判断。总之，应当遵循刑法的谦抑性原则，保持克制和谨慎的态度，尊重体育组织的自治权和专业性，仅在必要时运用刑法治理运动伤害行为。

第四节　运动伤害滋生的其他成因

除却前述原因外，运动伤害滋生的原因还包括社会学诱因、心理诱因、社会文化诱因、偶然性诱因等，这些都可能成为触发运动伤害的直接导火索。

一、社会学诱因

体育场域中的身体不仅具有自然属性，同时还具有政治属性、社会属性和文化属性，它们是一个不可分割的有机整体。[①] 法国社会学家布迪厄在其著作《实践与反思——反思社会学导论》中对场域进行了论述，认为："在高度分化的社会里，社会世界是由具体相对自主性的社会小世界构成的，这些社会小世界就是具有自身逻辑和必然性的客观关系的空间，而这些小世界自身特有的逻辑和必然性也不可化约成支配其他场域运作的那些逻辑和必然性。"[②] 场域作为一个社会空间，有自己的边界，但是"场域的界限问题是一个非常难以回答的问题"，确定场域的界限"不容许任何先验的回答"。场域的界限可能出现场域的重叠，即同属于两个或两个以上场域的共同涵射。运动伤害即处于体育场域与法律场域的共同涵射下，一方面，运动伤害行为必须遵守体育场域的惯习；另一方面，刑法场域中的惯习，即刑法规范也同时发挥作用。因此，运动伤害行为必然受制于两个场域规则的共同约束，受制于体育

① 参见陈卓：《体育场域中的身体：自然、社会与文化属性》，载《社会科学论坛》2018 年第 5 期。

② ［法］皮埃尔·布迪厄、［美］华康德：《实践与反思——反思社会学导引》，李康、李猛译，中央编译出版社 2004 年版，第 134 页。

规则与刑法规范的共同作用。

在强调辩证思维的布迪厄看来，虽然“场域”是一种客观关系系统，但在场域里活动的行动者并非一个一个的“物质粒子”，而是有知识、有意识、有精神属性的人；场域不是一个“冰凉凉”的“物质小世界”，每个场域都有属于自己的“性情倾向系统”——惯习。① 场域的独特性决定了该社会空间内独有的惯习。在体育竞技场域内，首先，其惯习的特殊性在于允许一定程度的伤害存在，即伤害行为可视为体育竞技的构成部分，为社会所接受；其次，所有参与者的目标在于秉承体育精神以及赛制规则的规定，尽可能地追求胜利，这一资本的争夺导致了参与者在追逐胜利的过程中，会使用有益于自身，同时阻碍对方获取胜利的手段，伤害行为便是方式之一。惯习的优先性，指在对于同一事实或行为被两个或两个以上场域同时涵射时，某一场域内的惯习应优先适应于该事物，类似于法律适用中特别法优于一般法的适用原则。例如，建设性运动伤害行为同时隶属于刑法以及体育的场域之内，如果否认体育场域内惯习适用的优先性，则伤害行为的实施无合法依据，因为刑法内惯习的适用，即刑法规范的平等性以及强制性，不应在无正当事由下受到排斥。承认惯习优先性，使刑法场域内的涵射由于体育场域涵射的优先，暂时丧失了适用性。当然，何为“特殊场域”应该是相对的。例如，刑法场域内的惯习较之体育场域内的惯习，虽然在运动伤害的涵射范围中不具有优先性，但当刑法场域与法律场域的涵射范围重叠时，刑法场域中的惯习又因具有优先性而得以适用。

场域与惯习彼此依存，缺一不可，任何脱离了惯习的场域或失去了场域的惯习，均无法想象。二者相互交织，在构建与发展中相互促进，相互构建，从而衍生出了不断变化、不断丰富中的场域与惯习。在体育竞赛中，为寻求胜利，参与者会将伤害作为一种竞争手段，此举无疑会增加伤害行为出现的频率和强度。在该种惯习形成并强化的过程中，会导致两种结果：其一，伤害行为的频繁使用将竞技体育场域的边界向外拓展，如果部分伤害行为因为

① 参见张心向：《在规范与事实之间——社会学视域下的刑法运作实践研究》，法律出版社 2008 年版，第 313 页。

运动员采取的频率过高而被社会、组织方及参与者所接受，那么，该种伤害行为便可作为体育场域内的惯习而合理存在，并为他人所用。同时，体育场域亦会因此惯习的建立而扩大边界。原本属于违规、违法甚至犯罪的伤害行为如今已经被纳入体育场域内，作为惯习的一种表达方式而存在。其二，若伤害行为经过实践的考验后，仍无法成为惯习的一种，那么，该伤害行为会因为与惯习的相斥性，而被隔离至体育场域之外。履行刑法场域内的惯习，受到刑法追责。①

二、心理诱因

在运动伤害成因的研究中，心理学占据了很大的比重。其中最有代表性的是弗洛伊德提出的“本能论”。该理论认为人性本恶，人类最初的天性就是伤害，因为以攻击为代表方式的伤害是一种生存手段。人类在现代社会中越来越朝着优胜劣汰的方向发展，人们之间的竞争永远都符合“丛林法则”。而现代人的伤害本性被我们的生活方式和社会制度所压抑，体育就成为社会的“安全阀”。体育活动的竞争性模拟了原始人的身体斗争，使人们的压力和情绪释放，产生精神上的愉悦。在运动伤害的心理原因研究中，还有动机论、班杜拉的社会学习理论、从众效应集体无意识的去个性化以及唤醒水平和其他外部原因等因素。②

“任何心理学现象都是生理学现象。”体育运动伤害的成因也与生理学息息相关。目前有关攻击性行为的危险性研究大多集中十现象学总结，少有发生机制的研究。一些学者的研究数据和生活中的经验事实得出，竞技体育并非能够有效地缓解参与者的挫折体验，尤其是在竞技比赛高度发达的现代体育环境中，竞技体育已经逐渐成为参与者证明自身的工具之一，一旦达不到理想的运动成绩和运动效果，参与者极有可能会产生挫折体验和失败心理，因此，在对抗性和竞争性较强的体育比赛中，参与者的挫败感可能会由于比

---

① 本章节引自段威：《体育暴力之刑法化思考——社会学视域下的体育暴力解读》，载《成都体育学院学报》2015 年第 3 期。

② 参见陈娜娜、韦宏浩：《体育暴力的心理学致因分析》，载《安徽体育科技》2010 年第 2 期。

赛的失利而急剧上升，进而产生带有伤害性质的报复动作。如在球类比赛中，对于观众而言，支持球队的失利也会导致大范围的球迷骚乱，球迷在体育运动中的挫败感会激发一定的伤害倾向。例如，2014 年巴西世界杯决赛后阿根廷球迷的大范围冲突导致的伤害事件发生就是一个典型的案例。①

三、社会文化诱因

社会文化也对人们有着潜移默化的影响。在某些社会文化背景下，伤害行为被视为一种荣誉和勇气的表现。社会经济发展水平与伤害事件密切相关。在经济相对落后的地区，由于社会资源的匮乏，人们的竞争意识激烈，容易诱发伤害犯罪。

不可否认的是，竞技是人类天性中具有对抗、比拼、竞争和决斗精神的活动，是人性的渴望。换言之，从宏观层面而言，运动伤害是竞争本性合理的释放、文明的宣泄。② 在体育运动范围外的时空进行伤害行为会受到法律的制裁，然而类似的运动伤害场面却受到观众的欢迎。因为人们热衷于伤害带来的刺激，通过观看竞赛中的伤害行为，将自身的伤害行为转向竞技场，与赛场的氛围相融合，从而体验比赛带来的刺激感；于微观角度而讲，伤害行为在一定程度上也能够提高运动员的参赛水平，提升唤醒水平，攻击行为被作为调整个人竞技状态的工具，以最终实现个人竞技状态的最佳化。

我们的社会文化对于运动伤害具有极大的包容性，同时，严重的社会阶层分化造成的贫富差距，同样令人们潜在的竞争心理越发强烈，而运动员和观众往往会以伤害行为来证明自己的实力和地位。但随着科技的发展，通信设备越来越成熟，人们通过互联网就可以观看比赛，某些运营者为了博取流量来保证商业化的目的，转播对抗更激烈的比赛，若被人所模仿就会增加运动伤害的风险。

---

① 参见张庆超：《竞技体育与暴力之关系的重新思考》，载《吕梁学院学报》2019 年第 9 期。

② 参见张建荣：《社会文化视野下的体育暴力现象研究》，江西师范大学 2022 年硕士学位论文，第 55 页。

四、偶然性诱因

除了上述因素外，也有一部分的运动伤害事件为偶然性因素。例如，青少年运动伤害与其他形式的伤害行为存在显著差异，与有预谋、有组织、有计划的球场伤害不同，青少年运动伤害往往是偶然发生的。青少年阶段是个人身心经历剧烈变化的时期，他们可能受到逆反心理的影响，觉得荣誉至关重要，因此在比赛中可能采取一些超越规则的行为。此外，由于青少年身心发展的不均衡，他们可能对事物产生不合理的认知观念，从而引发运动伤害事件。①

还值得一提的是，我国在运动伤害事件的司法实践中还是一块空白。没有对实施伤害的相关人员追究责任，也导致运动伤害事件越来越多。这也属于运动伤害产生的原因。因此，对于竞技运动伤害行为是否应当受到刑法规制的研究是很有意义的。目前，各国学者对于运动伤害是否应当受到刑罚规制，危害后果应当如何衡量这一问题的探讨从未停止过。

张晓娟和陈玉忠在《北美体育社会问题研究主题的趋势分析》中表明，伤害、违禁药品、伤痛与冒险问题的研究是北美体育社会问题研究中仅次于性别、男性气质与女性气质、民族、阶级、国籍等对体育运动参与影响研究的第二热点主题，并仍然呈现出上升的趋势，运动伤害问题的研究集中于球迷偏差行为。韩勇在《北美体育暴力的刑事诉讼与抗辩》中指出，对运动员场上的行为起诉需要考虑诸多的因素，虽然有些检察官对运动伤害提起了刑事控诉，但很多检察官认为刑法不应该被用于控制场上暴力。石岩和高桢在《我国体育暴力研究热点、演进脉络级发展趋势》中指出，我国的运动伤害研究起步相对较晚。我国的研究热点包括球场观众伤害行为、运动员攻击行为、足球流氓等问题的成因和影响因素及应对措施等方面的研究。

本书认为，应该受到刑罚规制的情况有：第一，球场粉丝伤害行为，球迷之间相互挑衅、斗殴。这是粉丝在情绪高涨时做出的不理智的行为，若粉

---

① 参见石岩、韩健：《青少年体育暴力个案研究》，载《体育与科学》2015 年第 1 期。

丝伤害行为产生了严重的危害事故，应当入刑。这可以威慑其他球迷，让公众明白“友谊第一，比赛第二”。不能因为比赛没有按照自己预想的进行，就对他人做出伤害的行为，这在何时何地都是不应该发生的，球场并不是法外之地。第二，运动员在比赛场外产生的伤害行为。运动员因为不满场上裁判员的判决，或因为运动员之间的私人恩怨相约在比赛场外决斗，造成严重后果应入刑，因为此行为属于主观故意实施的伤害，危害后果如何衡量应由专业的医疗机构鉴定后作出相应的判决。并且职业运动员是公众人物，具有一些社会影响力，其粉丝中不乏还有未成年人，对公众人物的不良行为进行模仿，不利于体育事业的发展和社会的发展。第三，恶意犯规造成严重后果的。体育竞技是参赛运动员体能技巧的充分展现。开展体育竞赛的目的，是最大限度地挖掘人体的生理潜能，将人的体能和心智发挥到极致。而恶意犯规是为了报复他人或为了不择手段的获取得分，不符合体育道德规范、违背体育精神。当然，若上述行为没有造成严重的伤亡，在体育行业规范、民事规范可以充分调节的情况下，刑法不应当介入。

综上所述，刑法在介入体育竞技伤害行为时，应秉持促进体育竞技健康发展的宗旨，并以最低限度的干预为原则。过度依赖刑法来解决所有体育竞技中的伤害问题是不切实际的。然而，也不能完全放松刑法的介入，仅仅将体育竞技的伤害行为交由体育行业内部处理，使体育竞技领域脱离刑法管控，这种做法同样不现实。因此，刑法应适当介入体育领域，并找到适当的平衡点，这样既能保障运动员的合法权益，又不会使人们失去对体育比赛高对抗性的观赏要求。同时也要更加规范体育行业、加强对运动员的人文主义教育。

第三章

运动伤害的事实特征及难题①

法学界对“事实”这一基本概念的关注始于20世纪60年代，当然其无法脱离哲学意义上对事实的思考，哲学中关于事实概念的难题同样延展至法学领域中。对于刑事裁判中事实问题的探讨，就理论层面而言，涉及了刑法实体规范以及程序规范两方面，具体到刑事司法裁判实践中，也是诉讼程序与实体规范相辅相成，裁判事实好似铁轨上行驶的列车，程序及规范则是轨道两侧的双边“护栏”，缺一不可。但反观目前对于裁判事实建构的研究，大多数学者仍将注意力主要集中在程序法，特别是从证据角度分析事实认定的问题，使规范对事实的建构问题被冷落，“护栏”的单侧限高很可能影响事实列车的平稳运行。

法律无法脱离生活而独立存活，特别是随着社会生产力的不断提高，生活事实的复杂化也随之加剧，虽然在司法实践中，传统案件的比例仍然占据绝对优势，但是对于新型案件的研究也应当随之跟进。运动伤害犯罪等新案件的出现，直接挑战了法律规范的适用范围以及人们的情感接受程度。如果规范的“眼中”只关注事实本身，而伤害的边界越发模糊，运动员的人身安全将无法得到保证，体育规则将受到挑战，体育文明将受到重创。在我国运动伤害的法律规范中，运动伤害仍然是一个刑法之外的空间。探讨运动伤害

---

① 本章内容部分选自段威：《刑事裁判中事实建构问题研究——基于犯罪构成的视角》，中国政法大学出版社2019年版，第115～128页；段威：《运动员竞技体育暴力刑事裁判中的事实建构》，载《上海体育学院学报》2019年第4期。撰写时，内容有修正。

治理的前提应当结合体育场域的特征，区别看待运动伤害事实区别于传统事实的特征，事实与规范在裁判中相互建构，事实的特性必然会在规范适用中得以体现，否则裁判将因为缺乏事实的生动性、生活性、生命性而遭到合法性以及合理性的质疑。司法实践中，新型案件中事实的特殊性在规范层面上主要体现为规范的选择与适用，与传统的疑难案件并无本质区别，因为，规范是具有稳定性与可预测性的，不可能每次出现一个新型案件，规范的内容都随之更改。真正的“质”的差异表征在事实的建构之中，该种事实同时挑战着规范运用的广泛性以及深入性。因此，裁判事实的建构将直接影响到整个刑事裁判场域内的界限以及惯习的构成，意义重大。

第一节　运动伤害事实建构的壁垒

从刑法教义学的角度分析，目前多数运动伤害犯罪均可以被《刑法》中的“故意杀人罪”“故意伤害罪”“故意毁坏财物罪”“聚众斗殴罪”“寻衅滋事罪”等传统罪名所覆盖，因为上述罪名的法益保护涵盖生命权、人身权、财产权以及公共秩序等。但运动伤害刑事治理的难题并非在于规范适用，因为规范是应然层面的，有时是僵化的、冰冷的，无法顾全运动伤害在体育中的特殊性，就如同我们无法想象为国争光的运动员下一秒就可能成为受人唾弃的犯罪行为人一样。因此，刑法在运动伤害的治理中始终徘徊不前。基于此，不妨换一个角度思考运动伤害的刑事化问题，以实然层面的“事实”角度，去判断运动伤害本身的特质，并将之与刑法中的事实相对比，进而完善运动伤害领域中的刑罚治理。

据此，必须找出链接“规范”和“事实”的纽带，真正完成“以事实为依据，以法律为准绳”的司法过程，无疑，我国的犯罪构成制度是最佳路径。[①]

① 本节内容部分选自段威：《刑事裁判中事实建构问题研究——基于犯罪构成的视角》，中国政法大学出版社 2019 年版，第 115 ~ 128 页；段威：《运动员竞技体育暴力刑事裁判中的事实建构》，载《上海体育学院学报》2019 年第 4 期。撰写时，内容有修正。

首先，犯罪构成是刑事法律规范的模型表达，不仅内嵌规范的立法精神，同时由于要素的明确化以及规定的具象化，可以在实践中通过证据制度还原出运动伤害犯罪的事实，为运动伤害犯罪刑法治理铺设了理论基础以及实践路径。其次，犯罪构成的主体要件能够密切关联体育犯罪的“串联性”，即关注到运动伤害犯罪真正的实施主体或教唆、胁迫主体；犯罪构成的客体要件能够链接刑法法益理论，从公众利益的角度全面审视刑法介入运动伤害治理的合理性问题。但不可否认的是，运动伤害犯罪在事实建构方面也并不简单，如若建构不当就容易陷入困境，导致体育刑事与传统刑事无法有效嫁接起来，影响民众对于运动伤害刑事司法裁判的期许以及信任。

一、源自事实建构合法性的挑战——犯罪构成的法律规范之维度

区别于传统伤害事实，运动伤害具有“先天”的社会宽容性，体育中的伤害行为常常被视为运动的一部分，为比赛增添了紧张刺激的元素，对于诸如拳击、摔跤、橄榄球等竞技体育运动而言，合理的冲突是这些运动的魅力所在，这也是许多人热爱这类运动的原因，特别是在我国竞技运动实力由弱向强转变的过程中，强调刑法治理似乎总让人难以接受。但必须注意的是，运动伤害毒瘤若不能及时遏制，将会真正扼杀竞技体育事业的发展，因为任何领域的发展不应以“非法性”为前提，所谓的“冲突美学”与“刑事犯罪”在法律中应当被泾渭分明地区分开来，因此，用刑法的目光审视运动伤害，初衷并非遏制体育的发展，而是为竞技体育事业发展圈定疆界，以法律为体育护航。运用刑法的力量规制破坏性运动伤害行为，一方面，彰显了国家法律遏制运动伤害不正之风的磅礴力量；另一方面，轻刑化的政策取向保障了运动员的合法权益，有利于竞技体育运动的正常开展。①

具体而言，犯罪构成的法定性勾勒出了事实建构的第一层次的标准——法益侵害性，即要求运动伤害所侵犯的必须是刑法保护的法益范畴，同时，符合构成要件的要件要素要求，第一层次的标准在抽象的法律逻辑下完成了

---

①　参见段威：《体育暴力之刑法化思考——社会学视域下的体育暴力解读》，载《成都体育学院学报》2015 年第 3 期。

对犯罪行为的典型描述，也将不满足法益侵害性标准的生活事实排除至刑法适用的门外。绝大多数情形之下，事实一旦满足第一层次，就会被认定为刑法意义上的犯罪行为，即完成了入罪，需要受到刑法的问责。在运用法益侵害性对事实建构时，主要应当体现以下三个方面。

（一）法益的范围应优先考量宪法的规定

法益即为法所保护的利益，虽然不同的学者有不同的理解，但不可否认的是，自由主义排他性地构成了法益理论的本质特征，因此，想要依据法益理论对事实进行分层，首先应对法益本身有一个明确、具体的限定，防止对法益理论的肆意扩张，甚至滥用。“法益”并非刑法特有，而是隶属于全部法律共有的法学语词，宪法作为基本法，对于法益的范围的规定无疑是最适合的“高度”表达。因此，在进行刑法事实建构中，对于法益的思考应先着眼于宪法的基本精神及价值。

（二）法益侵害性的司法适用应严格遵守罪刑法定原则

“法无明文规定不为罪”“法无明文规定不处罚”是罪刑法定原则的基本含义。法律应该是理性的，对于法益的理性探究能够避免单纯因社会危害性所得出的畸形利益表达，毕竟“法益”之于“危害”而言，更倾向一种规范表达，侵犯法益作为犯罪构成中的客体要件①，应当严格遵守罪刑法定原则，刑事裁判中的事实建构不应有逾越法益保护的刑事立法规定以及规范适用，同样地，也不应有逾越法益保护的裁判事实的生成以及建构过程，这意味着刑法规范是衡量行为是否侵害法益的最重要因素。“如果说宪法对于法益概念的限制主要是对刑事立法的检验与审核，那么罪刑法定原则则是对法益概念

---

① 从受侵犯的角度而言，法益被称为被害法益，即犯罪所侵害或者威胁的利益。从受保护的角度而言，法益被称为保护法益（法所保护的利益）或者保护客体。显然，将二者联系起来就会发现，法益实际上是我国传统刑法理论上所说的犯罪客体。传统刑法理论认为，犯罪客体是刑法所保护的，而为犯罪行为所侵犯的社会主义社会关系（社会关系说）。诚然，刑法所保护的利益，都可以用社会关系来概括，但不免有些牵强。参见张明楷：《刑法学》（上）（第6版），法律出版社2021年版，第78页。

在司法领域的运用作了明确的实证限制。”①

（三）对于法益的保护应恪守刑法谦抑性原则

所谓立法的谦抑，我们可以理解为立法者需对法律的制定、解释、修改、废止怀有一种敬畏的使命感以及谨慎的实践观。其中，对于法律的解释尤其引人关注。从事实建构的角度而言，法律规范的“使命”，是完美的框定法律事实的范围，将生活事实合理地剪裁成案件事实，进而输出成令人信服的裁判事实，那么理想的做法似乎是尽可能扩大刑法的疆土，使最大范畴的生活事实被囊括其中。但在此之前，我们不得不面临一个难题，因为再完美的立法也无法涵盖复杂的生活事实，再精妙的语言也无法穷尽戏剧的生活事实，因此，事实的建构需要与立法的谦抑完成平衡。

刑法具有谦抑性，法益的确定同样要严格遵守刑法谦抑性原则。对于法益的保护，刑法应当位列众法之末位。当法益受到侵害时，首先应当考虑其他部门法予以解决，诸如民法、行政法等手段，当其他法律均不足以完成对法益的保护任务时，刑法才能被启动。

在法益侵害性概念中，对于法律利益的界定，是规范性的、评价性的、专属的、实体的。法益侵害性具有不可比拟的优越性：首先，法益侵害性体现了法律对于犯罪行为的规范认定，弥补了社会危害性的规范性不足；其次，法益侵害性是对罪刑法定原则的遵守，对犯罪行为的定罪量刑有着明确的限制规则，便于裁判的适用；最后，法益侵害性具有刑法解释的功能，使犯罪的概念不再停留于表面，而深入至犯罪行为的本质特征。因此，将法益侵害性作为事实第一层次的剪裁标准，能够大致勾画出进入刑法视野的事实范围，对后续两个事实层次的界定而言具有提纲挈领的作用。

综上所述，如何理解运动伤害事实合法性建构的问题，需要回归刑法本身，即犯罪构成的法律规范之维度。在规范的不同结构与性质下，运动伤害事实也呈现出多彩面貌。刑法总则、刑法分则、刑法语词的不同内容也促成

① 苏青：《法益理论的发展源流及其启示》，载《法律科学（西北政法大学学报）》2011 年第 3 期。

了各自领域内运动伤害事实建构的不同特征。作为一种法律规范，犯罪构成是刑法规定的犯罪成立要素组合，是关于哪一类生活事实构成犯罪的概念表达，其依据抽象的要件及要素去寻找相对应的生活事实，将其予以比对与整理。由于此时的犯罪构成要件与要素之间并不具有逻辑关系，因而此时的运动伤害事实亦是碎片化的、散乱的，但作为法律规范的犯罪构成为运动伤害裁判事实的建构提供了法源材料，具化了事实的甄选标准，为犯罪构成进一步剪裁事实奠定了基础。

二、源自事实建构合规性的挑战——犯罪构成的理论模型之维度

刑法作为一种严厉的调控手段，其介入可能会改变体育的现有生态，对运动员的权益、体育产业的发展以及公众对体育的认知产生深远影响。作为一种理论模型，犯罪构成是关于刑法规范的理论分析模具，其对事实进行一种体系化的整理，具有工具性意义。不同法系、不同国家根据构成要素的不同进行排列组合，为事实与规范的对接提供了多套理论模型，英美法系的二层次、德日法系的三阶层、我国的四要件犯罪构成理论模型的实质意义均在于促使事实与规范的融合。在此基础上，裁判者可以依据所遵循的犯罪构成理论模型完成对文本规范的解读以及实践适用。

不同于英美国家或德日国家那样拥有清晰的入罪、出罪的逻辑顺序，我国的犯罪构成属于一种平面式的模型，犯罪成立是一次性的，“行为只要符合刑法规范即该当于构成要件，也就同时具有违法性和有责性。因此，就不能以违法性或有责性为由，将形式上符合刑法规范的正当行为从犯罪中甄别出来”①。此种情形之下，社会危害性被赋予了英美法系的二层次的责任充足条件以及德日法系的三阶层的违法性、有责性的类似价值，因为符合犯罪构成

① 刘志远：《社会危害性概念之正当性考察》，载《中国刑事法杂志》2003 年第 4 期。

与犯罪行为未必完全重合。[①] 社会危害性的介入是一种对于对犯罪概念的补充，是与犯罪构成遥相呼应的动态组合，[②] 亦具有国外犯罪构成中出罪事由的作用。

以社会危害性理论为视角，可以将入罪事实的第二层次概括为严重危害事实、深度侵犯事实、高危风险事实。

（一）严重危害事实

我国《刑法》第13条关于犯罪概念的规定中排除了“情节显著轻微危害不大”的行为，这也是基于社会危害性的视角所设定的出罪路径。严重危害事实应当是刑事裁判中出现的最为广泛的事实，严重危害也是社会危害性的基础构成以及伤害原则的核心内涵。严重危害事实具有如下特征：

首先，这里的严重危害，具有范围与程度的限定。严重危害事实的范围限定主要体现在危害的对象是关乎人民基本权利，即对他人的生命、健康、自由、财产等基本权利造成危害的事实。值得强调的是，这里的基本权利的界定并不同于《宪法》规定，严重危害事实是在《宪法》规定的权利范围中挑选那些关乎生存最为基本的权利作为对象，进行的事实类型化。例如，接受教育权是《宪法》中规定的基本权利，但其并不是刑法中的基本权利范围。

---

① 苏联刑法学家特拉伊宁教授在分析苏俄《刑法典》第6条和第8条时谈到，根据第6条附则，应当终止的是这样一些案件，它们被证明具备法律的犯罪构成的全部因素的总和，可是这种总和并不形成危害社会的行为，因而也不具备犯罪构成。而第8条谈的是这样一些情形：“一个具体的行为，在实施的时候，依照本法典第6条的规定是犯罪行为，但是在进行侦查或法院审理的时候，由于刑事法律的修改或者社会政治情势的变更的这一事实，已经失去危害社会的性质的；或者依法院看来，在进行侦查或法庭审理的时候，不能认为实施这种行为的人是对社会有危害的人。”显然，该条谈的是对刑法典所规定的行为不适用刑罚的情形，那么这里所指的就是具备犯罪构成的行为。

② 从事实的角度出发，便可较为容易地知晓为什么社会危害性会有对于犯罪概念的动态表达，因为社会危害性是对事实的生活评价，较之犯罪构成的规范性更具灵活性、直观性。社会危害性概念为生活事实向案件事实转化的过程中，提供了一种先前判断，是一种对生活事实的价值判断方式，其受到犯罪构成限制，却又超越了犯罪构成。在刑事司法裁判的过程中，犯罪构成主要进行生活事实与法律事实的形式判断以及事实判断，而社会危害性则进行生活事实与社会危害事实的实质判断以及价值判断。由于要件的明确性以及适用的逻辑性，犯罪构成在衡量中具有明确性，而社会危害性却因为价值衡量的标准难以界定而具有模糊性，故犯罪构成的适用是一种逻辑推理过程，而社会危害性理论的适用则更多地体现为价值衡量的过程。二者并不相互排斥，反而相互独立却也彼此呼应。

因此，严重危害事实的范围小于《宪法》中规定的基本权利事实的范围；关于严重危害事实的程度限定主要体现在危害要达到威胁他人基本生存的程度。又如，甲对乙进行了伤害行为，经鉴定，乙构成轻微伤，在《宪法》的层面上，甲已经对乙的基本权利造成危害，但甲却无法受到刑法的问责，因为甲的行为仍然无法达到严重危害事实的最低限度，而最低限度的设定就是刑法区别于其他部门法的关键所在。

其次，严重危害的对象不包括行为人自身。对于危害对象的限定是基于对自由的保护。人都有利己性，趋利避害是人类的天性，同样的行为，也许在他人看来属于严重危害行为，但行为人却将损害行为作用于其自身，以期获取某种利益，这种情形下的严重损害事实因为作用对象的特殊性而被刑法所排除。在此类的行为中，还涵盖了被害人同意的严重危害行为，因为其相当于是在被害人的授意或默许下对自身进行的伤害。当然，在被害人同意中，需要重点关注的是被害人的自愿内容及自愿是不是出于其自由的意志，那些被动的、受胁迫的、不具有完全行为能力的情形不在此列。

最后，严重危害事实摒弃了单纯的道德背离行为，旨在限制法律道德主义对刑事立法的渗透。在现实生活中，单纯的吸毒行为、嫖娼、通奸等行为并未因为与道德的背离而被纳入严重危害事实之内。当然，如果上述行为符合下文所提出的深度侵犯事实或高危风险事实范围，则有可能进入刑法的视野，否则刑法不能对其问责。因为在上述的事实中，缺乏明确的被害人，其程度甚至应更轻微于被害人自愿。当然，持反对意见的学者经常提及法律的功能不仅仅是防治伤害，而也应当顾及对道德的改善。但在日益崇尚自由、人权、权利的当下社会，对于道德的刑法提升应当让位于对自由的追求，法律道德主义应充当法律自由主义的理性补充，而非取代。毕竟，推行道德的方式是多元化的，是否需要动用强制性的刑法规范进行推行是值得审慎思考的。

（二）深度侵犯事实

严重危害行为强调的是对他人人身、财产所造成的客观侵犯，深度侵犯事实则侧重于强调对他人主观的伤害。同样地，在此处我们仍需为刑法划定出区别于其他法律的边界，即对他人的主观侵犯到何种程度能够构成刑法规范下的深度侵犯事实，在此引用美国学者乔尔·范伯格提出的一词——“深度冒犯”。

冒犯原则，是指除了对他人的损害以外，犯罪化的界限在于对他人的严重冒犯。这个原则往往用作禁止淫秽（包括但不等同于色情）行为的正当依据。这个原则“总能为有关刑事立法提供很好的理由”，是防止对他人严重冒犯行为发生的必要且有效的途径。[①] 对他人的伤害绝大多数体现于对人身及财产的伤害，但也有相当一部分的行为会对他人的主观感受造成侵害，乔尔·范伯格在《刑法的道德界限》中提及深度冒犯是针对损害原则的运用，可以补充对主观利益的保护。相较于客观利益的侵害，主观侵犯具有如下特点：

首先，主观利益的危害难以像人身、财产那般易于衡量。例如，针对人身损害，我国具有人身损伤程度鉴定，可以根据被害人器官的损害程度、伤口的缝合程度、生活能力受限程度等来确定；针对财产损失也有专门的数额立案标准、物品鉴定标准、市场价值的参考标准等予以计量，然而，对于主观利益的危害常常难以外化及衡量。因此，一味强调对主观利益的保护容易造成权力的泛滥。

其次，主观感受经常夹杂着个体价值判断，因此主观利益具有个体性、差异性。很多时候，主观上的被侵犯来自道德以及伦理上的不认同，如通奸、乱伦等。虽然我们经常强调刑事立法需要去除伦理化，但是道德伦理因素不可能完全被刑法所忽视和背弃，毕竟法律的制定不能违背人性，对于法律的信仰以及道德伦理的尊崇均至关重要。道德伦理介入的最大难题在于其在不同国家、不同地区、不同种族、不同民族、不同性别、不同层次等的群体中具有不同的标准，例如，在一般人面前食用猪肉并无异常，但在信仰伊斯兰教的穆斯林面前食用猪肉便是对其道德伦理的挑衅。因此，如何制定出衡平的、统一的主观损害标准，如何恰当地适用法律道德主义是实践中的一大

① See Joel Feinberg, *Harm to Others*, Oxford University Press, 1984, p. 26.

难题。

最后，深度侵犯的标准要求对他人的主观利益造成严重损害。乔尔·范伯格对于深度冒犯的标准界定可以分为以下三种：第一，冒犯给他人造成了不良的精神滋扰，包括但不限于羞耻、不安、恶心、焦虑等；第二，冒犯应当是故意针对他人的，并且已经达到了不法状态；第三，被害人对这种令其极端厌恶冒犯难以避免。

综上所述，深度侵犯事实标准可以归结为：第一，对于他人的主观侵犯是当事人有意为之的；第二，主观侵害令被害人无法避及；第三，侵害严重影响到公民的基本生存需要或者造成尊严被严重践踏。

应当说，乔尔·范伯格的冒犯原则为主观利益的保护提供了刑法的正当性依据，但是由于主观自身的难以把握性，尽管乔尔·范伯格对冒犯原则的适用进行了诸多限制，但仍遭到不少的质疑之音。反对的原因在于被害人的主观侵犯很多时候源于自身的偏见，诸如异族通婚等正常的、甚至有利于人类发展的事项也可能成为被害人被冒犯的事由，因此，反对者声称，因冒犯原则而造成的过度犯罪化并不比法律道德主义原则轻微。①

（三）高危风险事实

如果说，严重危害事实侧重于对客观利益的保护，深度侵犯事实侧重于对主观利益的保护，那么高危风险事实的对象则侧重于对风险的预防。

高危风险事实包括对他人生存基本利益具有损害的风险行为。其与深度侵犯事实一样，在司法中充当严重危害事实的补充。同样地，风险与主观一样难以认定与衡量，因此，也是一种泛化的概念。生活中充斥着各种风险，小到列车晚点，大到恐怖犯罪，而刑法并非风险防治法，对于普通或轻微的

① 本书认为，将深度侵犯作为犯罪成立事实的一部分，并不会造成道德伦理在刑法中的泛滥，反之，更有利于对道德伦理的限制。在德日的刑法理论界对犯罪本质的讨论中，规范违反说的本质在于对伦理的违反，而刑法作为一种社会规范，惩治的是社会中侵犯性最为严重的犯罪事实，想要彻底地将刑法与伦理道德剥离是不具有可行性的，防止道德审判不代表要将刑法规范与道德彻底决裂。深度侵犯原则之下，部分伦理因素可以被纳入法益范畴，更有益于人权的保障，同时也因具有规范性而符合罪刑法定的要求。

风险，并不需要刑法的介入，因为有些风险是社会生活中难以避免的，因此必须容忍。

高危风险事实是指那些超出社会容忍度的事实，且隶属于社会危害性之中，其直接关乎社会中大多数人的利益，会造成对公共利益的侵犯。较之对个体权利的侵犯，对于公共利益的危害波及范围更加广泛、更易造成社会的恐慌以及社会秩序的混乱，危害后果通常更加严重，值得刑法予以特殊保护，这种特殊保护体现为刑法规范的提前规制，例如，《刑法》第 133 条之一的危险驾驶罪①，对于醉酒驾驶行为的规定就是一种对风险事实的预防。

此外，高危风险事实主要涉及的行为事实特征还在于公众对特定风险的漠视。当今的社会飞速发展，最大化地追逐个人利益成为常态，个人利益与公共利益的对立越发明显，对于公共秩序的维护在个人利益面前失去了紧迫性，但诸如醉驾等行为大大加剧了社会的不安定性，也威胁到他人的生命、财物安全，如果不对此类行为科以重罚，就会放任社会对该种风险的漠视，因此，将其入刑或许也是一种无奈之举，是在对个人自由与公共利益权衡后的取舍，是刑法社会保护机能之需。

与深度侵犯事实类似，具备社会危害性的高危风险事实的特征有：

首先，该风险威胁到社会公众的基本生存需要。也正是基于此，对于风险事实的预防才能给予与严重危害事实、深度侵犯事实相同的规制力度。

其次，该风险发生危害结果具有高度可能性。仍以醉驾构成的危险驾驶罪为例，世界卫生组织针对交通事故原因进行了一项调查，结果显示至少半以上的交通事故是在司机饮酒后造成的，② 也就是说，每两起交通事故中，至少有一起是由于醉酒驾驶造成的。在形势如此严峻的情形下，醉驾入刑显

---

① 《刑法》第 133 条之一【危险驾驶罪】规定："在道路上驾驶机动车，有下列情形之一的，处拘役，并处罚金：（一）追逐竞驶，情节恶劣的；（二）醉酒驾驶机动车的；（三）从事校车业务或者旅客运输，严重超过额定乘员载客，或者严重超过规定时速行驶的；（四）违反危险化学品安全管理规定运输危险化学品，危及公共安全的。机动车所有人、管理人对前款第三项、第四项行为负有直接责任的，依照前款的规定处罚。有前两款行为，同时构成其他犯罪的，依照处罚较重的规定定罪处罚。"

② 关于醉驾案例的统计数据参见程向炜等：《97 例醉驾案例的回顾性分析》，载《法医学杂志》2013 年第 2 期。

然具有维护社会安定的积极意义。

最后，该风险威胁的是社会中不特定多数人的利益。在对风险的防控中，风险必须是危及社会中不特定多数人，而非特定的个人，或少数人的利益，正是对于风险的特殊要求，填补了其与现实存在的危害（其严重危害事实与深度侵犯事实）同质所需的空间。这种同质所需的空间极为重要，尤其是在刑法膨胀化饱受诟病的当下，为了风险的预防而借用刑法剥夺公民自由必须以“保护更大利益”为必要条件。此外，对于“不特定多数人的利益”也必须是具象的、客观的、现实的，否则会与“公共管理秩序”混为一谈。

值得一提的是，针对风险防控，近年来，许多学者提出“风险社会理论”，提倡将利益保护前置化，意图将风险严格控制，其中不乏倡导界定危险犯以及将预备行为进行独立化等建议。对于风险的防控的确能够促进社会的安定，但大力宣扬风险刑法理论的过程中，却极易造成“风险”的泛化，毕竟“风险”无处不在，而刑法却不能无孔不入。事实上，刑法规范意义下的“风险”范围应当是特定的，对于风险的标准及筛选应当审慎、理性。从目前来看，主要包括核爆炸与核泄漏、有毒物质、基因技术、生态污染、金融危机、恐怖主义，且这些风险具有全球性、未知性、系统性、两面性。[①] 因此，如何将普通的社会风险升级为刑法规范予以规避的风险，需要严格的范围界定，谨慎的法律语言表达，最大限度地完成风险规避与刑法谦抑的双重表达。

很多学者对社会危害性理论持否定态度，主要原因是基于理论的抽象性以及模糊性。但从事实的角度而言，正是社会危害性理论的抽象性以及模糊性才能够缓解法益侵害性对事实建构的僵硬与滞后。此外，社会危害性的标准是流变的，是随着时代的变化而变化的，如我国《刑法》曾规定了投机倒把罪，目的是打击长途贩运行为，但随着时代的变迁，长途贩运已经不具有彼时的社会危害性。正是由于社会危害性标准的可变化性，才能保证刑法对新鲜的、具有时代特征的事实进行恰如其分的评价。又如，对于目前实践中饱受争议的“聚众淫乱罪”，如果这种淫乱的行为是自愿的，且是在私下进行

① 参见南连伟：《风险刑法理论的批判与反思》，载《法学研究》2012 年第 4 期。

的，那么，其并未对他人造成严重危害行为，也不具有深度侵犯以及高风险的特征，仅仅满足了事实的第一层次特征，却不满足第二层次特征，将其纳入刑法的范畴内，难免有刑法过度干预自由之嫌。

作为第二层次的事实，需要满足社会危害性的标准，其是对第一层次下事实的再筛选，诸如业务行为、医疗行为、正当防卫、医疗行为、紧急避险等行为虽然满足第一层次的构成要件，因为缺乏社会危害性而在第二层次被排除在刑法之外，对刑事裁判中的事实范围进一步限缩，即仅对那些对他人、对社会造成严重伤害的事实进行刑法考量。

三、源自事实建构合理性的挑战——犯罪构成的裁判模式之维度

绝大多数的事实经过法益侵害性以及社会危害性的筛选后，已经具备了成为裁判事实的资格，而之所以“画蛇添足”地论述事实的第三个层次，是基于一种经济学的角度，虽然英国学者韦恩就曾有法律会沦落为经济学、政策以及功利的奴仆的忧虑，但不可否认的是，法律作为一种社会规范，无法摆脱经济、政治的影响。实用主义逐渐进入人们的视野，必须予以正视，毕竟司法成本的计算是法律效率性的一个重要环节，检验犯罪化是否符合效益原则，即犯罪化收益是否大于成本。“诉讼在一定意义上也可以被视为一种受制于投入产出规律的经济行为。从微观上看，诉讼过程中各主体所作出的财力、物力和人力的耗费同主体从诉讼裁决结果中所获得的收益之间的比值关系，制约甚至决定着主体的行为选择。在客观层次上，诉讼耗费与诉讼效益之间的关系体现和反映着诉讼的基本价值。”① 在运动伤害犯罪的治理中，司法成本是不得不考虑的一环，因为体育的国际化，运动员来自不同国家、地区，拥有不同的语言、信仰、传统、风俗、习惯，而最为棘手的是，不同国家的法律规范有所区别，刑事治理不可避免地涉及涉外执法等情况，这无疑增加了运动伤害刑事治理的难度。

关于司法成本的概念，学者从不同的角度出发有不同的定义标准：仅将

---

① 顾培东：《效益：当代法律的一个基本价值目标——兼评西方法律经济学》，载《中国法学》1992 年第 1 期。

成本的计算限于审判活动之中，便是棚濑孝雄先生对于司法成本的界定，即审判活动中法院的预算，其区别于诉讼成本；如果将成本的计算扩大至整个诉讼阶段，便是张卫平先生对于司法成本的界定，既包括审判机关的投入成本，又涵盖了当事人的投入成本；如果将范围再扩大，如陈卫东和王政君在其论文《刑事诉讼中的司法资源配置》中提到的包括立法、执法、社会主体所付出的成本，包括机会成本。而在本书中，应考虑到事实的建构发生在诉讼活动中，故而采用张卫平先生关于司法成本的定义，将司法成本限定在诉讼过程中进行阐述。具体而言，司法成本对于事实建构的影响主要体现在以下两个方面。

（一）裁判所需成本与事实建构

无论是刑事案件所涉及的部门数量，还是案件处理所经历的周期，均需要大量的成本投入，所耗费的资源十分庞大。对我国而言，整个诉讼之中产生的成本包括但不限于公检法机关在进行案件侦查、公诉、审判过程中运行的费用、上述机关中工作人员的薪金、被告人聘请律师的费用、证人出庭的费用、鉴定人员鉴定的费用、看守所以及监狱对于羁押犯罪嫌疑人或被告人时所产生的费用等。而除了上述的成本外，还应当将上述人员的时间成本、司法人员及当事人的精神压力以及因为处理待决案件而导致其他案件羁押延后的机会成本等一同考量。

由于成本的高额投入，我国刑事诉讼法对诉讼之中各个阶段的时间予以明确规定，在确保事实建构的前提下为成本的投入设定一个时间界限。同时，《刑法》第87条对追诉时效进行了规定，在无法进行案件裁判的前提下，对犯罪行为不予追诉，尽快“止损”，这也是基于节约成本的考量。由于成本的投入，包括为裁决案件所付出的人力、物力、精力、时间、机会等所有成本是有限的，而在这有限的时间内，事实的建构结果未必会符合生活事实最初的样态，存在失真的可能性，这是成本对于事实建构的一个约束，即成本的考量需要我们在有限的时间内最大限度地完成事实的建构。此外，成本的考量促使我们专注于核心事实的建构，对于实质上不影响裁判结论建构的事实，我们应当考量该事实建构的必要性。

出于运动伤害犯罪的裁判成本考虑，还必须考虑其特殊性：第一，运动员的羁押成本。运动员依靠长期不间断的训练来维系良好的竞技状态，如若对其进行羁押，势必会对训练或竞赛带来不利影响。第二，舆论传播的风险成本。运动员作为公众人物，一举一动往往备受关注，一旦其牵连到刑事调查中，必然会引发舆论关注，对侦查造成一定影响。第三，运动员伤情的鉴定成本。不同于传统的伤情鉴定，部分运动员由于长期的训练和伤病，导致身体机能不同于普通人，对其进行鉴定的难度和成本均要高于传统刑事案件。

（二）司法裁判效果与事实建构

对于司法成本的界定，已经不再局限于前文所提及的时间、物质、精神等“诉讼内”的研究，转而扩大至裁判作出后所引发的社会效果以及法律在判决中所树立的司法权威，即一个“诉讼外”的问题。例如，备受学者关注的“见危不救罪”，如果基于个案的研究，那么见危不救罪是具有入罪的正当性依据的，因为刑法的主要功能除了禁止造成危害，还包括预防危害的发生。但如果考虑到个案裁判对于社会可能产生的效果，便不会轻易得出此种结论。在当下社会，我国的公民素质以及法制水平都有待提高，缺乏对生命应有的尊重，人与人之间信任也易出现危机，很多人对于法律的遵守并非因为内心秉承着法律至上信念，而是畏惧于法律的权威，担心受到刑法问责。当通过司法判决的方式承认见危不救罪后，现实可能非但没有提高人们对于陷入危险的他人进行救助的觉悟，反而造成人们发现在他人陷入危险之前就仓皇而逃、无人再敢问津他人的危险，以免除刑法的问责，而这无疑更加不利于权利的保护，背离了确立见危不救罪的立法初衷。

与“见危不救罪”类似，运动员的运动伤害犯罪同样要充分考量司法裁判效果的示范性，毕竟刑事治理的初衷是保障运动员公平公正参与体育竞技，而非要将矛头对准运动员，使其终日陷入沦为“阶下囚”的惶惶不可终日中。因此，鉴于刑法的谦抑性以及补充性，对于某些虽然符合社会危害性以及法益侵害性的运动伤害行为，我们仍需审慎对待。在此类收益成本的考量中，我们的成本除了第一点所提及的司法成本，更多的是对社会伦理的冲击以及对刑法谦抑性的破坏。此种担忧还发生在对高危风险事实的建构中，对于风险的防控常常以刑法的过度膨胀化作为代价，如果其行为带来的危害远不及刑法为之所付出的成本，那么其仍然应当被排出在刑法的门外。

第二节　运动伤害案件中的事实特征

实践中，我国刑法的适用存在“主动沉默”的情形，例如，涉及道德、伦理以及其他部门法能够覆盖的行为，如吸毒、安乐死、相约自杀等虽然具备社会危害性，但出于对自由、伦理、政策的考量，刑法选择了刻意回避，交由其他部门法或相关政策予以解决。此外，刑法在实践中也存在“被动沉默”的情形，运动伤害就应当被列入其中，囿于刑法谦抑性以及法无明文不为罪等原则，刑法无法寻得与体育自治以及民事治理准确的界限划定，因此，本章节探讨运动伤害事实的特征问题，也是对刑法适用的另一个角度的思索。

一、事实的集中性

运动伤害集中发生在竞技比赛的过程中，直接行为主体为参与竞技体育的运动员，危害行为及结果大多数是围绕对竞技胜利等利益的争夺而发生。事实需要被叙述，叙述的六要素落实到运动伤害事实可以归结为，运动员（人物）于竞技赛场（地点）上，在规定时间（时间）内，出于赢得比赛、泄愤、获取不正当利益等（原因）的考量，实施伤害（行为）而导致其他运动员的轻伤甚至死亡（结果）的行为。无法参与上述叙述的，与体育竞技活动无关的生活事实因为缺乏关联性而被直接剔除，所有法律事实的生成以及案件事实的剪裁也全部围绕着体育竞技活动的特点而展开，关联紧密。

本书第一章第三节的“运动伤害典型个案”中“2009 年 10 月英格兰地区级别的联赛案”是典型的发生在赛场上的伤害案例，也是当年因“护球犯规”致人严重受伤而被判入狱的经典案例，更是英国球员因铲球而被送入监狱的第一案。重温整起案件事实，即为行为人马克·查普曼在比赛过程中，因违反比赛规则的铲球行为造成被害人特里·约翰逊小腿骨断裂的结果。对此案件的伤害事实进行归结，事实叙述的人物——马克·查普曼、地点——足球赛场上、时间——比赛结束前20秒、原因——赢得比赛等、行为——铲球、结果——特里·约翰逊小腿骨断裂，六大要素均能够一一对应，是具有代表性的运动伤害案件。案件发生后，公众对于案件的分析众说纷纭，一部分公众认为马克·查普曼武德尽失，为了赢得比赛的胜利，不惜采用如此违反足球规则的卑劣手段，就是典型的伤害，但刑法没有“插手”的必要。另一部分公众则认为虽然对特里·约翰逊的伤残结果很遗憾，但是马克·查普曼铲球的行为并无不当，裁判应当对此作出判罚。

最终，英国法庭认定行为人马克·查普曼应当对特里·约翰逊的伤害行为承担刑事责任，并就案件事实的特殊性以及刑事判罚的合理性合理叙事。判决解释“法庭之所以做出这样的裁决完全因为在足球比赛中（时间地点），查普曼（人物）犯规情节过于恶劣（行为），相比于约翰逊的受伤（结果），这是一次完全不同的举动，两者性质天差地别，这不是正常的足球运动，而是一次血腥的伤人事件，对此法庭不会手软，否则就是纵容犯罪（原因）”，本案的情况与因普通铲球而致人受伤的情况存在明显的不同之处，马克·查普曼的犯规伤害已经超过正常范围，突破了正常运动伤害的临界点。在该项裁决中，通过裁判叙事，可以获知裁判的生成系基于将被告人的行为与其他同类违反体育规则的行为进行横向排列，并与其他普通伤害犯罪类行为进行纵向对比，最终对其行为确定性质，既关注了案件事实本身，又未过分解读。之所以探究运动伤害行为的事实叙事，缘于事实是案件的基础或本源，是逻辑推理中的小前提，是大前提的具体应用，当事实被准确叙述，案件的客观要件也便清晰展现。

二、事实的隐蔽性

在传统刑事案件中，主观要件和客观要件的判断往往是案件的焦点，亦是难点，在运动伤害犯罪中更是如此。运动员的特殊身份以及体育规则中策略的选择会导致伤害的适用具有一定的“宽容性”，因此在运动伤害中“轻”与“重”的判断远比日常生活中的伤害的“有”与“无”复杂得多。

在运动伤害中的“轻”与“重”之所以难以判断，其中一方面是客观行为的“轻”与“重”难以准确评价，此时更侧重于行为与造成伤害结果间因果关系的判定，因为赛场上某些伤害结果的形成可能涉及多种原因叠加，运动伤害只是其中一个导火索，难以具体量化其所占的比重。评价运动伤害客观行为的“轻”与“重”需要探讨的关键点为运动伤害行为与伤害结果之间是否具有直接的因果关系。类似于刑法视阈中所探讨的实行行为与法益侵害结果之间因果关系的判断，[①] 但判断因果关系的前提是实行的伤害行为具有法益侵害性，也就是说，只有运动员实行的“伤害行为”具有法益侵害性时，才有探讨因果关系的必要。

正如张明楷教授所言：“一种现象相对于被它引起的结果而言是原因，而它本身又是被某种现象引起的结果。整个客观世界中各种现象普遍联系、相互制约，从而形成无数的因果链条。所以，在认定因果关系时，一方面要善于从无数因果链条中抽出行为与结果这对现象；另一方面又不能割断事物之间的联系。”[②] 因果关系是特定条件下的客观联系，严格意义上来说，被害人的特殊体质并不是介入因素，而是行为时已经存在的特定条件，因此由于被害人存在某种疾病或属于特殊体质，行为人所实施的在通常情形下不足以致人死亡的伤害行为，却导致了被害人死亡的，也应当肯定这二者间的因果关系。刑法教科书中的经典案例：A 刺伤 B，伤势并不严重，但是 B 因为患有血友病而不治身亡，应当肯定 A 的行为与 B 的死亡结果之间具有因果关系，

---

① 因果关系所讨论的是实行行为与法益侵害结果之间的因果关系。行为本身是否具有造成法益侵害结果的危险性，是对实行行为的判断，原则上不应成为因果关系的判断问题。换言之，因果关系中的原因，只能是类型化的实行行为，而不包括预备行为。如果行为本身不具有法益侵害的危险甚至减少了法益侵害的危险，其就不是实行行为，其与结果之间的关系就不是刑法上的因果关系。如果行为人不实施行为，结果照样发生（缺乏结果回避可能性），就表明结果的发生不是由行为引起，或者说行为缺乏引起构成要件结果的危险，因而可以直接否认实行行为，否认构成要件的符合性。

② 张明楷：《刑法学》（上）（第 6 版），法律出版社 2021 年版，第 234 ~ 235 页。

至于行为人是否认识到或者是否应当预见被害人存在疾病或具有特殊体质，只是主观有无故意或过失的问题，不当然影响因果关系的判断。

运动员由于长时间的重复性、高压性训练所累积的身体损伤，恰好类似于被害人的特殊体质。如果运动员 A 伤害运动员 B，并恰好伤及运动员 B 因为常年累积训练形成的严重伤疾之处，虽然下手不重，但还是造成了运动员 B 重伤或死亡的结果，那么运动员 A 的行为与运动员 B 的重伤或死亡结果之间的因果关系能否成立呢？由于运动员 B 累积性损伤使其个体处于一种脆弱的状态，客观上累积性损伤和运动伤害共同造成了伤害结果，且运动伤害是造成危害伤害的直接原因，那么则可以认为两者之间存在因果关系。当然如果运动员 A 下手很重，那么同样应当认定具有因果关系。

另一方面，运动伤害在主观上"轻"与"重"的评定，即行为人在实施伤害行为时对其所造成伤害结果的故意与过失的主观心态难以判断。在包含伤害行为的对抗性比赛中，运动员对于体育规则的完全遵守可以视为刑法中主观罪责的"无"，当然不会受到刑法的问责；如果运动员违反体育规则，处于过失心态导致对方的伤亡，则应定义为刑法中主观罪责的"轻"，应当尊重体育自治或依照民事治理的方式；如果运动员故意违反体育规则，且对对方伤亡持希望或放任心态，即存在主观故意，则应当被划定为刑法主观罪责中的"重"，此时应当视案件情况，综合考量行为人的主观过错、客观行为、伤害结果以及考量体育精神、体育道德等因素，运用刑事治理手段综合判定。以前述马克·查普曼伤害特里·约翰逊一案为例，如何评价"马克·查普曼的铲球行为"？客观上马克·查普曼的行为与特里·约翰逊小腿骨断裂之间存在因果关系，即使特里·约翰逊的腿上有旧疾，存在因果关系这一点也毋庸置疑。而马克·查普曼主观上是否存在故意呢？马克·查普曼选择铲球的时机是判定的因素之一，虽然比赛中铲球行为是很常见的，并且以球为目标的铲球行为是符合比赛规则的，而且因为铲球而受伤的情况时有发生，但是已经明显超出规则范畴并突破了球路预测可能性的行为并不常见，尤其当时球已经飞出了底线，此时马克·查普曼的铲球行为是否具有必要性，在具备专业体育知识的裁判员视角下，裁判员以足球比赛规则为判定依据，认定马克·

查普曼的行为为危险动作并予以判罚；在缺乏体育专业知识的普通大众视角下，评价这个铲球行为必定更倾向于行为人故意为之。最终法官罗伯特综合判断其行为并非正常的足球运动，说明马克·查普曼的行为缺乏相关的必要性，突破了预测可能，是打着竞技体育的“旗号”下的“暴力伤人”，已然属于运动伤害行为主观罪责的“重”。

运动伤害的行为事实因存在隐蔽性难以简单作出评定，体育项目灵活多变的特点，使判定的依据和标准无法统一划定，而且随着竞技水平的提高，体育规则也会随之调整，如果单纯为了规制运动伤害，而针对每个比赛项目作出违规类别与伤害行为的定义标准，难免有些烦冗和教条，但可以肯定的是伤害行为对运动员身体的危害性是不会改变的，而且刑法所不容许的伤害行为，首先是违反竞赛规则的，并由专业裁判员作出了认定和判罚的，虽然不同的比赛项目间判定伤害的标准难以统一，但伤害行为的危害性是一致的。厘清这一问题，运动伤害中“轻”与“重”的判断将得以解决。例如，铲球行为的目标是对手的身体且造成对手严重损伤，必定是违反规则的，裁判员会因此作出判罚，如果此时的伤害行为超出体育轨迹的预测可能，甚至演变成单纯的伤害行为时，则应当认定为其主观具有故意。又如，综合格斗选手选择对对手的后脑部位暴力攻击，且造成对手重伤或死亡的结果，攻击后脑是综合格斗中的犯规行为，甚至将这种攻击对手后脑部位的行为定义为恶意伤害也并无不妥。

三、事实的牵连性

体育产业中各个环节之间存在紧密联系而且会相互影响，因而一旦有不良现象滋生，则可能迅速传播蔓延至整个产业链。体育领域内的犯罪呈现较为明显的牵连性，即产业化的上下游犯罪现象，其中以贪污罪、受贿罪、行贿罪、滥用职权罪、商业贿赂罪等犯罪较为多发。这种彼此间的牵连性也使得对体育领域犯罪的打击更加困难，犯罪行为往往涉及多个环节参与者及多方利益，从上游的赛事组织、俱乐部管理到下游的球员、教练员和裁判员等。例如，在体育赌博中，组织者、庄家、球员和裁判员等可能相互勾结，通过操纵比赛结果来获取非法利益。这种牵连性使犯罪行为更加隐蔽和难以打击，因为涉及的环节和人员众多，而且往往存在复杂的利益勾结。同时，由于体育产业的国际化特点，跨国犯罪也时有发生，更加大了事实的还原难度。这也就意味着，运动伤害裁判事实的建构可能直接影响着其他案件事实的生成。以足球竞赛为例，除却运动员由于自身的原因实施伤害犯罪的情境外，伤害事实的原因也可能与赌球行为相关，而隐藏在运动伤害犯罪表象之内的行为可能涉及赌球、操纵比赛、商业贿赂，甚至贪污腐败等。这些内在滋生的犯罪外化为运动伤害，但实质上对体育事业的冲击更甚，直接扰乱竞技体育的公平性。

拼搏和热血是体育发展的动力，公平公正公开为体育护航，但依然无法逃脱不法行为的侵蚀。足球运动的发展是我国职业体育发展的缩影，足球领域的问题能够反映出我国体育领域存在的问题。仍以足球为例，我国足球职业化改革三十载，牵动着无数国人的心弦，举国上下倾注热情和心血，但不仅成绩上不去，还成了不正之风和腐败的“温床”。① 除了赌球，“假球”“黑哨”等行为在足球赛场上也时有发生，足球领域收受贿赂的丑闻早已算不上什么新鲜事，龚某某作为第一个在我国因受贿罪被判处10年有期徒刑的裁判员，是我国司法介入足坛扫黑的第一战，此后亦有足协高官、裁判员、俱乐部管理人员等因违法犯罪被依法判处刑罚。李某案也是体育犯罪的一个典型缩影，案件牵出了从联赛到国家队、从俱乐部到足协的若干涉嫌违纪违法人员，揭示了种种黑幕和制度漏洞。②

历史因素、社会因素、经济因素等因素均是运动伤害滋生的诱因，但其中偶然性、突发性的运动伤害是少数，精神或物质因素往往更能直接左右运动员的选择。聚焦运动伤害，对体育产业化的上下游犯罪应保持警惕。在上游，一些不法分子可能通过贿赂、欺诈等手段获取赛事组织权、俱乐部管理

---

① 参见徐达内：《中纪委批足球，体总该干实事儿了》，载《东方早报》2014年11月6日，第4版。

② 《李铁案细节，首次披露！300万“上位”国足主教练；1400万收买对手踢假球……》，载搜狐网2024年1月9日，https：//sports. sohu. com/a/750795403_ 663389。

权等，从而控制整个体育产业的发展方向和资源分配；在下游，一些运动员、教练员和裁判员等可能受到上游犯罪分子的控制和影响，参与“假球”“黑哨”等违法行为，践踏体育精神，破坏竞技体育的公平和公正。体育产业化的上下游犯罪与传统的洗钱罪，掩饰、隐瞒犯罪所得、犯罪所得收益罪等犯罪并不完全相同，以洗钱罪为例，洗钱罪的对象是七种犯罪所得及其收益，犯罪事实更加关注钱或物的流转；而运动伤害等所针对的对象是运动主体的人身健康和生命权，背后往往关乎竞赛结果或利益输送，并非能够触摸到的实体物，在事实构建时缺乏可视性而更加需要慎重关注。此外，体育产业化的上下游犯罪间，更侧重精神或意识层面的恶性影响，有时运动伤害更像是运动员声嘶力竭的反抗。因而，积极还原运动伤害行为发生的始末，彻查伤害背后是否还存在其他的“阴谋”，或许会发现运动员实施在赛场上实施伤害行为多有迹可循。

四、事实的科技性

科技为体育带来全新的赛程体验，曾经红极一时的“鲨鱼皮泳衣”，一次又一次帮助选手刷新世界纪录，后因鲨鱼皮泳衣在某种程度上令比赛有失公允，使运动员无法真正在运动中触及人类阈值，而被国际泳联禁用。但对创新科技手段有选择地加以利用，能够为观众和选手带来最佳的体验。尤其将科技应用在赛事裁判当中时，判定的精准度更高是不争的事实。运动员的专业实力与日俱增，有些判罚仅根据裁判员肉眼难以精准判断，而既要确保比赛的公平公正，又要迎合运动员的高水平发挥，借助科技的力量成为必然。以 2022 年卡塔尔世界杯为例，将半自动越位技术（SAOT）应用至比赛的判罚中。在阿根廷队对战沙特阿拉伯队的比赛中，阿根廷队整场比赛共计被判 7 次越位，导致 3 粒“进球”无效，最终以 1∶2 的比分输给沙特阿拉伯队。如果没有“黑科技”的加持，那么获胜的就有可能是阿根廷队，黑科技介入后的比赛结果更加令球迷观众信服。高清镜头能够全方位捕捉赛场上的“关键”时刻，篮球比赛中“打手”等小动作、足球比赛中“越位的判定”，短道速滑比赛中“脏手”等行为都能够通过比赛回放予以呈现，更有利于裁判员作出令选手和观众信服的判定，同样能够当然的应用于运动伤害案件的事实还原当中。

在日常的生活中，发生伤害行为的地点不可能拥有像体育赛场上如此高的关注度及镜头记录，因此，我国以审判为中心的庭审制度改革旨在让证据充分还原客观事实的发生，但不可避免地，许多案件的错判并非在于法律适用，而是证据的不充分性。与此不同，体育运动往往在证据获取方面得天独厚，得益于科技的保驾护航，全方位高清的摄像捕捉、无限次准确的镜头回放、来自各个国家优秀裁判员的判断为运动伤害案件事实的来源提供了准确、全面、清晰的认定基础，较容易地还原案件事实的始末，赋予了传统案件难以媲美的证据有效性、证据真实性以及证据直接性，对于事实的还原起到了至关重要的作用。

五、事实的广泛性

首先，运动伤害涉及的主体范围复杂。毋庸置疑，体育已经跨越国界成为深受全世界人民喜爱的一种运动，但每个人都具有自己的主观意识，可能彼此间的想法差异较大，也可能彼此观点相契合，但不可能完全相同。因此，主体的广泛性背后隐藏的是不同的知识结构、伦理标准、宗教信仰、道德约束、价值认同等，其决定了在运动伤害裁判事实建构中，衍生出主观事实建构的难题，即在认定伤害实施者的主观故意标准的同一性问题。比如，马克·查普曼认为自己当时的铲球行为就是足球竞赛中正常的竞技对抗，而特里·约翰逊却认为马克·查普曼的那一脚铲球是完全的伤害行为，但法官罗伯特更倾向于特里·约翰逊的观点，因而难以与马克·查普曼的看法苟同。这还是发生在以“足球流氓”而著名的英格兰地区，法官罗伯特仍判定马克·查普曼的行为属于伤害范畴，而我国时至今日在刑事领域仍对于体育领域保持着极大的尊重，尚无任何一个运动伤害案件的行为人受到过刑事法律的制裁。换言之，世界上不同的国家都有各自的法律准则，对同一行为的法律界定可能有所差异，同时，各国司法实践的标准也大相径庭，影响着犯罪事实的建构。这也从侧面反映出运动伤害的界定很难有一个统一的标准，客观行为是主观意图的外化表象，主观意图又直接影响、左右着客观行为，在判断运动伤害行为时，不仅要评价行为本身的客观事实，还要考量行为背后的主观意图，这也使得在判断伤害行为的主观意图时更为困难、更复杂。

其次，运动伤害衍生的犯罪地域具有不确定性。运动伤害的案发地点较为固定，即赛场。同时结果较为固定，即对他人造成了实质的伤害。但运动伤害涉及人员众多，包括运动员、教练员、裁判员、体育官员、观众等体育共同体，这些人员可能来自不同的地区和国家，他们之间的联系和互动使犯罪行为更加复杂与难以追踪。同时，运动伤害衍生的犯罪涉及多种罪行，如贪腐贿赂类、兴奋剂类、赌博类等，这些行为既可能发生在比赛场馆，又可能发生在酒店、餐厅、训练基地等其他地点，犯罪行为的实施地点广泛且难以预测，手段灵活且隐秘。犯罪分子可能利用现代科技手段进行犯罪活动，如网络赌博、电子支付等。这些手段使犯罪行为更加难以被发现、难以被触碰。这无形中加大了运动伤害衍生犯罪事实的采集难度，欲拼凑出完整的犯罪事实更不容易。

最后，运动伤害的传播性具有舆论性。目前的多数竞赛可以通过直播、转播等各种方式被大家了解，在某些情况下，一些可能被认为是伤害性或具有攻击性的策略或方法会被采用或仿效。这些方法一旦在赛场上被证明能够“有效”限制对方的得分或影响对方的比赛表现，便很容易被其他运动员或团队所模仿借鉴，从而在同类体育活动中得到广泛传播，“砍霍”战术就是很好的证明。

篮球迷圈子里有一个字“砍”，意思就是用犯规的方式故意送对手上罚球线，而且通常是针对内线的大中锋，是一种针对特定运动员的伤害性防守策略。这个战术最初是跟随着沙奎尔·奥尼尔一起成名的，因为当年沙奎尔·奥尼尔在篮下的进攻几乎无解，但同时他的罚球准确率不高，所以经常有对手故意犯规沙奎尔·奥尼尔，让他去罚球，这就是“砍鲨战术”的由来。后来德安德烈·乔丹、德怀特·霍华德等大中锋的罚球命中率也较低，这一战术也被发扬光大，所以便有了“砍乔”战术与“砍霍”战术。因而某些如“砍霍”战术等类似的伤害性策略或方法，同样会在同类体育活动中被沿用，并得到广泛传播。这意味着某类运动伤害如果不得到有效遏制，其便会以一种常态行为出现在赛场上，对运动员进行持续的、频繁的伤害。

六、事实的规则性

运动伤害中事实建构必须在规则的指导与遵循下进行，规则赋予了运动伤害一定程度上的“豁免权”，这也是刑法介入运动伤害所必需遵守的“盟约”。体育场域与日常生活场域的惯习差异较大，甚至可以说，部分体育规则是反礼仪、反道德的，在诸如摔跤、拳击等竞赛中，伤害他人是一种手段及目的，且这种伤害是被允许的、被约定俗称的，甚至是一种魅力所在。因此，当建构运动伤害中的裁判事实时，要给予竞赛规则以充分的尊重和遵循。

竞赛规则并非鼓励或默许伤害的行为，相反，规则的存在是为了确保比赛的公平性和安全性，利用规则对体育进行伤害限制，将伤害规范在一个可控和可接受的范围内，以最大限度保护参赛选手。比如，摔跤可以利用技巧或力量将对手摔倒，但不允许攻击对方下肢、不允许抓对方头发、不允许使用危及对方生命的动作；拳击比赛通过出拳攻击对手的有效部位得分，而后脑、背部等人类要害部位均被限定在有效部位的范围之外。规则对动作进行技术要求，同时裁判员也会严格监督比赛，赛场上选手只能利用有限的动作进行进攻得分，更考验双方的反应能力和灵敏度，这才是体育运动的核心。

足球同样排斥伤害行为干预比赛，就连“足球流氓”现象最严重的英国也不例外，仍以马克·查普曼的铲球为例，铲球是足球运动抢截球的 种，是利用倒地时脚或腿的伸、扫、蹬、勾等动作进行抢截、控球、传球、射门的技术，一般在来不及用其他方法触及球时采用，具有快速、突然的特点，有一定的风险性，容易造成球员受伤。正是因为在足球运动中铲球动作十分危险，所以很容易造成犯规。足球比赛对铲球行为有明确的限制和规定，合法的铲球必须同时具备以下条件：动作干净，不附带危险性；没有对对方造成不必要的犯规；没有破坏对方的身体平衡；没有故意拖延比赛。如果铲球动作不合法，如危险性动作、故意犯规、破坏对方身体平衡等，裁判员有权对相关球员进行警告或处罚。[①] 马克·查普曼当时作出的铲球动作，并没有碰到球，而且造成了特里·约翰逊小腿骨断裂的结果。此时裁判员需要对马克·查普曼铲球的动作是否违反了规则作出判断，包括判断马克·查普曼的动作是否过度危险、是否对对方球员造成了不必要的伤害等，根据赛场情况，裁判员认定马克·查普曼的行为违反了比赛规则，并作出判罚。裁判员的认定是关键的一环，也为法官罗伯特提供了极其重要的佐证依据。

将比赛规则的判断纳入运动伤害事实建构是必然的，因为足球比赛同其他体育比赛一样，终究是在规则内进行的较量，突破了规则的行为才有被评价的必要，否则与普通伤害冲突无异，因而体育与规则彼此成就不能割裂，运动伤害案件的认定需要尊重比赛规则，只有被比赛规则评价为犯规行为，才有可能进一步被认定为伤害违法或犯罪行为。总之，结合体育比赛规则而建构的伤害事实将更为科学和精准。

第三节　运动伤害事实的动态蜕变

事实源于生活，对事实的研究为法律的生长提供了渐微式的动力，新事实的探索引起了法律中心语义的断裂、变更，不断促进了法律边缘语义的清晰，并在不违背现行刑法规定的前提下，根据刑法的精神与原则，去延伸、丰盈、改良法律，甚至基于此促成新法律的诞生，进而增强了法律对社会生活的调整能力。刑事案件裁判过程中，事实遵循着生活事实、法律事实、案件事实、裁判事实的蜕变轨迹。究其实质，运动伤害案件中事实建构并无特殊之处，其仍然需要按照传统案件中事实建构的流程，通过与规范的互动，从生活事实向裁判事实进化。

---

① 具体来说：铲到球，没有碰到人，不犯规；铲到球后，顺带碰到人，裁判员认为动作不是草率的、不是鲁莽的、没有过分用力，不犯规；铲球时于触球前，先碰到人，目的在球而不在人，犯规；铲球时于触球前，先碰到人，目的在人而不在球，犯规；危险的铲球动作，双脚齐飞、背后铲球等危及对方安全的动作铲球，没有铲到人，犯规；危险的铲球动作，双脚齐飞、背后铲球等危及对方安全的动作铲球，铲到人，犯规。

一、碎片化的生活事实

在法律规范介入之前，裁判事实呈现为其最“纯真”的样态——生活事实。生活事实的范围无所不包：上至星体运行、地震海啸，下至人类繁衍、跑跳嬉闹。生活事实发生于时空的每一分、每一秒，发生于每一个角落。规范是向生活事实开放的，“一方面法律理念须对于生活事实开放，它须被实体化、具体化以及实证化，以便于形成概念；而另一方面所预见的生活事实须以法律理念为导向来进行典型建构及形成”①。生活事实能够为规范所制约，同时生活事实又可以超越规范，促成规范的立、改、废、释。此外，生活事实是原始的，裁判事实建构的标准即以重现生活事实为基准，但最终的裁判事实却可能与生活事实发生偏离，甚至大相径庭。

在众多的生活事实碎片中，仅有少数部分能够进入竞技体育场域，与人类的竞技体育运动发生关系，诸如运动员进场、热身、赛后接受采访等，其中又仅有极少的部分最终由于影响了国家、社会或他人的利益而进入刑法的视野，最终蜕变成运动伤害案件刑事裁判事实。

二、抽象化的法律事实

关于法律事实，“宇宙发生之事实，多至不可纪极，花之开落，草之荣枯，浮云之出没，鸟兽之飞走，与夫江山之风情，山间之明月，耳得之而为声，目遇之而成色，此等事实，不能发生法律关系，可勿论其也。其足以发生法律关系者，总称法律事实”② 应然算作优美而贴切的表达。我国台湾地区学者王伯琦称“社会各种事物，有为法律所支配者，有为其他规范，如道德、礼仪、宗教等规范所支配者。为法律规范所支配之事物，即为法律适用之对象，称之谓法律事实”③。而我国大陆学者普遍认同“法律事实是法律规范所

---

① ［德］阿图尔·考夫曼：《法律哲学》（第2版），刘幸义等译，法律出版社2000年版，第18页。

② 黄茂荣：《法学方法与现代民法》，中国政法大学出版社2007年版，第196页。

③ 王伯琦：《民法通则》，台北，正中书局1963年版，第119页。

规定的，能够引起法律后果即法律关系产生、变更和消灭的现象”①。透过这些概念，不难发现法学语境中的事实与哲学语境中事实的差异性，法律是人类思考的产物，而人类作为客观世界的一分子，出于自身利益需求所建构出的事实与“事实”本身难以同一。

法律事实是依据法律规范对应生成的一种规范事实，鉴于法律规范所固有的抽象性，法律事实也无法一一罗列出事实的具体样态，只能以抽象的形式描绘出事实的大致类型。法律事实是对生活事实的规范化、结构化、价值化、类型化。在许多关于事实的文章中，都将法律事实与案件事实视为一体，认为法律事实与案件事实均指代那些进入法律视野下的事实概括。但之所以将法律事实与案件事实区分开来，用意在于：

首先，法律事实是基于经验及社会秩序对生活事实的一种总结与预测；案件事实是基于个案的独特性对法律事实的一种现实性适用与贴合。在法律事实确立之后，对于法律规范认同的、符合社会秩序、基于刑法的谦抑性无须刑法介入的，法律事实将其排除在外；对于法律规范反对的、挑战社会秩序的、基于刑法的惩治性需要刑法介入的，法律事实便纳入其中。

其次，法律事实的生成应用的是归纳推理；案件事实的得出应用的是演绎推理。由生活事实到法律事实体现为“归属”的过程，即生活事实能够被法律事实所涵摄，生活事实是否符合法律事实的类型描述；而法律事实到案件事实是演绎的方式，即根据法律事实的规范性及类型性得出案件事实的大致轮廓，随后，根据证据的肯定或否定最终生成裁判事实。

最后，法律事实是固定的、封闭的、僵化的、规范的；案件事实是流动的、开放的、灵活的、生活的。法律事实是基于法律规范的规定，提前拟制出了一种事实的类型，旨在为生活事实的规范化提供指引。囿于规范的成文化，法律事实也是固化和封闭的，其范围与含义不允许随意更改，因此，法律事实也是僵化的。而案件事实的发生无法预测，其以纷繁复杂的生活事实为基点，可能演化成各种各样奇异的事实。正是基于法律事实的固化与案件

① 沈宗灵主编：《法理学》，高等教育出版社 1994 年版，第 396 页。

事实的灵活的紧张关系，才会生成实践中所谓的疑难案件事实。

总之，法律语境下的事实强调的是事实的规范性，更为直接的可以理解为一种“评价性”，与“事实到底是什么”相较而言，法律更加关心的是“事实应该是什么”。事实的评价体现为一种陈述、一种判断，与“实际”并无必然联系。而正是基于对事实的“应当”判断，导致在法律语境下，事实必然地与规范纠缠在一起，因为规范是事实的评价标准，事实是规范的评价对象。

法律事实是对生活事实的规范化、结构化、价值化、类型化，是人们将生活事实中足以影响国家、社会、他人利益的部分剪裁整理所类型化的事实模型，是基于经验及社会秩序对生活事实的一种总结与预测，如体育场域内的商业贿赂、赌球、观众恶性伤害事件等会因为触犯刑法而集合成体育场域内的法律事实。与生活事实相较而言，法律事实可以更为直接地理解为一种“评价性”，与“运动伤害事实到底是什么”相较而言，法律更加关心的是“运动伤害事实应该是什么”。

三、具体化的案件事实

本书将法律事实界定为一种规范意义的、中心语义的、抽象概括的事实。在规范的领域中，法律事实与法律规范是同一层次的，案件事实与法条适用是同一层次的。法律事实是立法者基于对过去事实价值的判断与取舍、扬善与惩治来对生活事实进行规范性筛选。

案件事实是以生活事实为基点的一种演变，或者更确切的说，基于人类的需要，生活事实以另一种姿态进入了法律的殿堂，接受法律的审视，而案件事实就犹如被钦点的将士，在众多兵将中脱颖而出，其实现了由生活事实的琐碎化向具体化的迈进。如果没有生活事实，案件事实即为无源之水、无木之本，失去了进入规范视野的入场资格。

案件事实既是对生活事实的遵从，又是对其的超越。刑事司法裁判中，各个诉讼主体通常根据自身的利益追求去选择生活事实的碎片，拼凑成有益于自身的案件事实，而裁判者根据自身的专业、经验、逻辑评价个案事实与法律事实的契合度，进而评价个案事实在法律上的重要性。在运动伤害案件中，裁判者需要比对运动伤害与传统伤害的本质特征，进而得出个案中的伤害法律评价标准及惩治尺度。因此，案件事实并非天然呈现在裁判者面前，而需要其综合已知的事实，同时考虑个别对案件裁判具有重要意义的未知事实，最终通过证据、规范、逻辑、经验建构出案件事实。① 从某种意义而言，案件事实超越了规范自身，因为它以实然的方式使立法之法具有了鲜活的生命力，也使法律的权杖释放出了应有之力，久而久之具备了改变立法的无形力量。基于此，我们便不难理解现实主义法学者的看似极端的观点，“法官说什么，法律就变成了什么”②。

四、实践化的裁判事实

裁判事实在案件裁判中展现出不同侧面，那么，裁判事实究竟是什么？裁判事实的特征是什么？裁判事实同各种侧面的关系是什么？上述问题都是值得思考和阐述的，毕竟，只有界定清晰裁判事实的内涵，后续正文的内容才有展开讨论的基础。

从实质上说，裁判事实是人民法院③确认的，落实于裁判文书中的事实，具有主观性、实践性、权力性以及已证性。而作为事实在案件裁判中的终极样态，裁判事实与生活事实、法律事实、案件事实又是何种关系呢？

首先，裁判事实是一种规范性的生活事实。在规范介入之前，生活事实随处可见，仅有很小比例的生活事实会最终蜕化成裁判事实，而蜕化的最大变化在于生活事实携带了规范的特质，披上了规范的外衣。生活事实在规范的塑造下，进行筛选、重塑、固定，最终形成确定的、规范的裁判事实。简言之，裁判事实均来源于生活事实，生活事实加之规范建构形成裁判事实。

其次，裁判事实是一种个案化的法律事实。从事实的特征来说，法律事

① 参见［德］卡尔·拉伦茨：《法学方法论》，陈爱娥译，商务印书馆2003年版，第160页。

② ［美］德沃金：《法律帝国》，李长青译，中国大百科全书出版社1996年版，第1页。

③ 此处，似乎采用“公权力机关”一词更为合适，因为检察院在作出不起诉决定时，也涉及对事实的建构，但因为本书主要考察的是法院基于规范对事实的整体建构，所以，将事实建构的主体范围减缩为人民法院单个主体。——笔者注

实最为接近裁判事实，或者更为直接地讲，裁判事实就是一种法律事实。不同的是，法律事实是抽象的、类型的，而裁判事实是具体的、个案的；法律事实是悬浮于生活之上的，而裁判事实是落入纸张的。法律事实在绝大多数时间以一种“隐形”的样态等待与案件事实的对比、评价，其后便“显现真身”，以文字的方式出现在裁判文书之中，形成裁判事实。

最后，裁判事实是一种叙事化的案件事实。同生活事实类似，案件事实中也只有部分能够成为最终的裁判事实（极少情况下，全部的案件事实均被确认为裁判事实）。但案件事实已经是生活事实蜕变后的样态，与裁判事实的范围较为接近，如何将案件事实进行整理，同法律事实比对，叙事功不可没。在犯罪构成下，将案件事实的主体、客体、主观、客观要件同法律事实进行比对的过程中，叙事承担着穿针引线、起承转合的作用。

总之，生活事实作为裁判事实的初始样态遍布世界的每一个角落，在没有法律规范对其进行规制前，生活事实并没有任何法律意义，也无法成为本书的研究对象。法律规范的介入，使生活事实一步步地发生蜕变。首先，在刑法的甄选下，部分生活事实因披上了法律规范的外衣而蜕变至法律事实，但此时，法律事实是抽象的，并不具有个案的意义；其次，当具体案件发生后，生活事实被犯罪构成进行规范性建构后衍生成具体的、有针对性的案件事实；最后，刑法规范与案件事实进行相互建构，通过法律的发现、解释、论证以及法律事实与案件事实的比对最终形成裁判事实。

此外，对于法学语境下的事实而言，无论是存在的事实还是命题的事实均对刑事裁判有着非凡的意义。作为存在的事实意味着已经发生的、无法还原的事实，却是裁判者致力建构的愿望图景；命题的事实是实践的、现实的、诉讼主体予以建构的事实。脱离了存在事实的命题事实将走向虚假，而失去命题事实的组建，存在事实也只是空谈。如果哲学语境下的事实是一种“应然”“抽象”，那么法学语境下的事实则呈现一种“实然”“具体”；如果文学语境下的事实是一种“夸张”“激情”，那么，法学语境下的事实则呈现一种“真实”“理性”。

裁判事实是司法机关确认的，落实于裁判文书中的事实，具有主观性、实践性、权力性以及已证性。裁判事实是一种规范性的生活事实，是一种个案化的法律事实，是一种叙事化的案件事实。首先，裁判者需要犯罪要件、要素与运动伤害事实进行比对、分析，以获得将该案件事实涵射于相应犯罪构成之下的正当根据；其次，裁判者需要考量结论对社会产生的影响，并将此种考量最终落实于判决中，裁判文书不仅使裁判事实成为文本化事实，还促成了规范的事实化。

第四章

运动伤害刑事治理的国际经验阐释①

运动伤害是体育事业和体育产业发展的阻碍，始终是各国关注的焦点。运动伤害研究的兴起是源于20世纪60年代欧洲国家严重的“职业足球流氓”问题，英国和意大利等国家对此问题迅速展开了专项剖析。将运动伤害行为纳入刑法规范范畴，实际上是在刑法场域的具体应用实践。在国际上，许多国家已经进行了大量的司法实践。对于竞技体育中的伤害行为，大多数国家虽然持保守态度，但伤害行为的猖獗以及内部调控的羸弱，使伤害行为的“正当性”受到质疑，越来越多的国家认为：对伤害行为的容忍应当下设底线。正如英国首席大法官莱恩所言：“含有伤害型的契约即便是在全国比赛联盟会制定的看似符合法律的比赛规则中被允许的话，这项比赛本身也不能成为允许伤害谋杀的正当理由。”② 可见，国外司法已经开始对运动伤害行为引入刑法的规制，而非一概任由体育行业内部进行处理。③

第一节　英美法系国家的理论及司法实践

在理论上，英美法系国家倾向于强调个人权利和自由的保护，因而在处

---

① 本章部分内容节选自段威：《体育暴力之刑法化思考——社会学视域下的体育暴力解读》，载《成都体育学院学报》2015年第3期。撰写时，内容有修正。

② JM Massey, *Case and Comment*: *Violence*, Crim. L. Rev., Vol. 36, p. 514 (1989).

③ 参见段威：《体育暴力之刑法化思考——社会学视域下的体育暴力解读》，载《成都体育学院学报》2015年第3期。

理运动伤害问题上，在尊重体育行为自治的同时，可能会更加注重运动员的个人权利和自由，如英国的“参赛即为同意”原则以及美国的“默示同意”原则，均是运动伤害行为的正当性出罪根据，以避免刑事司法过度干涉竞技体育。在司法实践中，英美法系国家早已对运动伤害行为作出相关刑事审判先例。而判例法（case law）在英美法系国家的司法实践中具有重要的地位，意味着过去的判例会成为后续类似案件的审判依据。当处理运动伤害行为时，法院同样可能将过去的判例纳入考量，并结合案件的具体情况进行审判和裁决。

一、英国

在英国，刑法治理体育竞技行业，对体育运动损害个人的行为要承担刑事责任慢慢地变成了哲学领域与司法实践中的一种共识，从而产生了一系列法律案例（1878 年 R v. Bradshaw 案、1978 年 R v. Billinghurst 案、R v. Brownbill 案及 R v. Evans 案等）。

Billinghurst 案是首例橄榄球运动员在竞赛中造成他人严重伤害而被定罪的案件。在南威尔士的业余橄榄球竞赛中，被告 Billinghurst 猛击并打碎了对方运动员的下巴。事后，虽然被告辩称橄榄球运动员在参加比赛时同意承担一定的伤害风险，且检察官提起诉讼时应当证明其拳打行为超出了正常的可预期的范围，以致运动员不能通过参与比赛而作出有效的同意。但检察官认为公共政策限定了橄榄球运动员对伤害行为予以同意的范围，即运动员可以同意一些激烈的带球、抢球等接触行为，但不能对不涉及球的故意身体接触行为作出有效同意。

初审法官在指导陪审团时指出橄榄球比赛包含一定的对抗性身体接触，因此参赛的运动员应被认定为同意那些能够合理预见发生于比赛过程中的行为。也就是说，伤害行为的使用并非毫无节制，但一定的越轨行为是可以被视为被害人同意的，而决定性的因素在于伤害行为是否发生在体育比赛的范畴内。因此，虽然被告声称拳击对手在英式橄榄球联盟比赛中是可以接受的，但法院认为该拳击行为与比赛的进行无关，被害人不能对此作出有效的同意。

因此，当事者仍受到法庭的审判，最终被指控严重伤害他人身体，构成殴打罪。[①]

英国在针对体育运动中的伤害行为方面已经建立了一套相对完善的刑法规制体系。英国刑事法院处理绝大部分运动伤害行为都根据 1861 年《侵害人身罪法案》（*The Offences against the Person Act* 1861）的第 18 条（最严重的非致命性侵犯人身的犯罪）、第 20 条（造成严重身体伤害的袭击罪）和第 47 条（造成实际身体伤害的袭击罪）开展判罪。[②] 而在判罪层面，英国 1861 年《侵犯人身罪法案》已经设立了与运动伤害行为相匹配的罪名。在定罪和量刑时，法院会考虑多种因素，通常对侵权人施加相对较轻的刑罚。同时，为了避免刑事法律过度干涉体育竞技的特殊性质，英国采用了“参赛即为同意”的原则作为有力的抗辩事由。

此外，球场伤害行为一直是英国非常严重的社会难题，在苏格兰地区，体育竞技里的违法犯罪控告也更加普遍化。例如，邓肯·弗格森（Duncan Fergunson）在比赛中用头部撞击锐斯海盗足球队（Rovers FC）的罗伯特·麦史迪（Robert Mcstay），导致其受伤，因此被判处 3 个月监禁，并被英国足球协会禁赛 12 场；又如，迈克·胡夫（McHugh）因踢伤对方球员达伦·斯密斯（Darren Smith）的头部，造成对方严重伤害，最终因严重身体伤害罪被判刑。[③] 为了应对这些问题，英国政府通过法律手段进行了干预，并实施了一系列相关法规。1971 年，格拉斯哥伊布罗克斯足球场血案发生，英国政府在深入调查后，于 1975 年颁布了《体育场地安全法案》。1985 年英国国会通过并在 1992 年修订了《体育比赛法案》，该法案规定在观看体育比赛时，观众不得在车内携带酒精饮品，同时饮酒后试图闯入比赛场地的行为被视为违法犯罪。1986 年通过、1996 年修订的《公共秩序法案》则禁止有足球流氓犯罪记

---

① 参见丁寻韬：《国际赛场暴力的刑事规制问题研究》，福州大学 2015 年硕士学位论文，第 12～13 页。

② 参见胡啸：《英美法系国家对竞技运动伤害行为的刑事法规制》，湘潭大学 2014 年硕士学位论文，第 22～24 页。

③ 参见景年红：《英美法国家竞技体育暴力行为刑事责任问题》，载《山东社会科学》2011 年第 8 期。

录的球迷在一定时间内进入足球场地观看比赛，同时俱乐部也应拒绝这些违反足球场规定的球迷的要求。这些措施共同构成了英国对于运动伤害行为的法律规制体系。①

除了上述普遍适用的法律对策，英国还制定了专门针对足球伤害行为的法律法规。在1985年布拉德福德阅兵球场惨案后，英国政府为了处理相关问题，成立了一个调查委员会，并于1986年发布了调查报告，其中着重强调了足球场观众的安全问题。随后，1989年发生的希尔斯堡惨案进一步推动了立法行动，促使议院在1989年和1991年分别通过了《足球观众法案》和《足球犯罪法案》。其中，《足球犯罪法案》明确规定了进入比赛现场、向现场投掷物品以及发表种族歧视言行均属犯罪行为。同时，为了进一步强化这一领域的法律管控，政府在1999年和2000年对相关法律进行了修订，并相继通过了《足球（犯罪和骚乱）法案》和《足球骚乱法》等法律法规。这些举措体现了英国政府对足球伤害问题的重视和决心。值得一提的是，2000年7月通过的《足球骚乱法》实际上是1989年《足球观众法案》的修订版本。② 根据该法，英国警察被赋予了搜查涉嫌足球伤害球迷的权力，并有权对恶性足球流氓采取强硬的法律措施。一旦被确认为恶性足球流氓，则可能会面临一系列严厉的刑事处罚：首先，英国政府可能会将其驱逐出境，永远不得返回；其次，判处有期徒刑；最后，10年内禁止进入英国比赛场观看比赛。这一系列对策有效地遏制了英国足球伤害行为的泛滥，并防止了其影响到国外。③

二、美国

除了行业自治外，美国在刑法理论和司法实践中，对于运动伤害事件的介入力度实际上基于两个原则：一是要有利于促进体育竞技活动的自由、积

① 参见黄世席：《足球暴力法律规制之比较研究——以英意西为例》，载《体育与科学》2008年第1期。

② 参见黄世席：《足球暴力法律规制之比较研究——以英意西为例》，载《体育与科学》2008年第1期。

③ 本章节引自段威：《体育暴力之刑法化思考——社会学视域下的体育暴力解读》，载《成都体育学院学报》2015年第3期。

极参与；二是能够有效遏制和消除运动伤害的滋生与蔓延。这种介入旨在平衡体育竞技的自由与安全，确保比赛的公正与公平[①]，即总体而言，对于竞技体育中的严重违规伤害行为，应当追究刑事责任。其中，1962 年美国法律协会颁布的《模范刑法典》第 2.11 条第 2 款特别针对运动伤害犯罪引入了“默示同意”原则，[②] 即对身体伤害的同意抗辩。当某行为因造成他人身体伤害而被指控为犯罪时，如果满足以下特定条件，被害人的同意就可以作为该行为或伤害的辩护依据：首先，该行为或伤害必须发生在双方共同参与且合法的竞技比赛，或是其他法律未禁止且双方协商一致的活动中；其次，该行为或伤害所涉及的危险必须是双方均可合理预见的。[③] 在满足这些条件的情况下，被害人的同意可以成为减轻或免除行为者刑事责任的依据。“可合理预见”的行为并不仅限于那些严格遵循比赛正式规则的行为，还包括了一些虽然超出了比赛规则或与规则不符，但并非出于故意的行为。然而，对于那些故意违反规则且超出了合理预期范围的行为，则不能被视为“可合理预见”，因此不适用于“默示同意”原则。[④] 美国法官通常采用“默示同意”原则审理相关案件。[⑤] 在竞技体育中，运动员因了解并认知比赛本身所蕴含的风险性，其自愿参与即表示他们接受并同意承担这些固有的危险和可能造成的伤害。然而，但如果危险超出了“合理的可预见的范围”，则这种伤害就不再属于默示同意原则的范畴，因此具有非法性。

三、加拿大

同意抗辩是美国涉运动伤害诉讼最常见的抗辩，是指参赛者对比赛中存

① 参见曲伶俐、宋献晖：《英美国家体育暴力伤害行为刑事责任初探》，载《政法论丛》2007 年第 2 期。

② 当某一行为因导致身体伤害或对身体伤害构成伤害危险而被指控为构成一种犯罪的时候，对此种行为施加身体伤害的同意是一种抗辩。条件是……（b）在一个合法的体育比赛或竞技体育活动或其他法律并未禁止的协同活动中，此种行为和伤害是可以合理预见到的共同参与所带来的危险。

③ 参见《美国模范刑法典》，陈耀东译，载《各国刑法汇编》（下册），司法通讯社 1980 年版，第 78 页。

④ Rollin M. Perkins & Ronald N. Boyce, *Criminal Law*, Foundation Press, p. 154 (1982).

⑤ 参见段威：《运动员竞技体育暴力刑事裁判中的事实建构》，载《上海体育学院学报》2019 年第 4 期。

在的可能出现的人身伤害是可预见的，同意参加视为接受风险，不能谋求对方承担责任。①

以1969年Regina v. Green和Regina v. Maki的案件举例，尽管两名球员最终都被判无罪，但渥太华卡尔顿省法院的每一项裁决都讨论了同意辩护。法院认为Maki被格林用戴着手套的手击打面部适用“同意抗辩”，因为这一行为在曲棍球比赛中很常见，也不太可能会造成严重伤害。

美国爱荷华州认为袭击行为是“可合理预见的此类运动或活动事件，并且没有造成严重伤害或破坏和平的不合理风险”。② 该案的起诉源于篮球比赛中发生的打斗。其中一名球员对对方球员进行了严重的犯规，随后又对对方球员面部进行了重击。随后，对方球员的另一次严重犯规导致了双方球员的争吵，进而引发打斗。法院认为被告的行为不是篮球比赛中可以合理预见的部分。篮球可能包括合理的推搡，偶尔的肘击和拍打，但绝不包括这种影响恶劣的赛场斗殴行为。

从上述案例可以看出，同意抗辩适用的条件之一就是，参与者同意的伤害应该是合理的、可预见的。如第一个案例冰球运动中被“戴着手套的手击打面部”。而不合理的、不能预见的伤害行为则不能适用同意抗辩，如在篮球比赛中，合理的推搡、碰撞是可预见的，适用同意抗辩。但上面这个案例中的影响恶劣的赛场斗殴行为已经明显的超过了同意抗辩的适用范围。一个正常的运动员不能事先预见到赛场上会发生野蛮袭击，更不会同意自愿承受这种伤害。

此外，关于运动是否合法在同意抗辩适用中也有区分。美国的主流观点认为，同意抗辩的适用应当发生在合法运动中③。在合法运动中，合理的、可预见的伤害行为适用同意抗辩毋庸置疑，刚刚说到，不合理的、不可预见的伤害行为不适用同意抗辩；在非法运动中，往往伴随残忍、血腥等影响社会

---

① 参见曲伶俐、宋献晖：《英美国家体育暴力伤害行为刑事责任初探》，载《政法论丛》2007年第2期。

② Standen, J., *The Manly Sports: The Problematic Use of Criminal Law to Regulate Sports Violence*, Journal of Criminal Law & Criminology, Vol. 99 (3), p. 619 - 642 (2009).

③ 参见韩勇：《北美体育暴力的刑事诉讼与抗辩》，载《武汉体育学院学报》2011年第12期。

安定的因素，参与者的安全得不到保障，如地下黑拳。

20 世纪中后期开始，加拿大逐渐认识到刑事手段才是遏制运动伤害的有效工具，并通过一系列的判例，明确表达了该国以刑法来规范运动伤害行为的决心。[①] 在立法层面，加拿大虽然没有具体的法律条文释明，但其既有的判例为竞技体育中发生的伤害事件指明了裁判方向：在竞技体育活动中，被认定为正当的伤害行为应当仅局限在那些属于比赛固有风险范围之内的行为范畴。

在加拿大，冰球赛场上的伤害事件时有发生。主要是基于冰球运动员在比赛中佩戴的护具相对完善，提供了一定程度的保护，且裁判员在比赛中的判罚尺度也相对宽松，使冰球运动员容易在比赛中忽视规则的约束，出现滥用伤害的行为。其中，Regina v. Green 和 Regina v. Maki 两起案件占据了特殊的地位，为后来的法律实践提供了宝贵的参考。

这两起案件均起源于 1969 年 9 月 21 日，在加拿大渥太华市政大厅举行的一场美国波士顿仙熊队与圣路易斯布鲁斯队的曲棍球表演赛。比赛中，选手 Maki 和 Green 在追逐冰球时发生了身体碰撞。Green 用手套击中了 Maki 的脸部，导致 Maki 嘴部受伤。在裁判员对此进行了处罚后，比赛便继续进行。之后，两人在球网附近再次对峙。Green 先是用球棒击打 Maki 的脖子或肩膀，随后又举起球杆准备再次攻击。在这关键时刻，Maki 挥杆反击，击中了 Green 的球杆，但球杆又擦过并击中了 Green 的头部，造成了严重的伤害。赛后，Maki 和 Green 都面临殴打罪的指控。在法庭上，Maki 坚称他的反击是出于自我保护，而非报复，且他并未预见到会造成如此严重的后果。他提出了自卫和被害人同意两种抗辩理由。尽管初审法官对 Maki 的多个方面存在疑虑，如他是否有意伤害、他是否真的处于危险之中、他的反击是否过度等，但最终还是接受了他的自卫抗辩，并判他无罪。然而，法官对于 Maki 提出的被害人同意的抗辩理由的驳回，为未来的法律实践提供了明确的指导。

在对此案的审理中，法官清晰地指出：即便体育联盟在组织和管理上取

---

① See Diane V. White, *Sports Violence as Criminal Assault*: *Development of the Doctrine by Canadian Courts*, Duke Law Journal, Vol. 11, p. 1030 – 1034 (1986).

得了显著的成就，也不能为其运动员提供免受刑事处罚的特权。虽然参赛的运动员应当合理预见体育活动可能伴随的风险和危险，但这并不意味着他们可以无限制地接受任何形式的伤害，因此问题的核心在于被害人同意的范围以及伤害行为的严重程度，因为运动员并不负有接受恶意、无理或过度伤害行为的义务。若根据比赛时的实际情况，伤害行为明显一定会致使他人遭受严重的身体伤害，那么即便比赛处于最激烈的状态，并且存在挑衅行为时，这种行为也不能被视为被害人同意的范畴内。这一观点体现了法律对运动员权益的保护和对体育比赛中伤害行为的限制，应当维护比赛的公平性和运动员的人身安全。

在与 Regina v. Maki 案件紧密相关的 Regina v. Green 案件中，检察官同样未能成功起诉 Green。审理此案的法官认为，Maki 先用曲棍球棒击中 Green 的头部，Green 随后的反应几乎可以视为一种本能的自我保护行为。此外，法官还指出，在之前的比赛中，Green 戴手套击打对方是一种常见现象，这并不会被视为刑法上的袭击行为。参与冰球比赛的运动员都清楚并接受在冰面上可能发生的身体碰撞，因为一定程度的身体接触是冰球运动速度、激烈性、活力以及竞争性的重要组成部分。这一判决体现了法官对冰球运动特性的理解，以及对运动员在比赛中可能发生的身体接触和自我保护行为的合理考量。同时，这也为后来的类似案件提供了重要的参考依据。

在加拿大的司法判例中，如何区分曲棍球比赛中常见的身体接触是犯罪行为还是运动员自愿接受的合法攻击性行为成为一个重要挑战。然而，加拿大在处理这类案件时展现出了创新性，引入了“自卫”这一抗辩事由，为后来的司法实践提供了重要指导。这种做法对于加拿大在处理类似案件时具有重要的参考价值，也为其他国家在处理类似问题时提供了借鉴。这一开创性的做法承认了运动员在比赛中的合理自我保护权利，同时也保护了比赛的公平性和安全性。通过明确区分合法攻击性行为和犯罪行为，加拿大司法系统为曲棍球等体育比赛中的行为规范提供了清晰的指导原则。

在刑事司法实践中，关于竞技运动伤害行为的判例不断涌现，相关的判例明确将那些“重大”和“极度危险”的伤害情形，排除在被害人自愿承受的风险范围之外，也就是说，对于那些故意犯规并带有恶意意图去伤害他人的行为，其刑事责任并不能被免除，而欲分辨某个运动伤害行为刑法应否介入时，以下事实是关注的焦点：第一，是否为正在进行中的比赛；第二，该行为本身的性质和特征；第三，行为本身的伤害程度；第四，伤害行为的风险可能性以及造成严重后果的概率；第五，行为人行为时的主观动机；第六，身体接触是否属于比赛规则容许范围；第七，该行为是不是人无意识的肢体反应；第八，行为是否与比赛内容有直接关联；第九，行为是否符合比赛惯例和竞赛规则的要求。①

此外，是否违反比赛规则亦是追究刑事责任的一个重要标准。一方面，这些规则在设定时既充分考虑到比赛的观赏性、公正性也考虑到运动员的人身安全，经过长期的修改、应用，已经发展的比较完善；另一方面，运动员、教练员等相关人员在长期的训练中已经可以熟练地掌握比赛规则。但在运动伤害事件中，比赛规则处于一个什么样的地位呢？以及在规则允许的范围内发生的伤害事件是否应当追究刑事责任呢？可以归纳为：第一，比赛规则可以作为参考依据来判断行为人是否主观故意，但不是唯一标准，需要具体问题具体分析；第二，比赛规则并不能超越法律，法律的效力大于比赛规则，在确定伤害行为带有主观故意的前提下，无论是否符合规则都不影响定罪；第三，违规行为并不必然不具备正当性，例如，有时球员为了取得优势，会实施冲撞行为，这是违反规则的，但该冲撞是为了比赛的胜利而不是为了故意伤害对手，具有目的正当性。②

第二节 大陆法系国家的理论及司法实践

与英美法系不同，大陆法系以法典化的成文法为主要的表现形式，在运

① See Jeff Yates, William Gillespie, *The problem of sports Violence and the Criminal Prosecution Solution*, Cornell Journal of Law Public Policy, Vol. 12, p. 45 (2002).

② 参见韩勇：《北美体育暴力的刑事诉讼与抗辩》，载《武汉体育学院学报》2011 年第 12 期。

动伤害行为的干预上，以相关法典为裁判依据对其进行审判和处罚。理论上，大陆法系国家与英美法系国家一样，同样将运动伤害行为视为一种严重的违法行为。如西班牙《体育法》，明确规定要求惩戒运动伤害事件；意大利《反足球暴力法》，为遏制足球场发生的伤害事件提供法律保障后盾；阿根廷《体育活动安全法》，明确规定了对于比赛场地的安全保护。同时，由于竞技体育的特殊性，一些学者也主张在运动员伤害行为上给予一定的行为自由，以尊重体育行业自治和体育本身的社会教育功能，如日本的“正当业务理论”、德国的“被害人承诺理论”、俄罗斯的“正当风险理论”，均是对于伤害犯罪行为的出罪事由。

一、西班牙

20 世纪 80 年代初，为了遏制越发频繁的运动伤害带来的消极影响，西班牙政府出台相关法令，即通过在体育场馆入口进行搜查，禁止把某些物品带入体育场馆内等方式进行干预。90 年代后，在立法方面，西班牙出台了《体育法》等相关法律规定，以抑制运动伤害滋生、保护公共安全。西班牙《体育法》足足有 3000 字之多，篇幅较长且内容具体，值得一提的是，西班牙《体育法》在前言中并未简单地罗列立法理念，而是详细阐述了立法目标。具体到各章节，“一般原则”章节为整个西班牙《体育法》提供了基础和指导原则；“高等体育委员会”章节，国内早期有学者将其译为高级体育理事会；“体育协会”章节，涵盖了各种类型的体育协会，如体育联合会、体育俱乐部、职业联赛等，这些协会在西班牙体育事业的发展中发挥着举足轻重的作用；“体育比赛”章节，介绍了与体育比赛相关的规则、制度和监管措施；“西班牙奥林匹克委员会”章节则介绍了该国的奥林匹克运动组织和相关活动；“高水平运动”章节关注的是西班牙的高水平运动员和竞技体育发展；“体育研究和教学”章节则强调了体育科研和教育在西班牙体育事业中的重要性；还有运动中禁用物质和方法的控制和运动实践中的安全、预防体育赛事中的伤害、体育设施、体育纪律、体育大会、体育中的庭外和解等章节。

西班牙《体育法》中明确地规定了各行政机构和私人组织的性质、职责以及法律责任，并主要采用了列举式立法的方式，通过对各种情况进行详细列举，使法律条文更加清晰、具体，便于操作和执行。西班牙《体育法》以体育组织为核心，强调规范运动比赛中频繁出现的兴奋剂、运动伤害、体育纪律问题。其中，西班牙《体育法》第九章专注于预防体育赛事中的伤害问题，以体育组织的规制为核心，着重规范了运动比赛中频繁出现的兴奋剂、运动伤害、体育纪律等关键议题。为应对这些问题，该法不仅设立了反伤害委员会和纪律委员会两个专门机构，还明确了它们的职责和运作方式，旨在有效预防赛场伤害和违纪行为的发生。在法律责任方面，该法并未单独设章，而是将责任分散到各章之中进行细致规定。其中，“预防赛事中的伤害”和“体育纪律”两章对法律责任的规定最为详尽，其立法思路大致为：首先，确定管辖主体及其职能；其次，提出一些基本要求；再次，将违法违规行为进行分类并列举；最后，针对每一种行为后果进行明确规定。通过以上步骤，该法明确了各方在体育运动中的法律责任，为维护体育赛事的公平、安全与秩序提供了坚实的法律基础。

其中，西班牙《体育法》特别设立了“体育惩戒”一章，将多发的运动伤害事件作为立法的重点。在这一章中，法律对体育惩戒的适用范围和惩戒权的归属主体进行了详细规定。为确保实施的有效性，法律要求惩戒主体的法律法规必须明确规定相关内容，包括对违规行为的轻重程度进行具体规定，以及区分轻微、严重和特别严重三种程度的原则和标准。此外，法律还明确了违规者加重或减轻处罚的理由，以及免除处罚的依据。为保障公正性，该法设立了上诉制度。在特定情况下，如果认为违规行为已构成犯罪，法律提供了衔接规定，即中止纪律惩戒并等待判决结果。同时，采取预防性措施以防止类似事件再次发生。在宏观规定的基础上，法律对每一种程度的违规行为进行了具体列举，并给出了相应的处罚措施。这些措施不仅包括罚款等常规处罚，还涵盖了禁赛、降级、公开警告等多元化的制裁手段。这样的立法方式确保了法律的针对性和可操作性，为维护体育赛事的公平、安全与秩序提供了有力的法律保障。西班牙《体育法》另一个重要方面是成立了反对体育运动伤害委员会。正是由于上述立法方面的举措，西班牙体育场馆内发生运动伤害事件的现象明显减少。同时，法院针对此类案件也依法作出了一系列涉及运动伤害的判决。[①]

二、意大利

在意大利，面对日益严重的运动伤害问题，政府于2001年10月通过了一项重要的法律——《反足球暴力法》。这部足球法内容详尽，共有10章687条，其中第六章“体育违法惩治条例”是其核心部分。值得一提的是，2003年2月21日，意大利通过了新的《反球场暴力法》，其中涵盖专门针对足球和体育的条款，赋予了警方在球场伤害事件发生后对闹事嫌疑人的拘留权力。根据该法，警方可以将闹事嫌疑人拘留的时间长达36小时，如果有明显的犯罪证据，这一时间甚至可以延长至48小时。这一举措旨在有效遏制球场伤害行为，确保比赛的公正与安全。这部法律旨在遏制和打击球场伤害行为，保障职业足球俱乐部的合法权益。法案明确规定了体育违法行为的惩治措施，从行政处罚、经济制裁到刑事责任追究，为执法者提供了强有力的法律依据。根据该法规定，球场伤害行为将面临不同程度的处罚，对于参与球场闹事但未造成人员伤亡的情况，执法部门可采取经济处罚措施；情节严重者将面临3个月至3年的监禁。[②] 自意大利《反足球暴力法》实施以来，球场伤害问题得到了有效遏制。据时任意大利内政部长斯卡约拉透露，球场伤害事件导致严重受伤的情况较以往下降了21%。这表明该法案在维护正常秩序方面发挥了积极作用。总之，意大利《反足球暴力法》为解决球场伤害问题提供了强有力的法律保障，有效地维护了社会秩序和公共安全。

为了应对体育竞赛中的伤害事件，意大利又在2003年2月24日颁布了第28号法令，后来经过修订转化为2003年第88号法令。该法令规定了一系列安全措施，以确保体育场馆的安全。观众需要通过装有金属探测器的通道，并使用电子设备检验门票。在可容纳超过1万名观众的体育场馆举办足球比赛时，门票必须编号。场馆需要配备监控设备和隔离装置，以防止球迷之间

① 参见黄世席：《欧洲体育法研究》，武汉大学出版社2010年版，第332页。

② 参见张彩红：《竞技体育领域犯罪法律治理研究》，北京体育大学出版社2016年版，第69页。

的直接接触和球迷涌入体育场。然而，2007 年 2 月 2 日晚的一起球迷伤害事件给意大利社会带来了巨大的冲击。在卡塔尼亚对阵巴勒莫的比赛中，球迷冲突导致一名警官丧生。在事件发生后，意大利政府展现出了迅速而果断的应对能力。2 月 7 日，政府紧急发布了一系列旨在防范足球流氓的临时法令。紧接着，意大利参议院以压倒性的多数票，即 244 票赞成、仅有 1 票反对，通过了《反足球流氓法》,[①] 该法案中包含了一系列专门针对足球和体育的条款，其中许多内容直接来源于之前的临时法令。这些法律规定已在意大利足球界得到了严格的执行。

意大利学者杜里奥·帕多瓦尼认为，体育竞技行为要被视为合法行为，必须满足以下三个条件：首先，比赛必须经过法定组织的预先批准；其次，参赛者的健康状况必须符合参赛要求；最后，导致比赛结果的行为必须严格遵循有关当局制定的正式比赛规则。只有满足这些条件，体育竞技行为才能被认为是合法的。

三、其他国家的治理模式

（一）阿根廷

阿根廷在 1998 年颁布了《体育活动安全法》，该法案旨在为保障体育活动的安全，维护赛场秩序，确保运动员和观众的权益提供了明确的法规和措施，为打击足球伤害行为和其他违法犯罪行为提供了有力的法律依据。法案核心内容包括：一是强制要求足球俱乐部和体育场馆设置专职安全工作人员。这些工作人员的主要职责是维护比赛场地的秩序，检查入场观众是否携带了如枪支、易燃易爆物品、酒精、麻醉品等可能引发赛场混乱的违禁品，并有权拒绝不符合安全规定的观众入场。二是赋予足球比赛组织者全面的权力来维护赛场的安全与秩序，包括拒绝携带违禁品的观众入场。若足球场未能保障运动员和观众的安全，政府将采取严厉措施，甚至可能勒令该场地关闭。三是创建了足球安全委员会和全国防止足球伤害活动协会，这两个机构直接

① 参见张彩红：《竞技体育领域犯罪法律治理研究》，北京体育大学出版社 2016 年版，第 70 页。

隶属于国家内政部，并由国内安全国务秘书处直接领导，负责全面调查、制止和处理足球伤害事件。2002 年，在体育活动安全法中增加了犯罪条款，将携带凶器进入比赛场地的行为定为“携带凶器罪”。对于伤害他人导致死亡的罪犯，可判处的最高刑期为无期徒刑。①

（二）日本

“正当业务说”这一观点在日本刑法理论界具有代表性，日本《刑法典》第 35 条明确规定，依法令或业务进行的行为，以及其他符合社会常规的行为，都不应受到刑事惩罚。这一法律条款经常被用作竞技体育中伤害行为的无罪辩护依据。它强调了竞技体育的特殊性，即在遵守比赛规则的前提下，运动员的行为不应被视为违法。这有助于保障体育比赛的公正性和运动员的合法权益。著名日本法学家大谷实教授认为，正当行为不仅包含基于被害人同意而侵害法益的行为，还包括那些具有社会相当性的行为。② 在摔跤、拳击等格斗类竞技中，如果行为属于正常的业务范畴，即使其符合犯罪的构成要件，也可以被视为业务行为或一般正当行为，从而排除其违法犯罪的性质。③日本著名刑法学家西田典之也曾明确表示，无论是职业选手还是业余爱好者，在进行诸如拳击、摔跤、空手道等竞技体育活动时，只要比赛规则得到遵守，即便其行为构成日本《刑法典》中的暴行罪或伤害罪，也可以依据《刑法典》第 35 条的规定阻却其违法性。④ 他认为，在竞技体育中，运动员的行为应当受到比赛规则的约束，并且这些行为通常被视为是符合社会常规的。因此，即使这些行为在刑法上可能构成犯罪，但由于它们是依法令或业务进行的，所以不应受到惩罚。

此外，在日本刑法的理论界，对竞技运动伤害行为的正当化理论研究，

---

① 参见石岩：《国内外反球场观众暴力的立法》，载《体育学刊》2004 年第 2 期。

② 参见［日］大谷实：《刑法讲义总论》（新版第 2 版），黎宏译，中国人民大学出版社 2008 年版，第 233 页。

③ 参见［日］大谷实：《刑法总论》，黎宏译，法律出版社 2003 年版，第 192 页。

④ 参见［日］西田典之：《日本刑法总论》，刘明祥、王昭武译，中国人民大学出版社 2007 年版，第 151 页。

同样主要集中于对被害人同意说的探讨。学者山口厚教授在其著作中详细阐述了被害人同意原则的有效要件，这些要件包括同意的主体、对象、能力以及同意的实际存在。此外，山口厚教授还提出了无效同意和有瑕疵同意等情形，用于否定在某些情况下被害人同意原则的适用性。① 而林山田教授则运用被害人的同意或承诺作为排除违法性的理由，来解释竞技体育行为的正当性。他的观点强调了被害人自愿承担风险的重要性，以及这种自愿承担风险如何影响对竞技运动伤害行为的法律评估。因而尽管日本刑法理论界未明确研究竞技运动伤害行为的正当化理论，但学者对被害人同意原则的探讨为理解这一问题提供了重要视角。

然而，随着体育竞技伤害事件的日益增多，一些学者开始重新审视这一观点。他们认为，不能简单地将所有运动伤害行为都归为正当业务行为，而需要综合考虑伤害程度、行为者的主观恶性以及伤害后果。对于那些造成严重伤害的行为，如果行业内部的自律规则无法有效规制，那么应当引入刑事法律法规进行约束。这样做旨在维护体育行业的健康发展，同时更好地保障运动员的合法权益。

（三）德国

德国《刑法典》第228条明确规定了体育竞技中的身体伤害罪，以“被害人承诺”作为运动伤害行为出罪的理论基础，但同时作出范围限定，即要求行为不违背良好之风俗为限。因而，在德国对于运动伤害案件，刑法理论普遍认为，体育竞技活动中造成的身体伤害，在符合体育规则或仅因轻微过失违反规则的情况下，可以通过被害人承诺而被正当化，但体育活动的伤害行为，无法完全通过被害人承诺这一理论予以出罪。例如，德林强调，当运动员明确表达了对违规行为造成的伤害的拒绝，并坚持要求更加严格遵守比赛规则时，使用推定的被害人承诺作为解决方案可能会陷入困境。这意味着，在这种情况下，运动员的立场是坚持遵守规则，而不是接受因违规造成的伤

① 参见［日］山口厚：《刑法总论》，付立庆译，中国人民大学出版社2011年版，第151～158页。

害。因此，推定的被害人承诺的解决方案不适用于此类情况。①

（四）俄罗斯

俄罗斯将竞技体育中的伤害行为界定为该国《刑法典》中的“正当风险”，在正当风险下所采取的行为免除刑事责任，而行为人以此脱离在犯罪之外。在俄罗斯的刑法体系中，“正当风险”被定义为行为人在追求社会利益时不得舍弃的风险，且行为人已经有充分的准备应对可能对刑法所保护的利益造成损害。在这种情境下，如果不冒这种风险，就无法实现社会利益。因此，这种风险被视作正当风险。鉴于俄罗斯的立法背景，竞技体育中的伤害行为通常被视为具有合理性而免除刑事责任。② 这意味着，在符合特定条件的情况下，参与竞技体育的运动员，即使其行为造成他人受伤，也不会被追究刑事责任。

第三节 运动伤害的刑法出罪事由阐述

运动伤害，特别是竞技体育中的伤害类犯规行为，是一种特殊形态的犯罪，与一般的故意伤害罪有所不同。刑法介入竞技体育场域的最大难题在于打破长久以来的体育自治治理模式后，究竟会带来运动员权益的保护还是体育产业的萎缩，讨论竞技体育刑法化问题不可避免地需要回答刑法介入的“尺度”问题。换言之，需要先厘清运动伤害的刑法出罪事由问题。

一、被害人承诺

被害人承诺，又称被害人同意说，也被称为权利人承诺理论，指的是当

① 参见冯云：《德国刑法学社会相当性理论的研究与应用——我国出罪机制的一种尝试》，甘肃政法学院 2015 年硕士学位论文，第 4 页。

② 参见王开元：《论竞技体育伤害行为的刑法规制》，湖南师范大学 2018 年硕士学位论文，第 24 ~ 25 页。

被害人有权处分自身利益并作出相应承诺时，侵害其利益的行为应被视为合法。[①] 这一理论在德国和日本的刑法理论界中均占据重要地位。特别是在德国，刑法学界普遍认为，被害人同意理论可以有效地排除竞技体育中伤害行为的刑罚可罚性。在多数德国学者看来，参与竞技体育比赛本身就代表着一种承诺。这种承诺不仅涵盖了比赛中的行为，还包括了可能产生的结果。然而，这种对结果的承诺并非积极的期待受到伤害，而是基于对比赛可能带来的风险有充分认识后的消极容忍。[②] 参与者在决定参加比赛前，通常会对可能发生的伤害行为及其后果进行心理预估。由于不同比赛的激烈程度不同，运动员受伤的风险和程度也会有所差异。因此，对于承诺的具体内容，应结合运动员所参与的比赛类型进行分析。同时，德国《刑法》第 228 条也对此作出了规定：在被害人同意的情况下所为之伤害行为，只有在该行为即使得到被害人同意也违背良好风俗时，才被视为违法。至于在竞技体育中哪些伤害行为会被认为是违背良好风俗，学界存在不同的看法。被害人同意说为竞技体育中的伤害行为提供了一种合法性依据。在德国，这一理论得到了广泛接受，并成为排除运动伤害行为刑罚可罚性的主要依据之一。

体育竞技选手深知，参与比赛时风险和伤害行为是不可避免的。如果选手在符合法律规定的前提下，明确表达意愿并承诺愿意承担可能产生的危害和不良影响，这一承诺可作为正当行为的重要依据。也就是说，选手在自愿参赛并接受潜在风险时，他们的行为应被视为在合法和道德的框架内。这种承诺体现了选手对比赛规则的遵守和对自身安全的负责态度，因此，在评估其行为是否正当时，这一承诺应当被充分考虑。从另一个角度而言，不应在选手未明确承担风险意愿的情形下当然推定其自愿，否则结合实际就会让众多人认为，选手在确实了解存有风险的情形下，仍从业或参加体育竞技练习或赛事，对于可能引起的各种各样危害不良的影响均自行担负，那将会使伤害行为损害个人权益的情形随意发生。

---

① 参见罗嘉司、王明辉：《竞技致损行为的正当化根据及刑罚边界》，载《北京体育大学学报》2009 年第 4 期。

② 参见孙杰：《竞技体育犯罪的刑法规制研究》，山东人民出版社 2014 年版，第 105 页。

法国学者诺斯东·威尔法尼教授在谈及受害人承诺理论时指出：传统习惯上，竞技体育中的伤害行为可以基于法律法规的允许以及受害人的承诺而使其失去违法性。他认为，在竞技体育比赛中，选手们往往明确了解并接受参与比赛所伴随的风险。这些风险包括但不限于身体接触、意外碰撞以及可能的伤害。当选手们自愿参与比赛并接受这些风险时，他们实际上是在做出一种隐性的承诺，即愿意在比赛过程中承担由此产生的潜在伤害。这种承诺在法律上是被认可的，因为它符合了受害人承诺理论的框架。至此在体育竞技行业，运动员们自迈入比赛场之刻起，早已有充足的认识及预测能力，认同人体生命健康权乃至生育权很有可能接到侵害，并自行默认设置这类侵害的正当性。

在判断竞技体育中的伤害行为是否属于被害人同意的范围时，法院通常会综合考虑以下关键因素：比赛是否仍在进行中、行为的性质与伤害程度、行为带来的潜在伤害风险及其可能造成的严重后果、行为人的主观意图、比赛规则是否允许身体接触、行为是否为本能反应、行为与比赛的相关性或紧密程度，以及行为是否符合比赛习惯规范和规则。① 这些因素共同构成了法院评估竞技运动伤害行为刑事责任的重要参考依据。通过这些考量，法院能够更全面地评估伤害行为是否在被害人同意的范围内，并据此作出公正、合理的法律裁决。

二、自甘风险原则

法谚有云：“自甘冒险者，自食其果。”自甘冒险，又称甘冒风险，是指“被害人原能够预见损害的发生，却自愿冒损害发生的危险而为之，最终损害结果确有发生”的情形。在《民法典》正式实施之前，我国并没有关于自甘风险的明确法律规定，但在原《侵权责任法》第 76 条规定：“未经许可进入高度危险活动区域或者高度危险物存放区域受到损害，管理人已经采取安全措施并尽到警示义务的，可以减轻或者不承担责任。”这一规定被认为是在高

---

① 参见景年红：《英美法国家竞技体育暴力行为刑事责任问题》，载《山东社会科学》2011 年第 8 期。

度危险责任领域确立了自甘冒险的规则。自甘风险标准在我国2021年正式实施的《民法典》中明确规定,[①] 限定了自甘冒险的适用范围为“自愿参加具有一定风险的文体活动”，而非一切社会活动。[②] 无论是英美法系国家或是大陆法系国家，都较为明确地规定了自甘冒险的标准。当然，该标准也存在着明确与默许差别，但在学界和司法实践中二者都可以应用到体育运动侵权行为中。如埃塞俄比亚《民法典》中，就明文规定了户外活动归属于过犯阙如之一，其第2068条规定：“在进行体育活动的过程当中，对参加同一主题活动的人或到场观众们造成危害的人，假如不存在任何越轨的个人行为或者对健身运动规则的重要违背，不承担任何责任。”该原则的适用可以作为运动伤害行为损害正当化的依据之一。由于体育竞赛本身确实存在一定的风险性，有些意外事故确实是实质性的风险导致的。然而，在运用这一标准时，我们也需要进行适当的限制，以避免滥用。否则，可能会导致一些体育竞技选手滥用权利，忽视自己在比赛中的谨慎责任，进而扩大伤害行为损害的范围和危害程度。

在审判实践中，适用自甘冒险最为典型的情形是便是在运动伤害侵权中，立法原则在于最大限度减轻或免除加害人责任，尊重双方的风险预知以及意思自治。当然，免除或减轻的前提在于加害人不具有主观故意或者重大过失。因此，我国《民法典》侵权责任编规定自甘冒险制度意义重大。一方面，实践中自甘冒险的情形很多，且在比较法上也被广泛确认，尤其是在体育比赛中非常典型，“自甘冒险第一案”作为最高人民法院、中央广播电视总台评选出的“2021年度十大案件”，揭示着《民法典》在体育裁判中从“纸面上的规则”转化为“裁判的依据”和“行为的准则”，即符合体育规则的行为不宜完全由司法介入，如合理冲撞的情形应当免责。另一方面，自甘冒险对于

① 《民法典》第1176条规定：“自愿参加具有一定风险的文体活动，因其他参加者的行为受到损害的，受害人不得请求其他参加者承担侵权责任，但是其他参加者对损害的发生有故意或者重大过失的除外。活动组织者的责任适用本法第一千一百九十八条至第一千二百零一条的规定。”

② 需要注意的是，本条第2款“活动组织者的责任适用本法第一千一百九十八条至第一千二百零一条的规定”。活动组织者承担的责任不仅限于安全保障义务人的责任，还包括学校、幼儿园及其他教育机构承担的未尽到教育、管理职责的侵权责任。

促进一些文体活动的开展具有重要意义，特别是有一定风险性的体育活动，能增强人民体质，促进人民健康，尤其是提高广大青少年的身体素质。

当然规定的“具有一定风险的文体活动”的表述较为抽象，且范围比较广，在实务裁判中有进一步结合案例予以细化的必要，而且规定活动组织者承担责任的规则适用安全保障义务及有关学校等教育机构责任的规则也有进一步细化研究的必要。但毫无疑问，规定这一制度本身就是我国立法上的一次尝试和迈进，其清晰界定了体育自治与民事治理的界限和标准，并从主观要件上给予了民事治理以及刑事治理的分层空间，即“重大过失类”运动伤害行为的救济方式应当为民事治理方式，而将运动伤害犯罪的主观要件严格限制在“主观故意”中，避免刑事治理的盲目化和膨胀化。

三、正当业务理论

正当业务行为指的是部分行为并无法律法规或政策的明确规定，但在社会经济生活中反复实施的，被普遍认为具有正当性的行为。正当业务理论的核心在于“正当性”，例如，实践中监狱管理人员看押罪犯，并不会构成剥夺人身自由，甚至是非法拘禁罪；医生给异性患者检查病症等，不能认为其构成流氓猥亵等方面的犯罪；医疗部门组织生产用于治病的少量毒品物质，不能将其视为制造毒品。当然，正当业务行为的范围需要严格被限制，一方面业务范围被严格圈定，另一方面行为人必须在业务中充分尊重、履行业务规则，否则其行为也将失去正当性。在我国，法定的违法阻却事由仅限于正当防卫和紧急避险。然而，在实践中，我们也认可将正当业务行为作为一种非法定的违法阻却事由。与此不同，日本在刑法典中明确规定了正当业务行为。在日本，大部分学者认为，竞技运动中的伤害行为虽然符合伤害罪的构成要件，但由于刑法明文规定其为正当业务行为，因此不具有违法性，对于何为正当业务行为，不同学者有不同的看法，但总体来说，正当目的和遵守相应规则是正当业务行为的核心要素。

有关该基础理论，日本学者大谷实教授认为大力王摔跤、拳击赛等，只要是在正当范围内开展的，即使在构成上合乎恶行罪或伤害罪的要件，也应认为是业务流程中的个人行为而被剥离违法性。① 根据此基础理论，在竞技比赛中，选手参加竞赛的个人行为被称为一种业务流程个人行为，遵循竞赛规程是业务流程个人行为作为正当行为的前提条件，即便因伤害行为违规对对方运动员的人体产生损害，也会因此而免除刑罚，不认为构成犯罪。与之相关的是“正当风险”理论，即正当业务必须要允许正当风险的产生。对此，《俄罗斯刑法典》第41条规定，为了达到对社会有益的目的而在正当风险的情况下，对受刑法保护的利益造成损害的，不是犯罪。② 正当风险是以个人行为是不是有益于社会的发展视角来考虑其正当行为。因而，该基础理论觉得，想要竞技体育产业良性、持续发展，体育竞技中造成的伤害行为是正当的，是可被允许和接受的，法律不应干预已经被公序良俗和社会共识所包容的事物。

此外，罗尔斯提出的“正当优先于善”的观念对竞技体育犯罪的规制提供了深刻的启示。这一观念包含两层含义：首先，正义始终是首要的，每个人在追求利益的过程中都必须遵循正义原则，并接受正义的制约；其次，当正义与利益发生冲突时，正义将压倒利益，任何需要牺牲正义才能获得的利益都将失去其价值。这一理论不仅有助于我们区分竞技体育犯罪中借“正当业务行为”之名行故意伤害之实的罪与非罪，还为兴奋剂犯罪的定罪提供了坚实的理论支撑。简言之，一个真正实现自由和平等的现代社会，必须以制度化的方式确保正义。因此，法律对竞技体育犯罪的规制首要条件即法律条文既要完善又要严谨，这是实现“良法之治”的关键。

四、国家许可说

国家许可说主张，国家允许开展竞技体育运动，这是竞技体育运动比赛中存在伤害行为不构成犯罪的内在依据。竞技体育运动旨在提高人民的身体素质，激发积极向上的精神风貌。在参与这类运动时，只要运动员和相关组

① 参见［日］大谷实：《刑法讲义总论》（新版第2版），黎宏译，中国人民大学出版社2008年版，第232页。

② 参见薛瑞麟：《俄罗斯刑法研究》，中国政法大学出版社2000年版，第244页。

织者遵守了相关的法律法规，确保了比赛的顺利进行，那么因体育活动导致他人伤亡的行为通常不会被视为犯罪，[①] 这体现了对竞技体育特殊性的尊重，同时也强调了运动员和相关组织者的法律责任和遵守规则的必要性。随着奥林匹克运动在全球范围内持续地扩大影响力，各国纷纷将体育竞赛视为提升国民整体素质的关键环节。拥有国家的大力支持，体育竞赛里的身体伤害到何程度视为犯罪成为难题。

西班牙学者杜里奥·帕多瓦尼教授指出，国家对于体育竞赛的许可和推广意味着，只要运动员在比赛中遵守比赛规则和相关体育标准，即使在比赛过程中导致对方伤亡，也不应被认定为犯罪行为。[②] 德国学者李斯特也提出了类似的观点，他指出，虽然他人的法律利益在体育比赛中受到损害，但是只要攻击行为的方式符合比赛规则，且该比赛得到了国家的认可，那么这种行为就不应受到法律的制裁。[③] 许多意大利学者同样持此观点，即认为在国家许可的竞技体育运动中，虽然参赛者的行为可能导致他人在法律上受保护的利益受损，但只要这些行为符合比赛规则且目的是为国家所认可的，这些行为便应当被视为合法。因此，如果国家批准了体育比赛中的规则，那么在比赛中发生的伤害行为通常不会受到法律的惩罚。强调了国家在体育竞技领域中的规范作用，以及对体育比赛特殊性的考虑。

但国家许可说存在一定的弊端，该说仅是泛泛对运动伤害现象做了应对，而未能深入探讨国家为何允许可能造成伤害的竞技体育行为存在的根本原因。此外，该说主要从国家层面视角解读，尝试对运动伤害行为的正当性进行解释，但却未剖析运动员的个体权益保护。

五、社会相当性理论

社会相当性理论，是德国刑法学家威尔泽尔提出的观点，其主张那些与

---

① 参见陈忠林：《意大利刑法纲要》，中国人民大学出版社 1999 年版，第 196 ~ 197 页。

② 参见［意］杜里奥·帕多瓦尼：《意大利刑法学原理》，陈忠林译，法律出版社 1998 年版，第 196 页。

③ 参见［德］弗兰茨·冯·李斯特：《德国刑法教科书》，徐久生译，法律出版社 2000 年版，第 243 ~ 246 页。

社会伦理秩序相符的行为，即使损害了某些法益，也不应被视为犯罪。[①] 这意味着社会相当性是一种能够阻却违法性的因素。其核心概念在于“社会相当性”，通说认为是在历史演变中形成的、为社会普遍接受的行为准则。由于社会生活的多样性和复杂性，法律不可能涵盖所有情况，使行为的合法性经常依赖于社会相当性的评估，而这种评估也反映了刑法对普通人朴素法律感情的尊重。

社会相当性理论主张，只要某一行为符合历史上形成的伦理秩序，即使该行为造成了一定的法益侵害，也应得到一定的谅解。当然，这也是该理论的弊病，即社会相当性的判断标准难以明确，始终处于一个模糊的范畴。[②] 在这种理论框架下，竞技体育中的伤害行为被视为超出法律规定范围的阻却事由。这些行为虽可能违反了某些法律规定，但由于它们在社会文化、伦理道德等方面被视为正常或可接受，因此具有一定的正当性。这种观点体现了对竞技体育特殊性的理解和尊重，同时也强调了社会伦理秩序在评判行为正当性方面的重要性。将运动伤害行为视作超法规的阻却事由，意味着这种行为即便在没有明确的法律条文规定下，法官也能依据其内心的价值判断来裁定其正当性。这种处理方式并非简单地扩大解释正当业务的范畴，而是融入法官的个人判断和价值取向。与那些只需法官依据法律条文进行判断的法定正当化事由相比，超法规的阻却事由具有一定的隐性和主观性。也就是说，在处理运动伤害行为时，法官需要综合考虑伦理、文化、社会接受度等多方面的因素，并根据自己的价值判断来作出决定。这种处理方式虽然更加灵活，但也对法官的专业素养和道德判断提出了更高的要求。

在竞技体育中，人本身的攻击特性更容易暴露出来，社会相当性更强调是要包容人的特性。[③] 以足球、篮球、拳击等竞技体育比赛为例，虽然可能有伤害结果发生，但由于这些活动在社会常规观念中并未脱离社会控制或违反

---

① 参见罗嘉司、王明辉：《竞技致损行为的正当化根据及刑罚边界》，载《北京体育大学学报》2009 年第 4 期。

② 参见钱叶六：《竞技体育伤害行为的正当化根据及边界》，载《法学家》2017 年第 3 期。

③ 参见黄京平、陈鹏展：《竞技行为正当化研究》，载《中国刑事法杂志》2004 年第 6 期。

正常的社会秩序，因而被认为是正当的行为。[①] 事实上，即使在竞技体育中的伤害行为可能损害了某些法益，也会基于其具有的社会相当性，而排除其犯罪性质，不被视为犯罪行为。

① 参见韩奉霖：《竞技体育伤害行为的刑法规制》，沈阳师范大学 2018 年硕士学位论文，第 19 页。

第五章

犯罪构成视野下的运动伤害

多年来，赛场伤害事件频发，越来越多的学者开始反思，运动伤害行为长期因“社会相当性”“正当化事由”等理论游离于刑法之外，是否违背了法律公平性原则以及积极的体育精神。然而，如何平衡刑法适用与体育自治，如何科学打造体育自治、民事侵权与刑事犯罪多层级治理模式成为困扰理论与实践的难题。单纯从规范角度探讨刑法介入运动伤害治理的合法性、合理性、合规性，常常因体育场域的特殊性而使刑法适用进退两难，在厘定清晰运动伤害犯罪的法益后，本章尝试以犯罪构成视角分析运动伤害的刑事治理路径，以犯罪构成要件要素为切入点审视运动伤害的刑事化，以期为司法实践寻求合法、合理、合规性答案。

第一节　关于运动伤害案件的主体要件界定

运动伤害犯罪的主体通常表现为具有正式参赛资格，直接参与竞技体育的运动人员，据此本节探讨的主体中，教练员、裁判员等体育参与行为人虽然并不能构成直接的行为主体，但可以因为具有“共同犯意”或“教唆”而构成运动伤害犯罪的共犯。

一、运动员

体育的竞技性和激烈性是运动员本质特征，其在赛场上展现出的拼搏精神和竞技水平令观众振奋，运动员在比赛中往往会全力以赴，彼此之间的对抗和竞争是不可避免的，这种冲突也使比赛更具观赏性。然而，当这种对抗超出了合理的范围，演变为运动伤害行为时，就会对双方运动员产生伤害，更会对体育精神造成严重的挫伤。在体育比赛中充斥着不确定因素，运动员可能会因为竞争压力、竞赛不利结果或对方的挑衅等造成情绪激动，从而采取不当或过激的行为，这其中不乏恶意犯规报复、反复攻击对手等行为，不仅违反了比赛规则和体育精神，而且会对其他运动员造成伤害，甚至危及生命。

运动伤害案件中，比赛场上的运动员既可能是案件的被害人，又可能是案件的行为主体。当运动员成为被害人时，他们可能会受到身体上的伤害和精神上的打击，甚至可能面临职业生涯的终结。而当运动员是实施伤害的行为人时，首先会受到相关体育协会作出的纪律处分；其次可能受到民事追责，承担相应的民事赔偿责任以及社会舆论的谴责；最后会因为严重的犯罪行为受到刑罚的制裁。可以肯定的是，无论是哪一种惩治方式，都会对运动员的职业生涯和个人形象产生严重的影响，甚至断送前程。

此外，针对运动员的主体性，还有一种声音是探讨是否有必要将运动员运动伤害列入“真正身份犯”。

真正身份犯是指行为人只有具备某种特殊身份，才能构成犯罪，这种特殊身份也称为定罪身份或构成身份。不真正身份犯，是指特殊身份不影响定罪但影响量刑的情形，这种特殊身份也称为量刑身份或加减身份。例如，医疗事故罪的行为主体是医务人员，只有行为人具备医务人员这一身份，才能构成医疗事故罪，[①] 如果行为人并非医务人员，则根据刑法的犯罪构成分析行为人可能构成过失致人死亡罪等。刑讯逼供罪的行为主体是司法工作人员，[②] 一般实施私设公堂询问他人的行为，可能构成非法拘禁罪或者故意伤害罪。

① 《刑法》第335条规定：“医务人员由于严重不负责任，造成就诊人死亡或者严重损害就诊人身体健康的，处三年以下有期徒刑或者拘役。”

② 《刑法》第247条规定：“司法工作人员对犯罪嫌疑人、被告人实行刑讯逼供或者使用暴力逼取证人证言的，处三年以下有期徒刑或者拘役。致人伤残、死亡的，依照本法第二百三十四条、第二百三十二条的规定定罪从重处罚。”

医疗事故罪和刑讯逼供罪的犯罪主体是典型的真正身份犯，如果在运动伤害犯罪中引入真正身份犯，那么此时主体必须是在比赛场竞技中的运动员，也就是说，运动伤害犯罪的行为人只有在具备特殊身份——正在参加竞技体育比赛的运动员身份时，才构成犯罪，这显然是不妥的。

运动伤害行为通常是在高度紧张和竞争激烈的环境下发生的，而运动员在这种环境下可能会因为情绪失控而采取过激行为。如果将运动员视为“真正身份犯”，那么只要他们参与了比赛，就有可能因为一次冲动行为而被定罪，这显然加大了运动员的心理负担，可能导致一些运动员因为担心被定罪而放弃参加某些高风险的比赛，也可能导致运动员在比赛中过于谨慎、畏首畏尾，不敢采取积极的策略，从而影响比赛的观赏性，限制体育行业的发展。

此外，将运动员纳入不真正的身份犯同样不妥。之所以在刑法中规定对于某些身份从重处罚，是因为这些身份可能会对社会、国家或者公众利益造成危害，为了体现法律的严厉打击态度，对某些身份从重处罚也是为了保护弱势群体的利益，因此需要从重处罚以示惩戒。例如，诬告陷害罪的主体是一般主体，但是国家机关工作人员触犯该罪就要从重处罚，[①] 对于利用职权或地位进行犯罪的公职人员，从重处罚可以维护公众对政府的信任，确保公职人员正确行使权力。但与国家工作人员不同，运动员所处的体育赛场是一个相对自由的领域，将运动员身份作为量刑的一个因素进行特殊处理，可能会导致刑罚的不平等，违背“法律面前人人平等”这一基本法律原则。无论是基于运动员的身份进而从轻处理还是从重处理其犯罪行为，都是不合适的，如果仅因为运动员的身份而对其犯罪行为从轻处理，就可能会导致法律的不公平和偏见，达不到抑制犯罪的作用；同样地，如果因为运动员的身份而对其犯罪行为从重处理，可能会导致形成对运动员的过度惩罚，阻碍体育的发展。

二、教练员

在体育比赛中，运动员在赛场上激烈角逐，彼此之间的比拼不仅仅是技

① 《刑法》第243条规定：“捏造事实诬告陷害他人，意图使他人受刑事追究，情节严重的，处三年以下有期徒刑、拘役或者管制；造成严重后果的，处三年以上十年以下有期徒刑。国家机关工作人员犯前款罪的，从重处罚。不是有意诬陷，而是错告，或者检举失实的，不适用前两款的规定。”

术和战术的较量，更是精神力量的对决。运动员们通过精湛的技术和灵活的战术应对各种复杂的比赛情况，与对手展开激烈的对抗和竞争，赛场外的教练员扮演的角色也至关重要。教练员不仅在训练过程中为运动员提供指导，而且在比赛期间全程为运动员提供战术建议和心理支持。教练员通常会有专属的席位，这个席位通常位于比赛场地的边缘或附近，方便教练员观察比赛情况并与运动员进行沟通。教练员是运动员们的主心骨，教练员下达的战术决策通常是能够影响比赛结果的关键，教练员会根据比赛中的实际情况，及时调整战术策略，帮助分析对手的特点和弱点，并采取相应的策略来克制对手，争取比赛的主动权。此外，教练员还在心理层面给予运动员极大的心理支持，帮助运动员以最佳的精神状态迎战对手。不止是运动员，教练员也希望自己率领的团队在比赛中摘得桂冠，因而教练员在意每一个对比赛有影响的细节，尤其是对于裁判员作出的判罚是否准确，教练员会极为敏感和重视，因为裁判员的判罚往往直接关系到比赛的胜负，对教练员而言，这是他们无法控制但又至关重要的因素。因此，当裁判员作出对己方不利的判罚时，教练员可能会因不满或愤怒而导致情绪失控。

近年来，教练员打裁判员的事件频繁出现在大众的视野之中，反映出竞技体育领域中令人担忧的现状。

2023 年 12 月 23 日，在 CBA 的一场比赛中，T 队男篮在主场与 F 队展开了激烈的较量，最终以 106∶91 的比分夺得胜利。比赛中 F 队主教练朱某某因对裁判员的判罚不满而情绪失控，虽然裁判员通过回放确认了判罚的准确性，但朱某某仍冲入球场，怒吼咆哮，欲冲向裁判员动手。裁判员果断响起哨声，将朱某某逐出场外。随后 CBA 公司对其严厉处罚，朱某某被停赛 2 场并罚款 7 万元。①

2023 年 7 月 23 日，中国足球协会甲级联赛第十五轮场序第 118 场，N 足球俱乐部队与 L 足球俱乐部队进行比赛。根据裁判员报告、比赛监督报告、

① 《CBA 公司关于对广州龙狮队主教练郭士强、福建浔兴股份队主教练朱世龙处罚的函》，载中国男子篮球职业联赛官网，https：//www. cbaleague. com/#/announcement/detail/6587fe8fd4，最后访问日期：2024 年 3 月 10 日。

视频、当事方情况说明及听证，当比赛进行到第 45 +1 分钟时，在裁判员鸣哨停止比赛后，L 足球俱乐部队官员段某因对裁判员判罚不满，辱骂裁判员，裁判员出示红牌将其罚离替补席，随后，段某实施暴力行为，击打裁判员面部。中国足球协会纪律委员会依据《中国足球协会纪律准则》作出禁止段某进入比赛体育场 8 个月和罚款人民币 15 万元两项判罚。①

教练员在赛场上至关重要、不可或缺，但涉事教练员的不理性之举严重违反了体育道德和职业操守，其行为不仅是对裁判员的不尊重，也是对比赛规则和体育精神的践踏，从严格意义上讲，教练员的伤害行为与运动伤害中的肢体冲突并不属于同一类别，教练员的伤害往往基于对运动员行为或裁判员判罚不满，为发泄情绪而实施的伤害行为，并非比赛的一部分，而运动伤害更侧重于为赢得比赛胜利或获取非法利益而采取超过必要限度的肢体接触，二者均是对体育精神的侮辱，但教练员的伤害行为与体育并无直接关联，因此教练员不应当被界定为运动伤害犯罪中的行为主体，故没有必要做同类比较。也就是说，如果教练员的伤害行为致裁判员轻伤、重伤或死亡，那么可能会以构成故意伤害罪、故意杀人罪或过失致人重伤罪、过失致人死亡罪等罪名追究教练员的刑事责任，至于具体构成何种犯罪，则需要结合案发时教练员的客观表现以及行为导致的后果等因素进行判断。然而，如果教练员教唆、胁迫赛场上的运动员伤害，甚至杀害他人，而运动员的确在赛场上造成了严重后果，那么根据《刑法》第 25 条的规定，“共同犯罪是指二人以上共同故意犯罪。”教练员有可能构成故意伤害罪的共犯进行定罪处罚。

三、裁判员

体育以其竞赛性质的激烈和竞争性而著称，而这种竞争性的体现之一便是裁判员的水平。裁判员在体育比赛中不仅是执法者，而且是维护比赛公平公正、有序顺利进行的守护者。裁判员需要具备高度的专业素养和职业道德，能够准确判断比赛中的各种情况，并作出正确的决策，确保比赛的公正性和

① 《关于对辽宁沈阳城市足球俱乐部队官员段鑫违规违纪的处罚决定》，载中国足球协会官网，https：//www. thecfa. cn/cftz/20230802/33056. html。

公平性。裁判员的水平高低直接影响比赛的质量和公正性，进而影响整个体育项目的发展。如果裁判员的水平不足，就可能会出现误判、漏判等问题，这不仅会损害比赛的公正性和公平性，还会影响运动员的积极性和信心，甚至可能引发观众的不满和质疑。

近年来，在我国体育赛场上，运动员攻击裁判员的现象也时有发生，严重扰乱了赛场的秩序，裁判员的人身安全受到威胁，暴露出体育比赛管理的漏洞，产生了非常恶劣的社会影响。攻击裁判员事件的发生，往往是多种因素的综合作用。其中，一些运动员可能因为对比赛结果不满、情绪失控或者个人道德素质不高等原因，采取过激行为来表达自己的不满和诉求。此外，一些观众也可能因为对比赛结果的期望过高或者对裁判员的判罚不满，对裁判员进行言语或身体上的攻击。而裁判员对运动员集中判罚的情况常被视作“裁判员对于运动员的攻击”，但就运动伤害犯罪而言，裁判员在案件中通常是被害人的角色。

此外，有学者对于足球赛场上攻击裁判员的情况进行过调查，调查以“中国足球协会纪律委员会”作出的处罚认定为判定标准，并整合中国足协官网公布的2004年2月1日至2019年3月31日的“球场暴力相关处罚公告”806份数据进行研究，汇总指出，2004年至2018年15年间，球员对裁判员实施伤害行为的事件共有163起，123起（75.5%）是辱骂、指责等语言攻击，少数存在胸撞、推击、推搡等直接对裁判员实施身体伤害的行为，还有个别极端的追打、推倒裁判员和对裁判员挥拳相向的恶劣情况。[①]

在体育赛场上，运动员和裁判员是两个核心角色，运动员是展现技艺、争夺荣誉的主角，而裁判员则是比赛的公正守护者，同时也是运动伤害最常见的受害者之一，这与体育核心的对抗制度紧密相关，比赛双方选手激烈对抗抉择胜负，而裁判员处于中间位置，既要解读比赛规则并作出判断，又要维护比赛的秩序，使裁判员以其所处的位置及肩负的职责而容易受到暴力攻击。尤其在参赛运动员不满裁判员作出的判罚时，通常会激发肢体冲突，此

① 参见刘龙、钟兴龙：《暴力攻击裁判现象探析》，载《体育科学研究》2021年第6期。

时裁判员通常是受害者。裁判员的权威和公正性必须得到绝对的尊重和保障，任何对裁判员的攻击或干扰行为都是对体育精神的践踏，是对比赛规则的严重违反。当然，如果发生裁判员攻击运动员的事件，裁判员作为行为主体应当受到刑法的规制，裁判员在比赛中对运动员实施攻击行为，不仅违反了职业道德，而且侵害了运动员的身体健康权。伤害行为在任何情况下都是不可接受的，即使是在体育领域，裁判员的攻击行为也不能够作为正当性事由或职业行为，因而裁判员一旦在赛场上攻击他人，就必须受到法律的制裁。

第二节　关于运动伤害案件的主观要件界定

运动员所承担的刑法问责应以具备主观故意为前提，意外事件与过失行为被剥离在外，过失行为通常因不涉及主观可责性同样予以排除。

一、运动伤害犯罪中的“故意”应严守罪刑法定原则

我国《刑法》第 14 条规定了故意犯罪，具体而言，构成故意的因素有二：一是认识因素，即明知自己的行为会发生危害社会的结果；二是意志因素，即希望或放任危害结果的发生。[①] 同时，我国采取“容认说”[②]，将“故意”的本质理解为消极的容认，即行为人明知自己的行为会发生危害社会的结果，并且希望或者放任这种结果发生。[③]

如果行为人在具有主观恶意的情形下做出了严重伤害行为导致对手出现轻伤以上的危害结果，而行为人仅仅受到警告、禁赛、经济惩罚等措施，很

① 参见张明楷：《刑法学》（上）（第 6 版），法律出版社 2021 年版，第 331 页。

② 容认说认为，行为人对结果发生的可能性有认识时，根据其意志区分故意和过失，容认结果发生的就是故意，不容认结果发生的是过失。换言之，行为人虽然不具有希望或者意欲那种程度的侵害法益的积极态度，但是只要行为人对可能发生的结果“不介意”“完全不关心”，就足以成立故意，即消极的容认就是故意。还有一种漠然说与容认说大体相似，即行为人对可能发生的附随危害结果表示欢迎或者不在乎地予以容认时，属于故意；行为人对附随的危害结果不予期待或者希望不发生时，属于过失。

③ 参见张明楷：《刑法学》（上）（第 6 版），法律出版社 2021 年版，第 334 页。

显然其所受处罚与其行为严重性不相匹配，那么其向公众所传递的信息是，体育领域允许通过较低的对价获取其想得到的预期利益。这种认识是极其危险的，体育，尤其是竞技体育，一直是鼓励公平竞争、尊重对手的，一旦体育界容忍甚至默许伤害行为，体育的本质就被扭曲了，长此以往必定会产生严重后果。

长期的训练和参赛经历使运动员具有极强的专业性，不仅是对运动技术和规则的理解运用，而且形成了一种特殊的“竞技场直觉”，即对于对手行为与状态的敏锐感知。正是因为运动员这些长期经验的积累，能使其快速做出反应，当然包括在某些情况下是否选择使用伤害手段。虽然运动员可能具备采取伤害行为的“准备性”或“能力”，这并不意味着他们应该或必然会这样做，毕竟运动员在赛场上更重要的是竞技的对决而非单纯地攻击对手，但是可以明确的是，运动员在赛场上对于其无正当理由实施的超过竞赛规则的伤害行为，是能够认识到危害结果是可能发生的，甚至能意识到危害结果必然会发生，而且所造成的危害结果通常是重伤甚至死亡，这已然符合刑法中对于犯罪故意的界定标准。此时刑法的介入具有正当性，能够更为严厉地惩治伤害行为，更具威慑性。

二、对于运动伤害犯罪中的“故意”应较之《刑法》更为严格

运动伤害刑事化的初衷在于保护体育事业的蓬勃发展，关于运动伤害犯罪的界定必须“慎之又慎”，以确保刑法的准确适用以及不滥用。细究运动伤害犯罪中的“故意”有两层含义：

一是突破比赛规则的故意。在体育领域中，许多竞赛项目的比赛规则中对于合理冲撞是允许的，一定程度的肢体接触和对抗是比赛的一部分，不应当被列入犯罪行为予以论断。此时对于“故意”的认定，首先要明确区分哪些行为是符合比赛规则的，哪些行为是超出规则范围的。比赛规则是参赛者和运动员在比赛中的行为准则，是体育的赛场底线，在规则范围内运动员是相对自由的，并不会受到行业的制裁。因而在规则允许范围内的冲撞行为，也不在刑法考量范围内。同时，基于默认推定运动员明确知晓竞赛规则，只

有当运动员所做出的行为明显违反比赛的规则时，才能认定其具有“故意”。

二是侵害刑法所保护法益的故意。除了比赛规则外，更重要的是要考量行为是否侵犯了刑法所保护的法益，包括他人的身体健康权或者生命权、社会公共秩序等，这直接决定了刑法是否有必要介入。当运动员的攻击行为造成了他人严重的身体伤害结果或者生命被剥夺时，则要考量运动员在行为时是否具有侵害上述法益的“故意”。

当运动伤害行为上升为刑事犯罪时，是体育学与刑法学两个领域的交叉，既要考虑到体育行业固有的规则范式，又要兼顾刑法的谦抑性，因而在认定运动伤害犯罪中的“故意”时，应当同时考虑这两个方面，既要判断行为是否违反了比赛规则，又要考量行为是否侵犯了刑法所保护的法益。

第三节　关于运动伤害案件的客观要件界定

由于体育行规的排斥和固化的传统观念，使刑法一直难以对赛场上的伤害行为进行有效的规制。[①] 还有一个重要原因是刑法意义上的客观行为，如肘击、拳击、推搡、摔跤等可能是竞赛活动的内容本身，而要追究运动伤害行为的客观归罪，必须要考量该行为是否符合犯罪的客观要件，因为在犯罪构成的要件中，犯罪客观要件居于关键位置，犯罪的客观要件，是犯罪活动的客观外在表现，具体是指说明某种犯罪是通过某种行为、在某种条件下对刑法所保护的社会关系进行侵犯，以及这种侵犯造成了某种的后果的事实特征。

一、竞赛规则对运动伤害犯罪客观要件的建构

犯罪客观方面是刑法规定的具有社会危害性应受刑事处罚的行为，以及由此行为造成或可能造成的危害社会的结果。在某些犯罪中还包括实施犯罪

① 参见向会英、谭小勇：《大型体育赛事体育暴力的法律规制》，载《体育科研》2011 年第 2 期。

的时间、地点等因素，犯罪客观要件包括必要要件——危害行为，绝大多数犯罪的条件——危害结果，选择要件——犯罪的时间、地点、方法，以及危害行为与危害结果之间的因果关系，犯罪客观要件是犯罪主观方面的客观外在表现，这些客观方面的特征能够反映出行为人的主观目的和心理态度。首先，犯罪客观方面，强调的是行为的危害性，因而排除竞技体育中无意识的伤害行为。其次，危害结果，是指危害行为对犯罪客体即对刑法所保护的法益所造成的实际损害或现实危险，然而体育本就具有一定的危险性，所以运动伤害犯罪要求造成实质侵害事实，而非“风险”，旨在保护体育的相对自由。最后，刑法中的因果关系是指危害行为与危害结果之间具有引起与被引起的合乎规律的联系。根据罪责自负原则，一个人只对自己的危害行为所造成的危害结果承担刑事责任，因此，查明某一危害结果与某一危害行为之间是否存在因果关系，是决定行为人是否对该结果负刑事责任的客观依据，而在因果关系的判断中，对规则的理解适用至关重要。

在体育场域内，规则往往具备“先规范性”，它严格圈定了竞赛的主体、地点、时间、流程、胜负评判标准等内容，是体育场域内主体共同遵守的规则，因此在考量刑法适用的过程中，作为大前提的“规范”，不能忽视“规则”之于事实建构的特殊意义。对于运动伤害犯罪的客观界定需要审慎而全面的判断，以伤害行为是否符合竞赛规则而划分为符合竞赛规则的行为事实以及不符合竞赛规则的行为事实两类。

二、符合竞赛规则下的伤害行为界定

关于犯罪的限定需要同时考量特定时间、特定场合之于运动员运动伤害要件的限定作用，因为运动伤害犯罪的界定因对规则的特殊考量会存在差异。

（一）对于符合竞赛规则而造成对方伤害或死亡的行为事实应当尊重社会相当性理论，排除其刑法问责性

体育的大部分项目都具有激烈的身体碰撞，而且比赛本身就具有一定危险性，伴随很大的风险，如篮球、橄榄球、拳击等。在此类项目的比赛中难

免会造成一定的、可预见的伤害。此外，对于运动员在合理范围内的犯规造成的伤害也同样不应适用刑事法律。比如，在篮球比赛中的合理冲撞，即双方队员的控制范围（约 2 米）内抢球时允许双方为了抢球均可用肩以下至肘关节以上的臂侧部，以适当的力量冲撞对方相应的部位；再如，跆拳道中的侧踢等行为，这些规则允许内的伤害会使比赛更加激烈、精彩。事实上，很多的体育项目都是如此，这也是体育的魅力所在。

因此，长久以来社会相当性理论是阻碍刑事审查介入体育活动的缘由。依据社会相当性的阐述，即使运动员侵害对方法益的形式符合犯罪构成要件的结果，并且行为人也预见到了该结果发生的可能性，却仍基于该认识而实施了伤害对方的行为。那么，行为人的有责性将由于其履行了必要的注意义务而被阻却。同时，竞赛规则是全体参与者共同认可并遵守的行为准则，是针对体育运动作出的合理规定。出于对运动员人身保护与运动观赏性的平衡考量以及对竞赛规则的尊重和信任，运动员在竞赛过程中虽然在外在上完成了刑法囊括的犯罪表现方式，但出于规则的保护可以推定其在行为中履行了“必要的注意义务”，因为法律无法苛责运动员在高强度的竞赛中去考量规则之外的注意义务，否则，规则的设立形同虚设，无法为运动员带来人身、心理保护，同时体育运动将因为运动员的担忧而丧失观赏性。在社会相当性理论应用的过程中，对于“必要的注意义务”的界定，显然对运动员是否承担刑事责任有着深刻的影响，而竞赛规则无疑是认定“必要的注意义务”的重要准则。虽然运动伤害行为有时是竞赛的一部分，或者说是竞赛规则所允许甚至建议采用的，但是，任何能够体现体育竞赛精神的比赛规则都会试图将比赛竞技中可能造成的风险降到最低，尽可能避免或限制危害结果的发生，以保护运动员的身体健康。

（二）司法必须尊重运动员对规则的合理信赖

如若否认运动员对规则的合理信赖，运动员将会因规则的无保障性而在比赛中谨小慎微，结果只能导致体育竞技失去其应有的魅力。参赛的运动员在赛前对规则已有明确了解并表示同意，即对规则所限定的方式、规则及由于正当比赛行为所引发的伤害结果均默示同意，并甘愿承受比赛风险，这种情况正是体育自治及民法典“自甘冒险”的核心所在。因此，若行为人的伤害行为完全遵守竞赛规则，其应当基于对规则本身的合理信赖而免于刑事责任，而且完全可以通过体育内部的行规习惯或体育主管部门的法律法规来解决，如禁赛、罚款等。刑法的另一重要功能在于犯罪的预防，而运动员常年以规则为准绳进行训练和竞赛，如果对于符合竞赛规则的运动伤害行为都受到刑法规制，那么会导致运动员在赛场上担惊受怕，担心因为自己的失误从为国争光的运动健儿变成犯罪分子，从而在比赛中畏手畏脚，不能发挥出自己的真实水平，这也会大大降低体育的魅力，也有悖于“更快、更高、更强、更团结”的奥林匹克精神，不利于体育事业的发展。

三、违反竞赛规则下的伤害行为界定

伤害行为作为体育场域内的一种惯习而合理存在，导致参与者不断利用伤害行为来完成对场域内资本的争夺，伤害行为的不断扩张及无度逐渐将体育场域的边沿扩大，使体育场域与刑法场域的边界重合，而暴力行为一旦违反竞赛规则，并明显造成不应隶属于体育场域内的法律效果，那么对行为的评价标准便开始向刑法切换。

对于违反竞赛规则而造成对方伤害或死亡的行为事实，不应绝对排斥刑法适用。无论体育场域多么特殊，其仍然隶属于社会生活的范围之内，不应成为法律适用的法外地带。一方面，一味的追求体育自治或是通过民事手段寻求运动员的人身保护并不能遏制愈演愈烈的赛场伤害之风，反而使伤害行为成为寻求胜利或商业利益“合法化”的方式，即支付部分运动员禁赛、罚款等“合理”对价便可随意采取的策略化行动。规则不再是体育场域内活动主题的“圣旨”，因为违反竞赛规则所支付的对价完全在其承受范围之内。另一方面，刑法的谦抑性在于刑法介入社会生活的治理活动中应保持审慎而理性的态度，对于违反竞赛规则而产生的伤害行为，刑法应当作出区分评价。总体而言，对于一些违反竞赛规则而造成的轻微伤害案件，应当尊重体育竞技的特殊性采取“回避”态度，否则刑法的触角过长只能造成竞技体育发展

的偃旗息鼓之势，所有参与主体因担负过重的风险责任而显得“小心翼翼”，使体育的观赏性大打折扣。以篮球运动为例，当球员违反比赛规则时，裁判员可以给予对方球员罚篮、将犯规运动员罚下，甚至对运动员进行停赛等惩罚，并不需要刑法的介入。刑法惩戒的对象应为运动员以伤害对方身体为目的，故意违反竞赛规则造成对方轻伤以上的行为。

设立竞赛规则不仅是为了体育活动的顺利进行，也是为了保护运动员的权利。无论体育场域多么特殊，刑法保障社会稳定的功能不应在此领域存在实现阻碍。否则，由于体育竞赛而受到严重伤害的运动员权益将无法得到充分保障，采用伤害方式而谋取竞赛胜利的手段将无法受到法律追责。但是，对于违反竞赛规则的行为，不能一概而论，否则体育场域内的惯习将不复存在。

第四节　运动伤害刑法法益的识别与证成

同英美二层次类似，德日三阶层的构成要件的适用顺序也体现了一种较为清晰的递进式的逻辑模式，在表现形式上，英美二层次表现为一种抽象概括加单层筛选的模式，而德日三阶层则表现为一种抽象概括加双层筛选的模式。犯罪构成要件的该当性，为犯罪行为圈定了大致的轮廓，其通过规定典型的事实构成要素，界定了一种犯罪行为的抽象类型，同时过滤掉了不具备典型事实构成要素的行为。当我们展开犯罪构成要件中的要素构成时，法益侵害性的地位类似于犯罪客体。[①] 与社会危害性相比而言，法益更为规范化，着重强调行为的“违法性”。在阶层犯罪论体系中，构成要件符合性的判断是

① 在法学理论中，虽然法益和犯罪客体在某些方面存在相似之处，但它们在本质和功能上是不同的。法益是法律的核心，是法律保护的对象，是法律的目的和价值所在。而犯罪客体则是犯罪行为的对象，是犯罪行为所侵害的对象。法益是广泛的，包括个人权利、财产权、合同权利等。而犯罪客体则是具体的，可以是人、财产或其他特定的对象。对法益的保护是法律的责任和义务，法律通过制定规则和制度来确保法益的实现和维护。而对犯罪客体的保护则是刑法的责任和义务，刑法通过规定犯罪行为和刑罚来保护犯罪客体。

形式判断，违法性判断才是实质判断。而社会危害性则不同，它是由犯罪主体、犯罪主观方面、犯罪客观方面以及犯罪客体（法益侵害性）等多方面决定的，因而处于法益侵害性之上位。社会危害性以及法益侵害性是一种整体与部分的关系，社会危害性涉及主客观的统一，而法益侵害性只涉及客观；从事实的角度而言，法益侵害性的规范特质为事实的评价提供了法律上的价值判断，其根据法律利益的视角，依据生活事实是否碰触到法律保护的利益红线，逐渐明晰案件事实的范围。

一、刑法体系中的体育法益探寻

由刑法所保护的人的生活利益，就是刑法上的法益。① 保护法益是刑法的目的和任务，是法益保护原则的体现，但并非任何侵犯法益的行为都被刑法规定为犯罪，刑法下的适格法益必须符合《宪法》这一上位法以及《体育法》这一特殊法的要求，这也是探讨体育法益的必要前提。② 对于重大法益的保护特别依赖于刑法，体育法益的探讨始终以具备刑法保护必要性为前提，兼顾形式的法益概念与实质的法益概念二者进行判断，形式的法益概念强调，现行刑法保护的法益中是否存在体育法益，或能否通过对于罪刑规范进行解释，即现行刑法能否通过解释学将体育法益涵摄进来。实质的法益概念解释侧重于，考量刑法应当保护什么利益，以刑事立法的合法性、正当性为出发点，探讨现行刑法是否应当保护体育法益而增加新罪。③ 换言之，体育法益能否得到刑法保护必须依靠实定刑法，刑事立法应当根据社会发展来确定体育法益刑法保护的必要性。

基于法益主体将法益划分为个人法益、社会法益、国家法益，④ 个人法益

① 所谓人的生活利益，不仅包括个人的生命、身体、自由、名誉、财产等利益，而且包括建立在保护个人的利益基础之上因而可以还原为个人利益的国家利益与社会利益。参见张明楷：《刑法学》（上）（第6版），法律出版社2021年版，第78页。

② 贾健：《刑法何以保护体育权：体育刑法法益证成》，载《人权法学》2022年第6期。

③ 张明楷：《刑法学》（上）（第6版），法律出版社2021年版，第79～80页。

④ 其中，国家法益是指以国家作为法律人格者所拥有的公法益；社会法益是指以社会整体作为法律人格者所拥有的社会共同生活之公共利益；个人法益是指由自然人所拥有，并由刑法加以保护的重要生活利益。参见林山田：《刑法特论》（上册），台北，三民书局1978年版，第8页以下。

是核心，社会法益与国家法益是个人法益的累计。体育法益与个人法益、社会法益、国家法益之间并非对立关系，彼此集合的交集存在公共元素，体育法益保护的必要性就此体现。

（一）个人法益 VS 体育法益

刑法之所以以刑罚禁止某种行为，是因为该行为侵害或威胁了法益。法益是指根据宪法的基本原则，由法所保护的、客观上可能受到侵害或者威胁的人的生活利益。[①] 但截至 2024 年我国《刑法》尚不存在体育犯罪的规范条款，刑法学关于体育犯罪体系尚未建立，体育刑法的建构还停留在应然层面。确认具体犯罪的保护法益时，考虑实质的法益概念是必然，识别体育法益应当首先聚焦于个体维度，例如，运动伤害行为直接侵犯的生命法益、身体健康法益，与个人法益具有最直接关联，是刑法应当保护的法益。

（二）社会法益 VS 体育法益

体育是社会生活的重要组成部分，以运动员、裁判员、教练员等主体实施的运动伤害行为，不仅对体育文明和体育精神造成重创，同时借由体育文化的传播也会对社会法益造成创伤。体育集体是个体的集合，集体价值的实现依赖于个体价值的彰显与累积，但集体价值并不当然凌驾于个人价值之上。打破规则对体育运动的制衡而发生“质”变，既是对个人法益的实体侵犯，也是对体育场域突破个人法益的法律秩序的侵犯。[②] 体育规则对标社会秩序，借由对体育与个人、社会与个人之间的关联关系，将体育法益框定至该利益范围内，符合社会法益的解释涵摄。例如，赌球、操纵比赛、黑哨等冒犯体育规则、亵渎体育精神的行为，是多数人共同为之的结果，泛化侵害了多数

① 所谓人的生活利益，不仅包括个人的生命、身体、自由、名誉、财产等利益，而且包括建立在保护个人的利益基础之上因而可以还原为个人利益的国家利益和社会利益。参见张明楷：《刑法学》（上）（第 6 版），法律出版社 2021 年版，第 78 页。

② 社会关系是有多个个人集合的产物，个人是社会的核心，对社会法益的侵犯只有能够还原为对个人法益的侵犯时，才值得刑法保护。参见张明楷：《刑法学》（上）（第 6 版），法律出版社 2021 年版，第 80 ~ 82 页。

人的财产法益，破坏了体育文明，对社会公共秩序造成创伤，是对社会公共秩序的侵犯，同时引起社会大众的不良效仿。

（三）国家法益 VS 体育法益

国家法益与社会法益均是个体法益的集合，二者之间相互关联、不完全割裂，国家法益作为社会整体利益中更为宏观性与全局性的一部分，更强调实现特定目的，如维护国家的形象、提升国家国际话语权，是国家作为整体在政治、经济、文化等领域的利益诉求和价值取向。体育是国家形象与运动精神的传递者，体育法益承载了一部分国家法益。运动伤害行为损害了国家在国际舞台上的正面形象，对国家的法律秩序和社会稳定构成了潜在威胁，在一定意义上也是对国家法益的侵犯，因而体育法益符合对国家法益的判定范畴。

二、正当化事由对法益形成的阻却

在评价某种行为是否构成犯罪时，违法性开始进行更为清晰、明确的筛选工作，诸如正当防卫、紧急避险、业务行为、执行命令等正当化事由，因为所欲保护的法益较之侵犯的法益更为重要，故将此类行为从构成该当性行为的范围中进行剔除；反之，如果具备该当性要件的行为不具备正当化事由，那么便无法出罪，继续参与有责性的考察。此外，具备了该当性、违法性要件的行为，如果具备精神病、不可抗力、意外事件等因素，那么行为人因不具备主观有责性而出罪成功；反之，如果行为人的行为同时具备了该当性、违法性、有责性三个要件，那么犯罪成立。

（一）被害人承诺中的法益识别

默认的被害人承诺是否能够完全排除刑法规制呢？可以肯定的是，我国将“生命法益的承诺放弃”认定是无效的，即使某人表示愿意放弃自己的生命，这种承诺在法律上也是无效的，就运动伤害行为致人死亡这一点看，理论上默认的被害人承诺并不能够排除刑法的规制，因为生命权是最基本的人权之一，受到法律的严格保护，因涉足体育领域就简单地被排除，有失公允。此外，依靠行业自治和民事诉讼虽然具有相关理论支持，但能否“最大限度保障被害人的权益，并使行为人受到相应的惩罚”这点来看，答案是否定的，因为没有充分考量到运动伤害行为所造成的法益侵害。运动伤害行为客观分析虽具有不法性，但最为关键的还是是否具有侵害了刑法所保护的法益事实发生，一个行为如果没有造成法益侵害，那么该行为就不构成犯罪，因为在运动伤害行为入刑的问题上，必须遵循有限介入原则，而侵害法益是入罪的基础条件，当运动伤害行为构成对他人、社会法益的侵害时，刑法应当积极介入，发挥惩罚、预防犯罪的功能。具体而言，要在厘清其正当业务行为的基础上，合理确定罪与非罪的界限，当伤害行为已然突破了合理范畴，所导致的伤害结果也已经超过了合理范围时，那必然不应被法律所允许。

被害人承诺在运动伤害行为的定罪中起着重要作用，被害人所承诺放弃的权益是允许他人侵害的、一定程度的可支配的权益，使行为人的可谴责性因此降低，甚至违法性也可能被排除，使行为人免除刑事责任。但此承诺能否将可追责性和违法性完全排除，是认定行为人是否需要承担刑事责任的关键。

刑法学中的被害人承诺有两个概念，一个是一般的被害人承诺，是指如果被害人同意他人对其加害，那么他人不构成犯罪，但要求被害人对于承诺的法益具有处分权限和能力，并且是被害人真实的意思表示等。另一个是推定的被害人承诺，与一般的被害人承诺不同，推定的被害人承诺往往是强调为了保护较大的法益而牺牲了较小部分的法益。虽然被害人没有现实的承诺，但是推定被害人在得知真相后会当然承诺，且推定以一般人的合理意愿为标准，而非被害人的实际意愿为标准。① 体育领域所阐述的被害人承诺，是由体育运动参与者作出的，在运动竞赛十分激烈的情况下造成的伤害并没有表现出违法性。② 体育运动中的被害人承诺与刑法中的被害人承诺虽然具有一定的相似性，但不能完全类比。二者的主要区别在于承诺的性质和范围，以及在

① 参见张明楷：《刑法学》（上）（第6版），法律出版社2021年版，第301页。
② 参见林山田：《刑法通论》（上册）（增订10版），北京大学出版社2012年版，第237页。

认定犯罪时所起的作用。在体育运动中，被害人承诺通常表现为运动员同意参与比赛并接受比赛规则中可能存在的身体对抗和伤害风险。这种承诺是基于比赛的性质和规则而产生的，具有一定的合理性和正当性。竞技体育比赛规则经过长期的实践和完善，已经相对成熟，尤其在一些身体对抗性极强的体育项目中，赛场的规则更为严格，因为比赛规则是保护运动员身体的一种有效机制。[①] 值得注意的是，虽然运动员在参与比赛时接受了比赛规则中的风险，但这并不意味着他们放弃了对自己人身安全和健康的基本保护，被害人承诺更不是运动员积极追求自身在赛场上受到伤害的默示行为。

在比赛中，如果某个伤害行为被认为是合理的、符合比赛规则的，那么该行为可能会得到观众或裁判员的认可和容忍，因为运动员为了获得胜利，可能会采取一些激烈的身体对抗和冲突。但如果该行为超出了比赛规则和道德规范的要求，或者造成了严重的伤害或损失，如出现重伤或死亡的结果，那么该行为不仅违反了比赛规则和道德准则，还属于犯罪行为。因此，在体育运动中，被害人承诺被视作排除犯罪行为的因素之一。但此种承诺并非能广泛地将赛场上所有伤害行为正当化，从而将被害人承诺当作排除刑法适用的挡箭牌，尤其是当运动伤害行为致使被害人生命权法益受到严重威胁时，不能免除刑法的介入。

（二）正当业务理论中的法益识别

体育领域的正当业务行为也是认定运动伤害行为是否构成犯罪的重要因素，体育领域的正当业务行为，可以理解为该行为基于行为人业务和职业具备合法前提而被排除违法性。我国通说认为，正当业务行为不具备社会危害性和刑事违法性。[②] 在体育运动中，一些看似是伤害的行为可能被视为正当业务行为，因为它们是在比赛规则允许的范围内进行的，并且是为了获得比赛

---

① 参见朱梦璇：《刑法介入竞技体育伤害行为的研究》，载《江苏警官学院学报》2020 年第 5 期。

② 参见高铭暄、马克昌主编，赵秉志执行主编：《刑法学》（第 9 版），北京大学出版社、高等教育出版社 2019 年版，第 123 页。

胜利而采取的必要手段。定义正当业务行为，要求业务或职业本身是合法的，这意味着该业务或职业必须得到社会的认可和法律的允许，除了业务或职业的合法性外，正当业务行为还要求基于特定业务标准，该职业行为的违法性能够被有效排除，表明在体育运动中，运动员的行为必须符合比赛规则和职业道德，以确保其行为的合法性。只有当行为同时满足这两个条件时，才能被认定为正当业务行为，从而排除其违法性，此种情况下，运动伤害行为通常不会被认定为犯罪，因为它们符合体育规则和职业道德，并且是在合法的前提下进行的。然而，当体育运动中的伤害行为超出了比赛规则允许的范围，或者涉及故意伤害他人身体的行为时，情况就不同了。

1997 年 6 月 28 日，泰森和霍利菲尔德进行了一场备受关注的拳击比赛。在比赛过程中，霍利菲尔德多次采用搂抱和头撞的战术，让泰森感到十分不满和愤怒。在第三回合时，当两人再次搂抱在一起时，泰森被激怒，他突然对准霍利菲尔德的右耳咬了一口，导致霍利菲尔德的耳朵立刻少了一块。比赛当晚的气氛因此变得异常紧张，已经超出了一场普通的拳赛。鲜血直流的霍利菲尔德竟然毫不让步，简单处理后继续上场。而泰森更是不依不饶，竟试图再次咬对方耳朵。双方的教练员、保镖、裁判员以及现场警察全都冲上了台，最终裁判员中止了比赛。泰森因为犯规而被取消了比赛资格，且事发后美国内华达州运动委员会吊销了泰森的拳击执照并罚款 300 万美元。

抛开霍利菲尔德的挑衅以及裁判员的漠视，单纯看泰森咬伤霍利菲尔德耳朵的行为，第一，该行为肯定不属于拳击比赛中被允许的行为，因为此行为严重违反了拳击比赛的规则和体育道德，拳击比赛规则中明确规定禁止使用牙齿或咬对方身体的任何部位，因此泰森做出的咬耳朵行为不具有正当性，这不仅是对比赛规则的严重违反，还违背了体育比赛中的公平和尊重原则。第二，泰森因自己的行为受到了行业的制裁，被吊销了拳击执照，断送了职业生涯。第三，是否能够推定被害人承诺，即霍利菲尔德对被泰森咬伤耳朵的伤害结果是否默认允许发生呢？很显然，泰森的行为是比赛规则所禁止的，在拳击比赛中咬伤对手耳朵的行为也并不常见，那么霍利菲尔德很难对泰森咬伤自己耳朵的行为具有预判可能性，因而并不能够推定被害人霍利菲尔德对于自己身体的健康权放弃承诺。第四，该是否属于正当业务行为，而被排除违法性呢？答案也是否定的，泰森的行为违反了拳击选手的职业道德，因而不具有正当性，不能排除违法。第五，在此基础上，如果结合我国当前现行法律规定，对泰森的行为进行定性分析，泰森属于完全刑事责任能力人，实施了伤害行为，且毋庸置疑的是可以推定泰森能够认识到行为结果的发生，其主观上存在伤害的故意，如果伤害行为造成的结果已然达到轻伤二级，那么泰森的行为符合故意伤害罪的犯罪构成。

对刑法规范中的运动伤害犯罪行为梳理并归类以有利于社会大众更深入地研究刑法，能够有利于警醒社会对罪与非罪进行判断，并快速作出反应。以泰森咬伤霍利菲尔德耳朵一案为例，泰森侵害的法益有二：其一，他人的身体健康权，即霍利菲尔德的身体健康权。耳朵是人体的重要器官之一，具有听觉和平衡等功能。泰森在比赛中咬伤霍利菲尔德的耳朵，导致他的耳朵受伤，直接侵犯了霍利菲尔德的身体健康权。其二，体育比赛的公正和秩序，拳击比赛是一种具有高度竞争性的体育活动，要求参与者在比赛中遵守比赛规则和职业道德，以维护比赛的公正和秩序。然而泰森在比赛中采取咬耳朵这种明显违反比赛规则的行为，严重破坏了比赛的公正和秩序，损害了体育运动的形象和声誉。

上述两个法益并非均需要刑法介入规制，刑法仅就他人的身体健康权或生命权法益进行保护即可。基于刑法的谦抑性，刑法不应触手过长，机械地介入体育比赛当中，而是应在运动伤害行为超出了体育行业自治的范畴，涉及刑事犯罪时，才开始介入并调整。一般来说，对于违反比赛规则的部分，比赛的公正和秩序更多的是由体育行业自治进行处理和调整。这是因为体育运动具有一定的特殊性和专业性，其比赛规则和职业道德往往由相关的体育组织和行业协会来制定和维护。当运动员在比赛中违反规则时，通常会受到体育组织的纪律处分，如警告、罚款、禁赛等，以维护比赛的公正和秩序。体育行业自治已经对于侵害比赛公正和秩序的行为进行了调整，刑法则无须再重复评价，但他人的身体健康权或生命权法益仅靠体育行业自治难以得到社会大众的广泛认可，运动伤害犯罪属于有悖于伦理的自然犯，具有反社会性、反伦理性，更容易给人们带来身体上的伤害和心灵上的冲击。因为就运动伤害行为而言，通常会造成被害人身体损伤或死亡的结果，而生命是每个人最基本、最重要的权利，无论是谁，都应该享有平等的生命权，简单地通过体育行业自治而排除生命权法益的刑法保护，一定是不被社会所认可的，结合我国《刑法》分则第四章规定了侵犯公民人身权利、民主权利类犯罪，对于运动伤害行为认定具有极大的指导意义。

运动伤害行为入刑的基础条件——制造了刑法所不允许的法益侵害事实，在刨除正当的运动伤害行为后，对于违反体育规则、不具有正当化前提的伤害行为，刑法对此类行为发挥其规制作用。泰森的行为很显然创设了刑法所不能允许的风险，仅通过体育自治进行处理，完全排除刑法的适用，很显然是不妥的。《刑法》第2条规定表明，刑法的目的是保护法益，具体是通过刑罚的方式抑制犯罪行为发生，因而如果行为没有侵犯法益或侵害程度并不严重，亦不在刑法考量范围内。事实上，刑法与体育行业自治之间并不冲突，将二者相结合反而会更为周延。在处理运动伤害行为时，既需要体育行业的自治和调整，又需要刑法的介入和规制，从而确保比赛的公正和秩序，保护运动员和观众的合法权益。

三、法益在运动伤害犯罪治理中的适用

大陆法系“递进式”犯罪构成、英美法系“实践性”犯罪构成以及我国“耦合式”犯罪构成在要件上呈现明显的差异化，但究其实质，三者的刑法要素具有相似性，探究国内外的法益要素构成，并结合所在国家的体育文化、体育诉求、体育发展历程，有助于寻求适于我国体育发展的法益识别方法。

（一）法益对于运动伤害案件裁判的指引性

一直以来，在体育比赛中，激烈的身体对抗和冲突可能被视为比赛的一部分，需要注意的是，竞技体育虽然是高强度、高对抗性的运动，却不意味着其处于行使司法管辖权的豁免区域，不能简单地排除法律的控制。只是实践中，要明确将合理的体育运动行为和犯罪行为进行区分并不容易，二者之

间的界限通常模糊不清，这也就造成了运动伤害行为认定犯罪存在极大的争议点，假设运动伤害行为导致他人重伤或者死亡等严重后果，行为人能够意识到危害结果的发生，即主观上具有故意，那么是否能够认定行为人构成故意伤害罪或故意杀人罪呢？根据我国现行法律规定，尤其我国刑法并没有明确指出因为是体育领域的伤害行为所以排除刑法规制，也即我国刑法并未持否定态度，但截至2024年，我国尚未有过相关运动伤害行为构成刑事犯罪的判例，考虑到行业自治以及存在默认的被害人承诺，我国刑事司法机关暂且未介入规制，只单纯依靠体育自治和民事争议进行处理并解决。

第一，从事实的角度而言，法益侵害性的规范特质为事实的评价提供了法律上的价值判断，其根据法律利益的视角，依据生活事实是否碰触到法律保护的利益红线，将案件事实的范围逐渐明晰。也正是基于此，法益侵害性概念赢得了越来越多学者的支持，用法益侵害性取代社会危害性的呼声也水涨船高。运动伤害犯罪具有特殊性，一方面，刑法应否介入运动伤害治理目前在理论界并未达成共识；另一方面，我国司法实践并无对运动伤害进行问责的先例。因此，运动伤害成为刑法场域中的一种“新事实”，需要我们从法律原则、实践需求、司法经验、社会伦理等多层次去思考运动伤害的治理路径，而“法益”无疑成为思考运动伤害犯罪治理的突破口之一。

第二，从规范的角度而言，无论是英美的二层次犯罪构成模式还是德日的三阶层犯罪构成模式，均呈现出了一种“先入罪，再出罪”的逻辑顺序：英美的双层次犯罪构成模式表现为先判断犯罪本体要件（入罪），再评价责任充足事由（出罪）；德日的三阶层犯罪构成模式表现为先判断构成要件的符合性（入罪），再评价过违法性以及有责性（出罪）。而在我国的犯罪构成中，法益侵害性是犯罪违法性的清晰描述，和社会危害性概念不同，法益侵害性显然是属于司法层面上的犯罪本质的归纳，其对于法律利益的界定，是规范性的、评价性、专属的、实体的。一方面，法益侵害性是对罪刑法定原则的遵守，对犯罪行为的定罪量刑有着明确的限制规则，便于裁判的适用；另一方面，法益侵害性具有刑法解释功能，使犯罪概念不再停留于表面，而是深入犯罪行为的本质特征。

第三，从司法的角度而言，其为法律事实与案件事实的对接提供了通道，毕竟在司法裁判过程中，必须将复杂、多余的生活事实予以取舍，进而剪裁至适合规范裁判的事实，除去证据对案件事实的剪裁，法益侵害性的价值衡量也必不可少。但法益侵害性无法取代社会危害性在立法层面上的价值，因为作为对生活事实进行甄选的先前判断，社会危害性具有法益侵害性所无法比拟的直观性。毕竟，被告人的行为是否对社会造成危害远比被告人的行为是否侵犯到法律保护的利益更易判断。法益侵害性，更倾向从规范的角度衡量事实对社会产生负利益的评价。相较于社会危害性概念，法益侵害性对生活事实较为疏离，其是一种司法者惯以采用的概念，法益侵害性概念为案件事实向裁判事实转化的过程中，提供了一种规范判断。换言之，不具有法益侵害性的行为不应被视为犯罪。同时，由于法益侵害性具备规范性，因此，其借助犯罪构成承担了司法层面对事实的评价功能，对最终裁判事实的建构成功提供了规范与价值的支持。

在运动伤害中，其直接侵犯的法益是运动员的身体健康、安全，甚至生命，将法益侵害性作为事实第一层次的剪裁标准，能够大致勾画出运动伤害进入刑法视野的事实范围，对后续社会危害事实层面的界定具有提纲挈领的作用，即运动伤害实施的主观、客观必须达到何种标准才能够进入刑法规范的视野。事实若仅满足法益侵害层面，采用体育自治及民事手段便能够满足治理功能，就不需要动用刑事治理手段，因此作为第一层次的事实，是从轮廓上勾画出了符合犯罪构成要件的要件要素要求，其在抽象的法律逻辑下完成了对犯罪行为的初步典型描述，也将不满足法益侵害性标准的生活事实完全排除至刑法适用的门外。

（二）运动伤害犯罪中法益的证成路径

体育运动坚持崇尚自治，为了保留体育运动的纯真性、自由性，同时增加体育竞赛的可观赏性，运动员往往被赋予了法律追责的豁免权，除了接受来自所在俱乐部或体育局的罚款、停赛等处罚外，其他超越自治的解决方式往往因不符合竞技体育场域内的惯习而被排除在外。同时，体育运动的国际化以及赛事直播、转播，让运动员的行为被无限放大，并成为社会讨论及模仿的对象，而运动伤害民事侵权归责以及自甘风险原则，保护的法益局限于个人或多人，无法涵盖至公共利益，当运动伤害的泛滥影响到体育健康发展以及社会公众的价值观时，体育自治与民事治理的局限性难以克服。

第一，充分尊重体育自治。体育赛事是体育运动的载体，运动员以及其他参与人员均以追求好的成绩为目的，此时体育与运动伤害相互伴生，使运动伤害行为具有极其严重的社会危害性而受到法学界和体育界的高度重视。运动伤害不单单表现出单纯地对身体造成伤害，同时逐渐发展出体育流氓和体育恐怖行为等复杂的走向，成为滋生严重犯罪的“温床”，还钳制了人们追求公正体育文化的心态。囿于体育全球化的发展趋势，体育竞争往往因被赋予政治和民族色彩被视为国家力量间的较量，并促成体育运动产业化推进。特别是在奥运会、世界杯等大型规模运动赛事或公开赛事中，赛场上行为人为了获胜不惜做出严重违反比赛规则的行为，不仅易造成运动员身体损伤，丧失生命，而且还会对体育精神起到破坏性负面效应。体育领域的越轨行为需要刑法学的介入，一旦运动伤害行为不再仅由行业自治和民事诉讼调整，社会大众和体育运动员等主体就一定会重点关注该行为并思考，构设该行为入刑的学理价值和实践意义，能够指导大众对于体育犯罪行为和体育不法行为进行甄别和处理。事实上，运动伤害行为是法律尤其是刑法如何应对的一个显性命题，当然体育运动并非只有伤害，在体育产业链条的每一个缺隙中，都能捕捉到形态各异的有损体育机体的病灶，就当前而言，运动伤害行为所造成的损害结果的社会危害性，使运动伤害犯罪的刑法化确有其必要性，而采用犯罪构成的视角是研究竞技体育暴力刑事治理中国化的实践路径。

第二，严格遵守法益识别顺序。体育刑法法益的识别应优先考量《宪法》及《体育法》的规定。依据法益理论对事实进行分层，首先，应对法益本身有一个明确、具体的限定，防止对法益理论肆意扩张，甚至滥用。“法益”并非刑法特有，而是隶属于法律理论共有的法学语词。其次，宪法作为基本法，对于法益的限度无疑是最适合的“高度”表达。在进行刑法事实建构中，对于法益的思考应着眼于宪法的基本精神及价值。《宪法》第 5 条明确规定“中华人民共和国实行依法治国，建设社会主义法治国家……任何组织或者个人都不得有超越宪法和法律的特权”。该规定之于体育领域而言，赋予了体育法治构建的宪法依据。最后，作为上位法，《宪法》规定是原则性的，与此相应，直接规制体育活动的《体育法》已于2022年完成修订，其中涉及法律治理的条款也较为全面，其中第9条“开展和参加体育活动，应当遵循依法合规、诚实守信、尊重科学、因地制宜、勤俭节约、保障安全的原则”，明确了“依法合规”之于体育活动治理的统领性作用。据此，可以得出三个结论：一是公民的人身健康及自由受到宪法保护，运动员自然也不例外；二是《宪法》以及《体育法》均未赋予体育领域不同的法律适用特权，即刑法并无踏入运动伤害犯罪治理的禁止性规定；三是刑法的适用需要尊重《体育法》等专门性规定，即《体育法》为《刑法》划定了关键词，如竞赛规则、体育道德等，其必将成为刑法适用的考量要素。

第三，体育刑法法益的识别应严格恪守罪刑法定原则以及谦抑性原则。一方面，法益侵害性的司法适用应严格遵守罪刑法定原则。“如果说宪法对于法益概念的限制主要是对刑事立法的检验与审核，那么罪刑法定原则便是对法益概念在司法领域的运用作了明确的实证限制。”法律侵害性作为犯罪构成中的客体要件，应当严格遵守罪刑法定原则，因此运动伤害刑事裁判中的事实建构不应有逾越法益保护的刑事立法规定以及规范适用，这意味着在现有刑法的体系结构下，应当探究运动伤害行为是否已经满足法益侵害以及具体罪名的主体、客体、主观、客观构成要件，而非另设新罪名去衡量运动伤害应否入刑、如何入刑的问题。另一方面，对于法益的保护应恪守刑法谦抑性原则。刑法介入运动伤害治理的最大障碍在于可能影响体育活动的生机活力，而这对应到刑法领域，就是“刑法膨胀化”现象，因此，事实建构需要与立法谦抑进行平衡。刑法具有谦抑性，法益的确定同样要严格恪守刑法谦抑性原则。对于法益的保护，刑法应当位列众法之末位，即当法益受到侵害时，首先应当考虑其他部门法，诸如民法、行政法等手段，当其他法律均不足以完成对法益的保护任务，而法益又必须受到保护时，刑法才能被启动。

综上所述，体育的多元性体现在主体、类型、规则、技术等各个方面，而这种多元性也在不断对刑法治理发起挑战。刑法作为社会治理的最后防线，其严苛性与体育自由的确存在背离，因此聚焦体育刑法法益合法性、合规性、合理性的理论难题是确定体育刑法法益识别标准的必经之路。

第六章

运动伤害案件的刑事裁判路径[①]

体育发展全球化、商业化趋势明显，竞赛结果除了关乎教练员、运动员对自身训练结果的检验，更与运动员未来职业发展、所在俱乐部商业利益、国家竞技体育形象等密切相关。近年来，运动伤害使越来越多的运动员失去本应获取的胜利果实、饱受病痛折磨、断送职业生涯，甚至失去生命，人们蓦然发现运动伤害的合法性、合理性根基并非牢不可破，刑法的目光开始审视运动伤害的存在。对运动伤害的规制需要充分考量竞技体育的特殊性，对此可以体育其他领域的法律问题为参考实例，进行类比思考，进而形成体育与刑法规范的融合发展。

第一节　足球飞铲案：裁判思维之于竞技伤害事实建构的反思

伴随《民法典》“自甘风险”条款的正式确立，体育活动中固有风险的存在正式得到法律规范的认可。然而，仅依靠体育自治、民事救济难以遏制

① 本章节部分内容节选自：段威、于海生：《竞技类伤害案件的事实建构与裁判思维》，载《学术交流》2022 年第 9 期；段威：《刑事案件裁判中的“情感渗入”》，载《中国社会科学报》2020 年 7 月 1 日，A04 版；段威：《运动员竞技体育暴力刑事裁判中的事实建构》，载《上海体育学院学报》2019 年第 4 期；段威、林毓敏：《贿赂物的解构及重塑——从概念思维到类型思维的嬗变》，载《天津法学》2018 年第 4 期。并于撰写本章节过程中予以改动。

越发严重、频发的运动伤害事件。如同兴奋剂问题的治理方式，越来越多的研究呼吁刑事介入运动伤害治理。然而，刑法在竞技体育领域中适用的尺度和标准常常引发争议，导致刑法的介入并不顺畅。单纯从规范角度探讨刑法介入运动伤害治理的合法性、合理性、合规性，常常因体育场域的特殊性而使刑法适用进退两难。

以下仅以“足球飞铲案”为例，阐述案件事实之于裁判结果的影响。

在足球竞技联赛中，甲乙两人分别代表各自球队出战。在比赛前，两人积怨较深。比赛中，甲乙二人频繁发生身体接触，且不乏报复性伤人动作，均按犯规处理。在比赛临近结束时，乙使用言语、动作侮辱甲，导致甲情绪失控。随后甲利用对正在带球进攻的乙实施防守阻击之机，对乙做出腾空飞铲动作，但双脚直接蹬踹乙腹部，致使乙脾脏破裂，经医院救治，虽保住性命，但因此被摘掉脾脏，经鉴定为重伤。本案的核心焦点十分清晰：甲的行为如何定性。如果最终“飞铲腹部”被建构为“以伤害为目的，故意造成乙身体伤害”，那么甲就触犯了刑法，构成故意伤害罪或故意杀人罪，最高有被判处死刑的可能；如认定甲的行为系过失，那么最终“飞铲腹部”会被建构为“侵害乙权益的行为”，甲便构成民法意义上的侵权行为，需要承担财产性赔偿；如果甲的行为被建构为“竞技体育领域内违反规则的行为”，那么甲会因“自甘风险”原则而免责，或仅受到红牌、禁赛、罚款等处罚。通过上述分析，不难发现，真正影响案件判决结果，决定乙的权利保护范围的，除了对于规范的选择和适用外，事实认定也是一个重要因素，而这也是规范与事实作为裁判大小前提的意义所在。

赛场上有科技先进的摄像机、经验丰富的裁判以及数量庞大的观众，上述条件保证了伤害行为发生后能够获得较为客观、公正的事实还原与重塑，即犯罪客观事实能够得到较为理性的认定。同时，刑法介入的前提之一在于有“危害结果”的发生，运动员的身体伤害能够得到专业的医疗机构鉴定，因此，对于危害结果的认定也较为容易。然而，不同于客观事实的认定，运动伤害犯罪的难点在于主观事实的认定，例如，运动员所实施的伤害行为是出于故意伤害对手的目的，还是出于自我保护的目的或过失、战术执行、意外。总体而言，对于运动伤害的主观事实认定标准应当较传统刑事犯罪更加严格。

司法工作者对于事实的认定，惯于从程序法、证据的角度去研究，而忽略裁判思维的指引作用。证据解决的是“事实的存在问题”，即“甲在何时、何地对乙进行飞铲”“乙激怒甲时所说的言语是什么”“乙的伤情鉴定为何”等；而裁判思维解决的是“事实为何如此”的问题，即甲为何要对乙进行飞铲？甲为何攻击乙的腹部？甲为何不采取其他手段对乙进行防守等。裁判思维作为事实建构的内在动力，指引着裁判者寻找事实建构的外部工具——证据，进而完成事实的拼接、还原。然而，作为内在推力的裁判思维却常常由于不具备证据形式化以及法定性的特征而被忽略，这种忽略在简单案件的处理中，并无大碍，因为规范能够较为顺利地完成对事实的涵摄，而一旦规范的适用本身出现空白、相斥、模糊等情形，证据就会因为思维的差异化而生成同案异判的司法实践。

不同规范的局限性，“事实”作为刑事裁判的小前提，重在从“社会情感”的认知层面厘清体育的本质、特征，其“灵活性”能够为刑法介入运动伤害治理提供新的视角，促使裁判者秉承概念思维与类型思维相结合的方式，在保证刑事治理震慑伤害之风之余，充分考量体育的特殊性，助力刑事治理手段审慎且合理地介入运动伤害治理，将体育精神、体育规则以及体育伦理打造为运动伤害案件的裁判要素，同时，事实的建构过程外化了裁判者在面临运动伤害案件时的裁判思维，进而为确立运动伤害刑事裁判确立可期性路径。

第二节　概念思维与类型思维的博弈：裁判者对主观事实建构的共性表达

刑事裁判中的事实建构是公正司法的基础和前提。不同的裁判思维建构出不同的案件事实，进而生成不同的裁判结果。裁判者惯以采用的思维往往与具体个案事实息息相关，其外在表现为依靠程序和证据进行拼凑和还原，内在体现为依靠裁判思维实现对规范的适用与证据的采信。对于事实较为简单的案件，裁判者会运用演绎模式，即概念思维进行法律对事实的涵摄；对于事实较为复杂的或新型案件，裁判者往往采用类比推理模式，即运用类型思维完成法律与事实间的建构活动。概念思维的确定与封闭、类型思维的模糊与灵活为不同的运动伤害案件提供了差异化的路径选择。

一、概念思维下的事实建构

刑事裁判中的事实与规范存在天然的差异：规范是应然的、价值性的；事实是实然的、事实性的。规范与事实间能够形成推论缘于两者存在涵摄关系，即存在归类的可能性，当归类可能性较高时，概念思维的运用优势比较显著。

（一）概念思维的运用对象——简单案件事实建构

自哈特以来，简单案件与疑难案件的分隔便已存在。简单案件即阿尔尼奥所谓的“常规案件”，从程序法的角度出发，指代那些事实清楚、证据确凿的案件；从实体法的角度出发，指代那些规范的选择与适用无争议的案件；从事实的角度出发，指代那些案件事实能够全部、清晰、无争议的被涵摄于规范之下的案件。根据事实与规范的适应程度，可以将简单案件界分为以下两种情形：

第一，事实与规范完全适应，即已经查明的事实均对应着明确的法律规范。在刑法规范中，能够做到清晰、明确标准的规定主要涉及主体年龄以及人数、犯罪以及追诉时效、赔偿数额、伤残等级等以数字形式直接体现的事实认定。

第二，事实与规范基本适应，即已经查明的事实均指向较为明确的法律规范，但存在小幅度的扩张或缩小解释，法律规范的适用需要借助法官的自由裁量权。在刑法规范中，规定较为明确，但需要对其进行小幅度范围的扩张或缩小解释的主要涉及量刑中的幅度取舍，因为我国的量刑主要规定了刑罚的最低点以及最高点，法官的自由裁量权集中表现在合理量刑区间内的选择。

（二）概念思维的逻辑方法——演绎推理

罪刑法定原则在大陆法系中拥有坚如磐石的地位，如何紧密地通过制定法对案件事实进行建构，演绎推理是比较合适的，这也是演绎推理拥有刑事裁判主导地位的原因所在，因为“演绎形式的法律推理与从制定法出发的推理联系最为密切”①。演绎推理在限制法官的肆意裁断上确有约束力，其要求裁判者严格从规范出发，遵守规范的规定，保证裁判的客观性，保障制定法的权威地位。

在演绎推理中，刑法规范作为大前提，是由犯罪构成要件与对应的刑罚效果结合而成的。在刑法分则中，每一个分则条款都由两部分构成：罪状以及法定刑，表现为“如果 P，那么 q”的形式，表明如果一个行为符合了分则规定的犯罪构成，那么其便构成犯罪，需要实现该项罪名对应的刑法效果，②简以《刑法》第 14 条“故意犯罪”为例加以说明：

明知自己的行为会发生危害社会的结果，并且希望或者放任这种结果发生，因而构成犯罪的，是故意犯罪；

A 明知自己拿刀刺向 B 心脏的行为会造成 B 的死亡，并且希望死亡结果发生；

A 构成故意犯罪。

在上述例子中，涵摄得以顺利进行的原因在于：大前提的“明知”作为故意犯罪构成要件的要素，体现为一种概念性的、抽象的事实；而作为小前提中的“A 拿刀刺向 B 心脏”，是生活的、具体的、已然的事实。涵摄必须建立在小前提中的“明知”是足够典型的，能够顺利被大前提中的“明知”所

---

① ［美］史蒂文·J. 伯顿：《法律和法律推理导论》，张志铭、解兴权译，中国政法大学出版社 2000 年版，第 50 页。

② 参见张心向：《在遵从与超越之间——社会学视域下刑法裁判规范实践建构研究》，法律出版社 2012 年版，第 394 页。

吸收，而一旦小前提中的事实不足够典型，游离于大前提框定范围边缘时，涵摄便存在适用困境。例如，备受争议的“相约自杀”算不算故意杀人罪的一种便属于此种情况。因为“相约自杀”的事实不处于“明知”的核心区域——社会危害性之内，涵摄无法顺利进行。

传统刑法理论尚且存在此种难题，更不用说运动伤害的刑事治理方面了，因为很难在刑法规范中寻得直接契合的大小前提。例如，篮球竞赛中，运动员甲因防守肘击对方球员乙，导致乙后脑着地，发生死亡，那么甲是否构成上述分析中的“明知”？若该防守策略是甲的教练员丙明确指示的，那么丙是否构成共犯？若乙的教练员丁明知乙近期刚刚做完头部手术，不宜进行竞赛，却由于利益原因强令乙进行竞赛，那么丁是否达到“明知”标准？基于此，涵摄模式的运用弊端已经显现，对于运动伤害案件而言，当作为大前提的规范概念处于模糊，规范结构处于空缺时，小前提的案件事实便无法顺利成为大前提项下的典型事实，裁判者也就无法严格按照刑法规范构成要件或要素去发现、建构事实，大小前提之间存在互动失调，仅仅依靠演绎推理无法保障运动伤害案件裁决的合法性以及合理性。

（三）概念思维的事实建构步骤——三段论的适用

大前提下的概念事实能够完成对小前提下案件事实的涵摄是演绎推理得以顺利进行的前提，但并非只要大小前提有涵摄关系，就必然会得出案件裁判结论，那种认为在演绎推理模式下不需要进行事实建构步骤设定的想法是不理智的。演绎推理的步骤可以分为以下三点：

第一，寻找演绎推理所需要的大前提。具体的做法为着眼于当下案件的事实，基于先前判断获取待决案件的刑法规范。先前判断指人们在认识事物之前以及理解事物之时会持有的一种预期、筹划，并在人们不断深入了解事物的进程中不断得到验证、巩固、修正、充实或是抛弃、否定。除却被抛弃以及否定之外，这种预期或筹划内化成人们自身的一种新认识，同时蜕变为人们理解其他事物的基础，而人们对事物的理解，究其实质就是一个不断循环往复的过程。

第二，确立演绎推理所需要的小前提。首先进入裁判的事实是以碎片化的生活事实面貌展现的，这些事实不会自动建构成裁判者需要的样态，在最初的生活事实中，很多事实或者不具有规范意义，或者尚未被挑选并展现出来。同时，生活事实具有非规范性，无论是用语的表达还是片段的展示均是非规范化的。裁判者的任务是对生活事实进行规范性挑选并保留对案件事实有意义的部分，过滤对案件事实没有意义或无法证明的另外部分，并通过法言法语表达出来，赋予其规范性。

第三，依据大小前提，生成裁判结论。在完成上述第一、第二步骤之后，规范和事实都已发生实质性变化。对于规范而言，其已经从毫无头绪的规范选择变成了当下的规范确定或是少数规范之间的最优选择，生成了案件裁判的大前提；对于事实而言，其也从杂乱无章的生活事实蜕变为案件事实，又由法律事实的类型对比形成了当下的裁判事实。在最后一步，便需要对大前提能否容纳小前提做出判断，而判断显然是逻辑性的，也是价值性的。

综上所述，行为想要被认可，行为背后必须有合理的原因，法律裁判过程也不例外，而演绎推理无疑可以强有力地提供出裁判的原因和步骤，具有说服性。演绎推理中三段论模式为人们展现了一个逻辑推理的过程，同时也展示了一个价值判断的过程，只是这种判断隐藏在裁判规范与事实的建构之中，不易被察觉罢了。三段论最终基于大、小前提得出了一个让人无可辩驳的裁判结论，其将演绎推理下的案件裁判构成表现为对于法律的绝对忠诚，由于大、小前提的完美契合几乎隔绝了规范之外的因素的介入，能最大限度地保证案件裁判的合法化。

二、类型思维下的事实建构

概念是由对特定对象的全部或部分共同事实特征抽象概括而来的，具有“事实性”，体现了一类事实的“核心特征”以及“典型意义”。而类型注重“中心价值”的判断，即衡量不同事物间是否具备相同或相似的价值意义。对价值法学的推崇在明确“价值性”的核心地位之外，赋予了类型不同于概念的“非定义性”，即不再试图以抽象的“事实性”为要素、要件，特征相似的事实可因价值的非同一性而被区别对待，特征迥异的事实也可因价值的同一性而被视为相同的规范对象。因此类型思维下的犯罪构成是开放的，更多生活事实可能被涵摄。运动伤害案件，在我国刑事司法体系中，显然属于类型思维构建的范畴。

（一）类型思维的运用对象——新型案件事实建构

概念的封闭性使规范缺乏自我调节能力或机制，无法应对事实的多变性与规范语词有限性的张力，导致犯罪构成对疑难案件或新型案件无能为力。自此，类型思维开始发挥效用。以前述飞铲案为例，简述运动伤害的事实特征如下：

第一，事实的难确定性。对于法官而言，新型案件之所以棘手，是因为无法从犯罪构成或既有判例中直接寻得规范与事实的“完美对接”。规范并非对立法之法显而易见的理解，而是经由事实参与后对规范更深层次的选择性理解；事实也不再是纯粹客观意义上的事实，而是经过选择性规范加工而成的不确定事实。鉴于规范与事实均是法官二次加工的产品，每一次为规范以及事实选择所作出的叙事都显得小心翼翼。“故意”与“过失”的判断本就是伤害案件中的认定难题，在体育运动中，矛盾更加凸显，因为主观事实需要通过客观行为被发现，难以直观显现在裁判者面前。例如，“足球飞铲案”中，甲腾空飞铲乙的主观是单纯以伤害为目的还是对赛事情形的提前预判，抑或由于腾空后无法避闪的过失都是裁判中对于主观事实建构必须考量的要素。

第二，事实的模糊性。新型案件的疑难同时体现于规范的适用以及事实的建构。对于规范难题，可归结为法律评判标准的异化或缺失，对此可通过法律原则的适用以及司法解释予以解决；而事实建构的难题往往表现在事实类型的边缘化、模糊化、缺失化，司法实践对此的解决之道往往通过程序性规则，诸如举证责任、司法推定等技术性规则或措施来予以解决。但在运动伤害案件中，不应机械地依靠传统刑事案件举证责任及鉴定意见进行主观事实的推定。在“足球飞铲案”中，甲的行为可能出于多年训练的下意识反应、赛场局势引发的情绪变化、球迷观众的欢呼倒彩、裁判员的不当处罚、队友对手的矛盾冲突等，主观事实的模糊性成为困扰裁判者的一道屏障，不可避及却又力不从心。

第三，事实的难接受性。部分刑事案件因受到广泛关注而成为舆论热点，民众对于案件裁判结果的期待使简单案件变得“复杂”，这种“复杂”无关事实与规范的适应难度，而是事实与规范相互建构后的裁判结果无法得到社会认同，对此有学者称之为“事实与规范关系形式相适应实质不适应”①。体育裁判员受到关注，一方面囿于体育活动的公开性以及影响力，另一方面是对一个运动员的处罚会示明后续类似判例的处罚方向，对体育事业发展产生影响。

（二）运动伤害事实的建构困境

放眼当下的刑事裁判实践，规范与事实完全适应的案件只占据很小一部分，大多数案件属于规范与事实基本适应，即法官的自由裁量权以及对法律规范适当地进行解释、对案件事实合理地进行剪裁，这是实践中刑事裁判的常态。而实践中最困扰裁判者的是疑难案件的事实建构问题，这类案件中事实与规范的适用形式表现为如下形式：事实与规范不相适应，即单凭对规范稍作扩张或缩小解释难以涵摄事实，法官自由裁量权不再停留在规范明确的幅度期间，而是较多地适用至法律原则中，如罪刑法定原则、期待可能性以及规范中没有明确标准的“明知”“情节严重”“重大损失”“后果严重”等要素确定。

从证据规则出发，对事实的认定基本依靠当事人供述、被害人陈述、侦查勘测笔录、录音录像制品等证据予以回溯及固定，但结果并不尽如人意。这意味着，裁判者需要在裁判小前提固定困难的情形下，得出公正、合法的判决结论。例如，运动伤害必须要对运动伤害结果作出认定，即是否构成故意伤害中“轻伤”以上的程度。运动员在日常训练及高强度竞赛中经常引发

① 郑永流：《法律判断形成的模式》，载《法学研究》2004年第1期。

陈旧性损伤，对陈旧性损伤与伤害导致的结果间的关系，鉴定报告应当做符合体育特质的“行业化考量”，如跨栏运动员由于遭受对手伤害而导致跟腱断裂，虽被鉴定为轻微伤，却可能导致职业生涯终结；摔跤运动员虽然由于遭受对手重击导致重伤，却是竞赛过程中可提前预判的风险，故而不应机械套用故意伤害罪的客观标准。此外，对受害运动员陈旧性损伤的认定往往只能依靠受伤运动员的陈述、证人证言或日常诊断等客观证据，裁判者并无渠道获取直接证据，即裁判者需要在案件事实无法固定的前提下，追求裁判事实的准确，这样看来似乎是一种悖论。但司法实践的要求，需要裁判者在此种悖论中，以法律的名义完成生活事实向裁判事实的进化，保证裁判结果的公正与公平，这便为裁判者从形式法律逻辑推理跻身至实质法律思维中提供了外在推力。

实质性的法律思维将事实归类为三段论的小前提，却未天然地给予其应有的重视。事实的建构被内置于“理性人”的认识之中。通常认为证据规则的准确适用能够为法官建构裁判事实，法官作为绝对理性人能够对事实的建构提供准确的判断。然而，伴随尼采宣告上帝死亡、福柯对“理性人”宣布死刑，通过理性人对纯粹法律语义的运用来建构裁判事实或者借助同一性的法律概念、绝对性的法律原则、法律理念、法律精神来涵摄穷尽生活事实的全部类型的初衷破灭。因此，对于法官的个体崇拜逐步让位于关于类似案例的判决遵循。

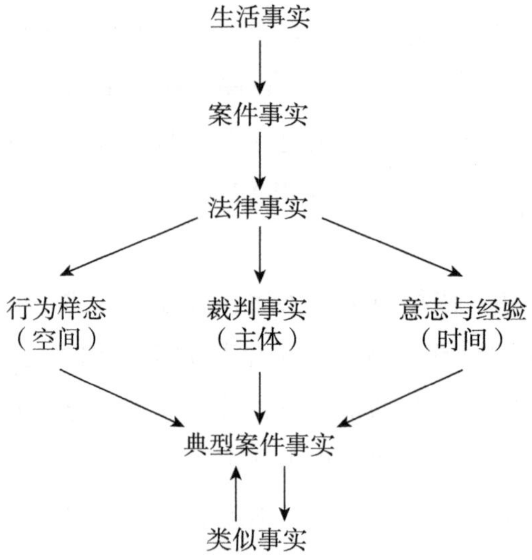

图 6－1　裁判事实建构流程

如图 6－1 所示，在简单的运动伤害案件中，事实的建构基本遵循着生活事实→案件事实→法律事实→裁判事实的建构过程，因为规范的完备性，事实的建构也相对顺利，最终生成的裁判事实也将贴合典型案件事实；而在疑难案件中，裁判事实的建构过程除了遵循简单案件的事实建构过程外，在法律事实的建构过程中常常要借助规范自身外的因素。因此，在分析法律事实时，需要采用类型思维去考量行为样态，并基于先前判断去拟制所生成的裁判事实与典型事实的差异与统一。此外还要考量典型案件事实与类似事实的作用与反作用，即本案进行的裁判事实的建构能否普适于其他类型案件，最终将此建构过程典型化。

（三）类型思维的逻辑方法——类比推理

相较于大陆法系国家，英美法系国家因对先例的遵循而倍加钟情类比推理方式。从事实角度而言，类比推理就是在两个或两个以上的事实中寻找出一个或多个相似点，主张对一种事实所适用的规范也能够适用于另一种相似的事实的方法。[①] 通过类比，推论出一个具有某种属性的案例也有其他属性。然而，复杂的事实常常让相似点的寻找举步维艰，“待决案件也具有与过去某类案件的相似点”有时并没有可靠的依据或客观联系，进而导致裁判作出前事实间不匹配的风险已经出现，那么由该种前提所推导而出的结论势必也具有或然性。关于类比推理的基本模式及裁判方法，见表6－1。

表6－1 类比推理的基本模式及裁判方法

类型	类比推理的基本模式	类比推理的裁判方法
内容	A事物具有属性a、b、c、d； B事物具有属性a、b、c； 所以B事物具有属性d。	X规则适用于A案件； B案件在实质上与A案件类似； 所以，X规则也可适用于B案件。

从理论上而言，类比推理是由特殊到特殊的推理方式；从实践而言，类比推理是由个案到个案的推理方式。类比推理的核心要义在于对历史经验的运用，即将已决案件中蕴含的裁判经验内嵌至相似的待决案件的裁判思维中。类比推理势必要渗入裁判者的主观、经验、逻辑甚至联想中，非客观裁判要

① 参见段威：《刑事裁判中事实建构问题研究——基于犯罪构成的视角》，中国政法大学出版社2019年版，第149页。

素不可避免地导致裁判结果的或然性以及差异性，这正是司法实践的担忧所在。

（四）类型思维的事实建构步骤

主观性是类比推理的核心特征，但不能仅因主观要素的渗入而否认类比推理中内在的逻辑规则及价值标准。类比推理往往需要类型思维，其与演绎推理的主要差异在于主观性所占裁判思维的比重不同。具体而言，类比推理对事实的建构步骤主要包括以下三点：

首先，确定一个权威性的基点。“这个基点可以是法律明文规定的事实或者已经公开裁判并具有典型性、权威性的判例。”① 通过对基点意义的判断寻找事实所需适用规范的大致范围，即为裁判的生成确定适用可能性较高的大前提。

其次，描述基点事实与待决案件事实间的构造差异。尽可能综合、全面、准确地罗列出两种事实间的相同点与不同点，并进行价值衡量。若在比对之后，得出的结论是两者的相同点占据优势，那么待决案件的事实建构便可以遵循基点事实所适用的规范；反之，若待决案件事实与基点事实不同点较多，那么基点事实的建构方式就不应被适用。这实际上就是把作为基点的文本规范概念事实与待决案件生活事实在形式特征上相互比对的过程。

最后，对基点事实与待决案件事实进行“相似性判断”。在德国，针对“相似性”主要有构成要件相似说、实质一致说以及同一思想说三种，其中构成要件相似说为通说。“相似性判断”的核心在于分析“事实的本质”，“一方面，法律理念显示在它的‘素材规定性’中，在它向着素材的开放性中，在素材中它自己得以现实化——同样地，法律规范显示在它的‘存在关联性’中：即法定构成要件作为被类型化的生活事实。另一方面，生活事实亦显示在它的‘理念规定性’与‘价值关联性’中，在它的理念性、图像性、模型

---

① 张心向：《在遵从与超越之间——社会学视域下刑法裁判规范实践建构研究》，法律出版社2012年版，第404页。

性、模范性中：即在其类型性中”①。

第三节　裁判思维的情感渗入：裁判者对主观事实建构的个性表达

运动伤害刑法化问题无法避免来自三方面的诘问：合法性、合规性、合理性。其中合法性解决的是刑法应否介入的问题，合规性解决的是刑法与体育自治如何衔接的问题，而合理性则解决刑法对体育产业是保护或抑制的问题。体育竞赛中往往设有先进的摄像设备、经验丰富的裁判员以及数量众多的观众，因此对于赛场上的伤害行为往往能够清晰、完整地予以捕捉、回顾、研判，在界定犯罪构成要件的客观要件中不存在障碍，但对于伤害行为的主观目的究竟是出于战术安排、自我保护、过失伤害、冲动为之或是单纯以伤害他人为主观目的，往往成为困扰裁判者的难题，也是成为判断致害人应否构成刑事犯罪的重要一环。面对运动伤害案件，无论采取概念思维还是类型思维都不可避免地带入自身主观认知与情感，对行为人主观要件的解释包含以下因素。

一、对体育精神的共识性认知

谈及裁判主观事实的建构，不得不承认，即使接受过数年法律专业训练的法官也会带有明显的个性化特征——价值判断的标准。每个人都会拥有不同于他人的价值判断标准，法官亦不例外。有些价值判断在一般情况下不会影响裁判事实的建构，例如，认为斗牛的人身危险性大于围棋、紫色队服比黄色队服好看等；而有些价值判断则会影响到裁判事实的建构，例如，在混双竞赛中，A 男伤害 B 女的案件中关于男尊女卑的价值判断，在黑人 C 与白人 D 的竞赛中关于种族歧视的价值判断；等等。那么，如何限制裁判者的价

① ［德］亚图·考夫曼：《类推与“事物本质”——兼论类型理论》，吴从周译，台北，学林文化事业有限公司 1999 年版，第 39 页。

值判断或者为法官的价值判断设定一个基点、一个参考模式、一个统一的标准呢？“法律上的判断以裁判众人之事为其特点，它自始必须以共识的标准为基础。”[①] 而共识的存在论基础是差异性的共存，换言之，要承认不同的国家与民间关于体育文化、规则的理解具有差异性，在包容差异性的同时，达成共识即体育应当符合公共性的平衡以及公序良俗。

在上述共识基础上，关于运动伤害的主观裁判应当考量：竞赛者在赛场上处于精力高度集中的状态，很多动作系出于职业敏感、应激反应以及常年训练的经验外化，因此，对于未造成严重后果或者竞赛中常发性的伤害行为，因自甘风险原则的确立，应当予以刑法适用的排除；但若因运动员具有主观故意而做出了严重伤害行为导致对手出现严重危害结果，而致伤者仅仅受到警告、禁赛、经济惩罚等措施，那么其向运动员、教练员、赞助商等体育场域参与者所传递的信息是：体育领域允许通过较低的对价获取其想得到的预期利益。因此，裁判者在运动伤害案件中，对于致害人主观要件的考察重点包括伤害行为前致害人的举动、伤害部分的选择、伤害行为实施的必要性、伤害行为实施后致害人是否采取补救措施等多种要素，进而明确致害人是否具有伤害的主观故意。

二、对体育规则的经验性考量

体育具备专业性，这也是体育学者始终坚持体育自治的重要原因。但体育与刑法毕竟是两个知识体系，不能保证裁判者都深谙所涉项目的体育规则，因此裁判者必须运用经验法则进行案件的判断与裁决。具体而言，经验法则能够决定证据能力以及证明力，有助于案件事实的建构与推理。

在运动伤害案件中，规则是至关重要的评价标准，或者说，在体育领域，规则本身具有“先规范性”，竞赛规则严格圈定了竞赛可能发生的风险，这种圈定对于所有参赛的运动员而言均视为一种“明知”，即符合规则的运动员既有因“被害人承诺”而获得的刑法豁免，又有因“自甘风险”原则而获取的

① 黄茂荣：《法学方法与现代民法》（第5版），法律出版社2007年版，第268页。

民事豁免权。只要运动员遵守规则，那么其刑事责任就应得以阻却。但值得注意的是，规则往往包含竞赛的时间、地点、方法、评判标准，而对于运动员的主观注意义务涉及不多，那么裁判者在运用规则评价运动员的主观事实时，不可避免地需要运用经验去建构主观事实。虽然经验法则对于事实的建构作用显著，但由于经验法则运用后结果的或然性，应对经验法则的适用进行理性限制。对于体育事实建构而言，经验法则赋予了事实建构更多的不确定性以及多样性。我国运动伤害方面的证据规则尚不完善、裁判者对于规则等体育知识了解有限，经验法则的适用容易导致法官在事实认定上处于一种“超自由心证”的状态，即不同级别的法院之间、同一级别的法院之间、同一法院的不同法官之间针对同一案件会得出迥异的建构结果，严重影响当事人权益，导致刑法在体育领域适用的“膨胀化”。

此外，经验法则的适用须以特定的条件为基础，需要考量具体案件的实际情况，并不具备普适性。经验法则是法官个体主观上对事实建构的一种介入，建构结果与法官的性格、性别、民族、国籍、职业素养、情绪、道德情操、心理素质均有关系，带有强烈的个体性特征，影响裁判尺度的统一性。基于此，可确定如下事实建构原则：对于运动员符合规则的行为应当推定其主观不具备“明知性”；对于违反规则的行为，若运动员的行为明显无合理依据，且严重违背体育精神，则应当推定其主观具备伤害的“明知性”，但同时应当设立程序允许运动员对于主观明知进行抗辩。

三、对伤害行为“相当性”的伦理考察

社会伦理渗入裁判事实往往是在社会公众对裁判结果持否定意见时。由于裁判结果有悖于人们对于法律的期待以及正义的理解，民众开始自发的对判决结果进行问询、声讨，甚至反抗。例如，在篮球竞赛中，A 进攻造成 B 投球失误，B 的队友在事发后，故意对 A 进行报复行为，最终导致 A 跟腱断裂，经鉴定为轻伤。若对此行为按照刑法标准，其满足故意伤害罪的构成要件，但这样的裁决显然不能契合公众对体育的合理性期待：第一，暴力对于竞技体育而言，具有天然的美学价值，无论从体育的起源还是体育的发展来

看，人们热衷于体育的重要原因，都是因为能够在竞技观赏中得到情感的释放，而攻击、冲突、对决等行为是构成部分竞技运动的核心所在，因此对于未引发观众及舆论不适的伤害行为应当予以刑法评价排除；第二，刑法的强势介入引发的直接后果是让运动员在竞赛中出于对法律惩治的恐惧而畏首畏尾，难以全身心地进行竞赛活动，这与刑法保护体育运动健康发展的初衷渐行渐远；第三，越来越多的学者开始关注运动员的脑部健康及常年的体育训练、赛场运动损伤所引发的运动员慢性创伤性脑病，① 那么对竞赛者设定完全相同于常人的故意伤害刑事标准是否是对运动员的二次伤害行为。因此，对于运动伤害的主观事实建构标准应当高于传统伤害案件，并充分保障运动员的合理抗辩权。

虽然社会伦理无法作为犯罪的构成要件直接参与对行为的判断，但可以肯定的是裁判事实的建构过程中（甚至在裁判事实建构之后），公众的伦理情感从未缺席，其出于对体育文化、体育精神的理解以及正义的诉求，甚至出于直觉在感知、预测、评价着裁判结果，也正是基于此，大陆法系理论中更关注运动伤害的预防以及治理手段的“柔和性”，始终致力于通过体育环境改善、体育价值宣扬、体育心理辅导等进行运动伤害预防。

对于运动伤害类犯罪案件，裁判思维引领了刑事司法者对事实建构的运用模式以及叙事表达，为裁判事实的生成提供了外在和内在的双重基础。在事实建构过程中，裁判者始终徘徊于概念思维以及类型思维之间。规范语言极端精确的同时带来了裁判的稳定及裁判的无力，因为封闭的概念与流动的事实间沟壑难平。同样地，法律也应当向事实敞开，当封闭概念及其逻辑体系难以应对复杂、多变、特殊的体育事实时，理想的做法是破除概念的封闭性、降低概念的抽象程度，即采用“类型”化思考方式。概念与类型两者之间的关系实质上是一种隐性的过渡，从界限明晰的中心区流向模糊不清的边

① 慢性创伤性脑病（Chronic Traumatic Encephalopathy，CTE）是一种神经退行性疾病，它的发生与脑部反复的轻微创伤（Mild Traumatic Brain Injury，MTBI）有关。该疾病由 Martland 博士于 1928 年首次描述，他观察了一群拳击运动员并将其症状描述为“拳击醉态综合征”（Punch trunk syndrome）。该疾病大多发生在身体接触类运动员（足球、冰球、拳击等）、退伍军人群体中，但也有部分患者是家庭暴力所致。

缘地带的过渡。概念充当了类型的中心，而类型变成了概念的弹性触手。对于裁判思维的选择更多依赖于运动伤害案件事实特征以及裁判需求，概念是追求裁判确定性的优质武器，类型是衡量价值取向正当性的理想工具。

第四节　运动伤害案件的事实建构路径

学者米勒（Friedrich Mueller）曾将规范与事实间的互构形容为“眼光的往返流转”，[①] 运动伤害裁判事实的建构亦不例外。刑法的介入应当是审慎的，以确保在流转中完成裁判事实建构的合法性、合规性以及合理性衡量。

一、一般到特殊的实践归纳——裁判合法性的真意探寻

解决体育自治与外部刑法规制之间的矛盾，应厘清体育场域与刑法场域的界限，对于同时隶属于体育场域及刑法场域内的惯习，遵从体育惯习优先于刑法场域惯习的方式，免除伤害行为的刑事责任；[②] 对超出体育场域惯习，渗入刑法场域内的运动伤害行为，应追究刑事责任。至此，在明确区分惯习标准时，竞赛规则的地位至关重要。在体育场域内，规则往往具备“先规范性”，或者称为体育行业的“成文法”，主要涵盖各级体育组织的规章制度、技术规范和纠纷解决规范等。[③] 它严格圈定了竞赛的主体、地点、时间、流程、胜负评判标准等内容，是体育场域内主体共同遵守的规则，因此在考量运动伤害事实建构的过程中，作为大前提的“规范”，不能忽视“规则”之于事实建构的特殊意义。

（一）事实建构范围的限定

运动伤害的主体和地点较容易划定。如前所述，直接主体通常指具有正

---

① 参见［德］卡尔·拉伦茨：《法学方法论》，陈爱娥译，商务印书馆2003年版，第13～14页。

② See MARY C, *It's not How you Play the Game, it's Whether you Win or Lose: The Need for Criminal Sanctions to Curb Violence in Professional Sports*, Hamline Law Review, Vol. 12: 1, p. 71 (1988).

③ 参见韩勇：《同场竞技运动员间伤害的侵权责任》，载《体育学刊》2013年第1期。

式参赛资格，直接参与体育竞赛的运动人员。据此教练员、裁判员等体育参与主体只能以共犯的身份出现在法律适用中；而地点则严格限制在竞技规则制定的赛场之上，从而将运动员在场下以及竞赛时间之外实施的伤害行为排除。

关于运动伤害事实建构的时间范围确定存在一定难度。运动伤害案件的事实建构需要遵循竞赛规则，而竞赛规则的生效时间始于竞赛开始、终于竞赛结束，因此，进入运动伤害案件的事实同样具有时间的限定。运动伤害行为因为规则的确认而进入体育场域之内，而竞赛时间以外的行为则因为失去规则的庇护无法构成运动伤害案件中的事实，即不能成为裁判事实建构的材料。换言之，如果危害行为发生在竞赛的过程之外，那么其不能成为运动伤害的案件事实。体育运动的开始通常以哨声、枪声、裁判员的明示等信号为标准，易于确认，但赛后的时间的认定稍显复杂，是否只要竞赛终结的时间一到，后续所有的行为就都被排除成为运动伤害案件的事实来源资格？答案是否定的。发生于赛后的运动伤害行为应作实际判定，即如果可以被认定是比赛行为的合理延续，其依旧能够作为裁判事实的组成部分。例如，在美国职业篮球联赛中，在终场哨声响起之后，一方运动员因挑起争球造成对方球员的重伤行为，如果该争球行为在哨声响起之前已经在发生，后续的伤害行为是争球行为的合理延续，那么伤害的行为被认定为行为的连带或延续，仍然受到竞赛规则的庇佑，自然可以受到刑法规范的问责，相应的事实仍能构成运动伤害案件中事实建构的素材。

（二）事实建构内容的限定

在刑事裁判的众多思维模式中，演绎推理最为裁判者所青睐，即通过演绎完成规范与事实的对接，得出“必然性”结论。因为演绎推理是对确定命题间的判断，大小前提均为形式化的确定性命题是演绎推理的前提，因此，当刑法规范处于形式不确定时，演绎推理的运用便总是“命运坎坷”，失去了应有的效力，导致事实与规范在运动伤害等新型、疑难案件中不能自动完成对应。对此，可采用类型思维进行规范与事实的互构，运用经验、逻辑建构适于裁判的大小前提，而犯罪构成作为不法行为的类型，能够充当规范与事实的调和点，共同生成结论。[①] 选择类型思维对运动伤害事实进行建构需要比对者的诸多投入，因为“实践理性并非某种单一的分析方法，甚至也不是一组相关联的方法。它是一个杂货箱，里面有掌故、内省、想象、常识、设身处地、动机考察、言说者的权威、隐喻、类推、先例、习惯、记忆、经历、直觉以及归纳”[②]。而当我们将目光从传统伤害流转至运动伤害过程中，目光所及范围从传统生活场域向体育场域限缩，默默地完成从一般到特殊的理性回归。

谈及运动伤害案件的事实内容，即什么样的行为能够突破竞赛规则保护的藩篱，进入刑法的问责范围。在上述的事实成立主体、地点、时间中，大致划定出了进入运动伤害案件事实的时间及空间范围，但事实达到何种程度才能被认定是刑事案件事实，是直接影响犯罪成立以及体育自治与惩治犯罪之间紧张关系的重点，因此对于内容的限定，需要审慎而全面，将运动伤害行为是否符合竞赛规则而进行不同划分，即分为符合竞赛规则的行为事实以及不符合竞赛规则的行为事实两类。

二、形式到实质的理性渐进——裁判合规性的影响性评价

对于裁判事实的建构而言，其经历了从形式到实质的考量过程，而在此过程，必不可少的是裁判者对判决发生后对社会秩序可能造成的影响的考量，运动伤害刑事裁判亦不例外。体育运动具有全民性，对一个案例的裁判往往会引发社会的关注，如何权衡个案裁判与社会秩序，是运动伤害刑事裁判不得不面临的难题，在此过程中，事前分析法促成了裁判事实从形式迈向实质。例如，在美国发生过这样一个案件。A 走进了一家银行，意欲抢劫，A 挟持了银行中的一位顾客 B，用枪抵住 B 的头进而胁迫银行职员 C 将银行抽屉中

---

① 参见陈伟、蔡荣：《刑法立法的类型化表述及其提倡》，载《法制与社会发展》2018 年第 2 期。

② ［美］理查德·A. 波斯纳：《法理学问题》，苏力译，中国政法大学出版社 2002 年版，第 92 页。

的全部现金交给自己，否则将开枪杀死B。C拒绝了A的要求，顾客B被A开枪杀死，最后，A被抓获。案件发生后，被害人B的家属起诉了银行，其认为银行职员C应当将现金交给A。如果仅仅基于个案立场，第一出发点是财产价值和生命价值的博弈，因为不幸已经发生，法律无能为力，法律唯一能做的就是对损害的承担重新分配，让应承担责任的人进行赔偿，即让银行对被害人B的家属进行赔偿。此种分析方法是典型的事后分析法，是基于个案发生之后，以弥补损失以及定分止争为第一要务的裁判思想。但假如法院最终判决银行赔偿B的家属以经济赔偿完成对本案的纷争，那么在判决发生后，会引起怎样的社会连锁反应？首先，其他法院再遇到相同或类似案件后，均会以该判决为参考，认为银行拒绝将现金交给劫匪而致顾客死亡的行为违反了法律规定，构成一种法律上的归责事实，银行将为此对顾客家属进行赔偿；其次，银行再遇到相同或相似的情景时，会主动或配合性地将现金全部交给劫匪，以避免被被害人家属起诉并赔偿损失，因为其败诉的风险因前述案件的判决而变成了一种高概率事件；最后，对于劫匪而言，虽然其未必会直接了解该判决的具体内容，但其会发现只要他挟持了银行内的顾客，银行的工作人员就会将现金交由他。

以上分析是事前分析法的进路，即站在判决发生之前，拟制判决发生之后将会引起的利益博弈与社会秩序的变更。上述案例，若判处被害人家属胜诉，虽然实现了法律对被害人死亡的补偿，但银行却会因为担心再次发生败诉案件，而在劫匪挟持人质时第一时间交付财产，助长劫匪气焰，导致更多的人被劫持；若判处被害人家属败诉，虽然对被害人及其家属有失公允，但劫匪也深知劫持人质并不会改变银行保护财产的初衷，从而放弃劫持人质甚至抢劫的行为，从而减少此类犯罪的发生。对此，伊利诺伊州最高法院认为："在这类特殊的案件中，判决的结果可能显得无情、不公正，但是，如果不如此判决，就等于鼓励更多的犯罪分子采用类似伤害手段，在将来也就无法保护更多的顾客，这种后果是我们无法承担的。"这对运动伤害案件的裁判同样具有参考价值。在绝大多数案件中，事实与规范的契合贯穿着整个案件裁决的过程，即案件裁决始于事实与规范的柔和，终于事实与规范的互构完成，但在少数案件中，事实与规范的互构完成并不意味着裁判的终结，贯穿裁判者思想的是“反面功利论”——避免多数人的不幸远比创造大多数的幸福更加具有普遍意义。

运动员采取运动伤害的原因有很多，如出于赢得比赛的目的、为获取巨额经济利益而故意选择实施恶性伤害行为、被对手的不当行为激怒、无意识的自我保护动作引发的伤害行为等。如果在运动员在具有主观恶意的情形下做出了严重伤害行为导致对手出现轻伤以上的危害结果，而致伤者仅仅受到警告、禁赛、经济惩罚等措施，那么这向运动员、教练员、赞助商等体育场域参与者所传递的信息是，体育领域允许通过较低的对价获取其想得到的预期利益。① 运动伤害的恶性在经济利益的驱动下成为一种快捷的、合法的选择，而更多的运动员为避免自己沦落为伤害的对象，更倾向于选择先发制人，以保全自身健康以及获取预期利益。

基于此，不同裁判事实建构的影响不在于对法律的立、改、废、释，而在于今后被告人在面临相同事实时行为的动因。即在判决发生后，被告人可能并不知晓该项判决的结果，但他却会从社会的倾向性行为中发现，法律不会容忍非必要的运动伤害行为。这类生活事实的反复发生会遏制被告人在竞赛中采取恶性伤害的动因，最终遏制此类恶性犯罪发生。而在该项进程中，我们并不需要法律作出变动，裁判事实在建构的过程中，怀揣着人们赋予它的价值取向，潜移默化地影响规范所起的评价、预示作用。

综上所述，在进入审判程序后，法官需要通过对证据的审查以及聆听控诉双方对事实、规范的建构意见，在此过程中，可能会出现事实建构、打破、重构、再建构、再打破、再建构……如此循环往复的过程，但总体而言，事实的建构遵循着由形式至实质的过程，最终确定成具体、准确的裁判事实，随同裁判规范的建构一起落实至裁判文书中。

① Sprotzer, *Violence in Professional Sports*: *A Need for Federal Regulation*, Case and Command, Vol. 5 -6, p. 3, 8 (1981).

三、客观到主观的逻辑考察——裁判合理性的事前评估

行为人进行犯罪活动的顺序通常是先具备主观过错，再发生客观行为。然而，当事后还原并评价行为人的犯罪行为时，裁判者却惯于采用客观到主观的逻辑考察模式，这在运动伤害事实建构上尤为明显。体育赛场充满未知性，运动员在竞赛状态中往往容易产生冲动行为，在主观支配下的客观行为往往具有瞬时性，难以界定行为人实施伤害行为时是出于故意还是过失。[①] 之所以在评价竞技体育暴力时，需要采取客观到主观的逻辑顺序，是因为客观的行为通常可以通过证据进行固定，便于记录和观察，而主观的确定能够依赖于客观行为的性质、特点加以确定。囿于体育竞技领域的特殊性，在考量行为人的主观心态时，除了依据客观行为加以判断外，还需要综合以下因素。

（一）社会伦理的范围

如果严格按照罪刑法定的标准而言，社会伦理貌似不应进入事实的建构过程之中，毕竟裁判事实的规范性应当排斥非法律因素的渗入，然而，裁判事实的最初面貌是生活事实，也就是说，裁判事实是源于生活的，而在裁判事实被确定以及公开后，裁判事实又反作用于生活，直接挑战着社会对于法律的认知、对于正义的诉求。社会伦理渗入裁判事实往往是在社会对裁判结果持否定意见时。由于裁判结果有悖于人们对于法律的期待以及正义的理解，民众开始自发的对判决结果进行问询、声讨，甚至反抗。

社会伦理是如何介入裁判事实建构的，下文将通过“恶意告密者案”予以阐述。1994 年，一位德国士兵甲在执行任务期间，回到了家里，并对其妻子乙表述了一些对希特勒以及纳粹党的不满。而后不久，妻子乙就将丈夫甲所言报告了纳粹党，原因在于妻子乙因与丙一起生活，想借此机会除掉丈夫甲。如其所愿，丈夫甲最终被军事特别法庭判处死刑，由于种种原因并未被执行。时间转至纳粹倒台后，妻子乙因设法使丈夫遭受囚禁而被审判。妻子

---

① 参见康怀宇：《刑事主观事实证明问题研究》，法律出版社 2010 年版，第 29 页。

言称，根据当时的法律，其告发丈夫甲时的法律的确有法可依，其只是揭发罪犯，不应受到惩罚，但公众对此并不认同，认为其主观上背弃夫妻忠诚义务，而法院最终以判决的方式顺应了伦理倾向。

在裁判事实的建构过程中（甚至在裁判事实建构之后），公众的伦理情感从未远离，其出于对正义的诉求，甚至出于直觉在感知、预测、评价着裁判结果。公众对于不同竞技体育运动所应当涵盖的伤害程度有不同的预期，如台球、冰球、高尔夫球等项目，伤害的可能性较低；自由体操、赛马、赛车、羽毛球等的致害行为多数源于运动器材、操作不当、环境干扰等因素，伤害因素渗入较少；篮球、足球、橄榄球等竞技运动属于伤害性较高的项目，但伤害并非必要构成部分，在运动中难以杜绝；拳击、散打、柔道等运动由冲突、攻击等行为组成，伤害行为在所难免。基于此，在建构运动伤害事实前，应当综合运动的性质、内容以及伤害所衍生的后果判定刑法介入的界限以及实施建构的尺度，旨在提升事实建构的可接受度。

（二）价值判断的标准

应当如何限制法官的价值判断或者为法官的价值判断设定一个基点、一个参考模式、一个统一的标准？“法律上的判断以裁判众人之事为其特点，它自始必须以共识的标准为基础。”[①] 首先，共识的存在论基础是差异性的共存。没有差异，何谈共识？共识并非对差异的纯粹否定，相反，其以价值多元化为存在基础，是对自我关系以及他者关系的理性思考。其次，共识的方法论原则是公共性的平衡。无论将共识性的标准放置于一个民族内，还是一个国家内，抑或是一个世界内，获取共识的途径均系对绝对主义与多元主义的超越，系横跨于政府与个人之间的，穿梭于公共领域与个人领域之间的，人们需要平等地、批判性地去审视和监督。最后，共识的政治前提是社会的公序良俗。这个“社会”应作广义理解，即使身处不同的社会中，拥有不同的公序良俗标准，但只要能够保证主体在平等、民主的秩序中共处，共识的达成

① 黄茂荣：《法学方法与现代民法》（第5版），法律出版社2007年版，第268页。

就具有了良好的政治基础。

体育是世界性的，即便国别、语言、习惯不同，也拥有同样的体育价值追求。“金牌之上”的价值目标不应当成为伤害行为泛滥的鼓风机，无论是“更快、更高、更强——更团结”的奥林匹克格言，还是相互理解、友谊、团结和公平竞争的奥林匹克精神，都向世界传递着竞技体育所应遵循的精神内涵。裁判者在进行运动伤害事实建构时，也应深谙竞赛精神和规则，明晰运动伤害与传统伤害的最大区别在于行为者实施运动伤害的前提是“无合理依据”以及“违背了体育精神”。

首先，“无合理依据”是指伤害行为的实施不具备正当性或者伤害非正当行为（基础行为）的附带或连带性行为。[①] 例如，在篮球运动中，在双方分数悬殊的情况下，比赛落后一方在比赛临近结束前，通过严重伤害行为制造犯规或在防守时恶意攻击无球运动员均属于不具备正当性的伤害行为。又如，在足球运动中，运动员间会在抢球中发生相撞、绊倒、踩踏等伤害行为，守门员也可能因扑救足球而受到来自对方运动员的伤害，如果上述行为系因为正当的基础行为而引发的连带行为，不具备独立的评价依据，那么即使该行为造成对方运动员轻伤以上的后果也应对其免除刑事责任。但如果伤害行为缺乏正当行为的基础，如运动员在无球时忽然袭击守门员或将穿着钉鞋的脚踩向对方球员，那么此行为应当受到独立评价，因为其不具备正当化基础，不应视为某一行为的附属行为。

其次，“违背了体育精神”可以归结为两方面：第一，运动员实施的伤害行为系出于主观恶意，不具有正当性。以拳击比赛为例，一方运动员攻击对方的部位多次被确认为无效，其却出于愤怒、报复、伤害等目的，仍然以伤害对方为目的多次击打对方，便可以认定其具备主观恶意，因为其实施的行为已经不再服务于争夺竞赛胜利的目的，而单纯想要伤害对方身体，其已经背离体育精神，无法受到规则保护。第二，伤害所造成的结果远远超出运动

① 参见吴玉萍：《竞技体育行为与体育暴力行为界分的刑法考察》，载《中国刑事法杂志》2012年第3期。

员的合理预测范围，[1] 同时无法被体育精神所涵盖。运动员参与竞技体育运动前，出于多年的训练培养，对自身所要参与的体育活动的规则、目标以及可能遭受的风险均十分熟悉，“被害人同意”理论正是基于此对体育运动中的部分风险进行合理化评价，然而若造成的伤害远远超过运动员合理预期，且此种伤害的产生不符合体育精神，那么对于此种由运动员实施的，以故意伤害或杀人为目实施的严重攻击行为，应当给予刑事处罚。1978 年，英国橄榄球运动员在竞赛中击碎了对方运动员的下巴，最终被指控因严重伤害他人身体，并非属于比赛合理范畴，而成为英国首例认定橄榄球运动员构成殴打罪的案件。

由于规范的空白、模糊、适用困难等原因，运动伤害案件的事实建构总显得“小心翼翼”，一方面，事实的建构无“先例”可寻；另一方面，事实建构的影响可能波及待决案件外的一个或数个领域，因此，运动伤害事实建构问题更加需要综合规范与事实，目光始终徘徊在两者之间，通过对事实特点的归纳找寻可以适用的规范文本，再以规范文本为出发点，思考事实建构的方式。事实的建构始终遵循犯罪构成要件的要求，犯罪构成中的要件标准又需要考量事实的特殊性而渗入其他特殊的规则。总之，规范与事实应并肩前行，任何一方的偏失、独行均会造成理论与实践的脱节、法律效果与社会效果的失衡。

第五节　运动伤害刑事治理路径建构

事实先行，规范紧随其后。“正当化”与“犯罪化”界分的核心是刑法规范介入的尺度问题，即应为运动伤害行为划出法律红线，让刑法坚守至红线外，确保刑法介入有规范的标准、科学的程序以及充分的释明。

---

① 参见［德］克劳斯·罗克辛：《德国刑法学 总论》（第 1 卷），王世洲译，法律出版社 2005 年版，第 356 页。

一、规范适用方面：应对构成要素做特殊考量

规范是局限的，事实是开放的，当“规范”本身出现疲软之时，“事实”能够为思考带来新的突破口。[①] 即虽然不同法律体系中传统犯罪构成的理论模型存在差异，但就构成要素而言，是大体相当的。我国刑法规范评价犯罪行为的要素包括主体、主观、客体、客观四要件。

首先，在犯罪主体方面，运动伤害的直接行为人主要是运动员，但同时需要分析运动员实施运动伤害的初衷所在，除却适用于体育暴力的故意伤害罪、故意杀人罪外，伤害行为还可能涉及主办方（受贿罪）、教练员（兴奋剂类犯罪）、赞助商（行贿罪）、裁判员（商业贿赂罪）、俱乐部（赌博、诈骗类犯罪）等多元主体，需要厘清是否存在教练员、俱乐部、裁判员或其他人的教唆、胁迫等犯意，将刑法共犯原理引入体育治理模式有助于建立打击体育领域上下游犯罪，从源头上杜绝体育场域内主体运用伤害行为牟取不正当利益。

其次，在犯罪主观方面，考量到体育活动的激烈性、高紧张性，为保障运动员的竞赛自由，应当将运动员的过失行为、意外行为以及发生在体育比赛时间以外、体育场地以外的行为剥离至运动伤害犯罪治理外。同时，在故意行为中，将范围限定在“恶意伤害”，即强调“有意性”与“预谋性”，排除“基于比赛目的而实施的伤害行为，即构成运动伤害犯罪的行为人主观应界定为行为人非基于竞赛目的实施的，同时对自己的行为会伤害他人身体有清晰认识，并且积极追求或放任伤害发生”。

再次，在犯罪客体方面，最重要的是需要对运动伤害结果，即客体做“行业化”考量。在法律多元主义的视角下，体育立法包括国家立法以及非国家性的体育法，[②] 其中体育技术与规则的独特性就是非国家性体育法的重要内

---

① 参见张心向：《在遵从与超越之间——社会学视域下刑法裁判规范实践建构研究》，法律出版社 2012 年版，第 447 页。

② 参见姜熙：《体育立法理论研究》，中国政法大学出版社 2019 年版，第 44 页。

容，[①] 即只有在非技术事项争议、用尽体育行业内部救济及不存在仲裁协议的情况下，才能展开进一步的司法审查流程。[②] 例如，对拳击运动员的损害进行鉴定，结果为轻伤，虽然从构成要件上满足故意伤害罪的客体标准，但应审查该运动员是否存在训练或比赛造成的陈旧性伤痕。因此，刑法一方面要严格遵守罪刑法定原则，即刑法适用不能计算未达到刑罚标准的扩大性伤害，如前述案例中跨栏运动员轻微伤导致的职业生涯终止影响，而应将其交还给民事治理；另一方面，对于符合刑法标准的伤情鉴定，要充分考量运动员特殊的身体情况，同时给予犯罪行为人充分的抗辩权。

最后，在犯罪客观方面，以故意伤害罪为例，可以将伤害罪行为总结为“作为且有形”“超出规则且非必要”“破坏式且无施救”三个事实特征。第一，故意伤害罪可以分为“作为”“不作为”两种方式。其中以不作为方式致人伤害构成故意伤害罪的，要求行为人负有特定的保护他人身体健康的作为义务，但在体育竞赛中，不能苛求相互竞争的运动员时刻铭记保护他人健康的法定义务，特别是在某些以伤害作为主要内容的竞赛中，将“不作为”剔除犯罪判断是对体育运动应有的理解和尊重。而所谓“有形”，指使用暴力殴打、行凶等方法致人伤害，而“故意以性行为等方式使他人染上严重疾病，欺骗被害人服用毒药而造成生理机能损伤，以胁迫等方法致使被害人精神严重失常”等无形手段也应排除至体育场域外。第二，进入刑法视野的运动伤害必须是不符合竞赛规则的，否则运动伤害如同正当防卫、紧急避险而伤害他人或因治疗上的需要经患者同意为其截肢等行为一样，将因阻却违法性而不成立犯罪。同时，伤害行为必须是“非必要”的，即已经不符合体育竞争的需要，如在超出竞赛场地或竞赛时间实施的伤害行为。第三，构成犯罪的运动伤害行为必须是“破坏性”的，即无法按照体育规则、体育道德及精神予以理解、包容。同时，行为人在实施伤害后，无阻却损害扩大的意思表示

① 参见张琴、易剑东：《自治、他治、善治：体育治理路向何方》，载《北京体育大学学报》2019 年第 9 期。

② 参见郭树理：《论司法对体育行会内部纠纷的干预》，载《北京市政法管理干部学院学报》2003 年第 3 期。

或行为。

二、程序保障方面：应充分尊重并保护运动员的抗辩权

程序规则的保障核心是赋予运动员充分的抗辩权。抗辩理由主要包括但不限于：(1) 行为符合竞赛规则。伤害行为无论造成何种严重后果，一旦其符合竞赛规则，就都应该排除至刑法门外，因为在体育场域，竞赛规则应当具有“惯习”优先性，或者理解为竞赛规则具有“先规范性”。(2) 体育的性质。不同性质的体育活动对伤害的容忍度是不同的，因而，不应为运动伤害划定统一边界。如在围棋竞赛中，伤害的刑法问责性标准就要远低于冰球运动，这也符合社会对于运动伤害的期待。(3) 现场情景对行为的影响。很多体育运动具有“瞬时性”特征，运动员在赛场上精神高度紧张，很容易受到来自对手、现场观众、教练员、裁判员等因素的影响，由于自身以外的情景刺激而引发的过度伤害虽然不能排除非法性，但应在责任承担方面做出考量。(4) 运动员的精神健康。近年来，对于脑科学和信息通信技术的引入发现，运动员的前额叶皮质损伤与暴力攻击的关系，① 常年的体育训练以及比赛会引发运动员的脑部疾病，进而诱发伤害行为。当对其进行刑事责任判定时，必须考量其身体状态以及精神状态，否则违背了刑法适用的主客观相一致原则，这无疑是对运动员的二次伤害。

此外，对于运动员的刑事裁判应当尊重体育专业性，首先，应当引入熟悉体育规则的司法人员介入案件，避免用传统刑法理论判断运动伤害的构成；其次，在刑事审判之前，应当充分考量行业组织、自治协会等出具的专业性报告，并将其作为证据纳入刑事裁判体系之内；再次，刑事强制措施方式应当以取保候审为主，在判决前尽量保障运动员正常训练的开展；最后，将刑事犯罪记录与运动员选拔机制相衔接。

---

① See Grafman J, Schwab K & Warden D. Frontal Lobe, *Injuries*, *Violence*, *And Aggression—A Report Of The Vietnam Head Injury Study*, Neurology, Vol. 46: 5, p. 1231 (1996).

三、裁判叙事方面：应在判决中释明并弘扬体育道德

运动伤害事实的集中性、牵连性、科技性、隐蔽性、广泛性、规则性特征以及竞技体育规则的“先规范性”决定了刑法适用的特殊路径。这种特殊不仅体现在实体法、程序法方面，同时也内嵌于裁判者的裁判路径与逻辑表达中，即运动伤害的刑事裁判应当充分释明体育道德。

不同于体育伦理蕴含的客观秩序性，道德更关注的是主观操守性，“伦理失序”则“道德失范”。[①] 体育道德的产生源于现代体育活动中各种伦理关系的确立。首先，体育道德要助力体育事业的可持续性。体育事业持续发展的根源在于其能够不断丰富人民群众日益增长的精神文化生活需要。这种需要的投射既是人类生命力的绽放，又是人性自由意志的体现，而体育的纯净与健康发展是保持持续生命力的核心，具有“非正当性的”“破坏性的”的行为不符合可持续性要求。其次，体育道德要关注体育活动的特殊性。一方面，不同性质的体育活动拥有不同的竞赛规则和特征，而对应的体育道德标准应当呈现区别化；另一方面，要充分考量国家、种族、性别、年龄、阶级等不同层次对体育活动的需求与理解。[②] 最后，体育道德要尊重体育竞赛的功利性。竞争与利益之间有着非常密切的联系，思想修养与技能培养对一个运动员来说是同等重要的。“从伦理学的维度出发，体育道德是帮助人们找到促进体育运动更为健康发展的必由之路，由此，体育伦理的价值判断即为‘胜者无愧，败者犹荣’的终极判准”[③]，而体育道德的内嵌式表达也是保证体育独立性以及恪守刑法谦抑性的重要保障。

---

① 参见朱贻庭：《“伦理”与“道德”之辨——关于“再写中国伦理学”的一点思考》，载《华东师范大学学报（哲学社会科学版）》2018 年第 1 期。

② 参见贾小飞：《体育道德建立的内在机理探析》，载《体育研究与教育》2021 年第 6 期。

③ 任杰：《竞赛结果“真”与“好”的伦理学分析》，载《体育学刊》2010 年第 4 期。

参 考 文 献

（一）著作

1. 童志坚：《法学视野下体育健身休闲市场社会治理研究》，光明日报出版社 2021 年版。

2. 冯海波、张梧：《砥柱中流：中国共产党与中华民族伟大复兴》，人民出版社 2021 年版。

3. 张明楷：《刑法学》（上）（第 6 版），法律出版社 2021 年版。

4. 纪成龙：《中国省级体育部门治理能力评价研究》，江西人民出版社 2020 年版。

5. 何继伟：《传统体育文化的传承与发展》，吉林出版集团股份有限公司 2020 年版。

6. 张保华：《中国特色职业体育的政府治理与路径选择》，中山大学出版社 2020 年版。

7. 叶江：《中华民族伟大复兴进程中的“国家民族”建构研究》，格致出版社、上海人民出版社 2020 年版。

8. 颜晓峰主编：《实现中华民族伟大复兴的理论基础和行动指南》，中国言实出版社 2020 年版。

9. 李理：《社会力量参与县域群众体育治理研究》，北京体育大学出版社 2020 年版。

10. 段威：《刑事裁判中事实建构问题研究——基于犯罪构成的视角》，中国政法大学出版社 2019 年版。

11. 高铭暄、马克昌主编，赵秉志执行主编：《刑法学》（第 9 版），北京大学出版社、高等教育出版社2019年版。

12. 张颖：《体育强国建设及其实现路径研究》，中国水利水电出版社2019年版。

13. 姜熙：《体育立法理论研究》，中国政法大学出版社2019年版。

14. 李韧：《新时代“三大法宝”论：中华民族伟大复兴战略研究》，中共中央党校出版社2019年版。

15. 兰薇：《体育发展权研究》，北京体育大学出版社2018年版。

16. 刘纯献、刘盼盼：《建设体育强国的制度框架和思想基础》，人民出版社2018年版。

17. 冯晓丽：《民间体育组织：中国经验与本土治理》，社会科学文献出版社2018年版。

18. 夏云、颜旭：《中华民族伟大复兴的文化支撑》，暨南大学出版社2018年版。

19. 谢劲：《大型体育赛事与城市发展》，中国商务出版社2018年版。

20. 李德奇：《“一带一路”倡议下我国体育事业发展策略研究》，中国水利水电出版社2018年版。

21. 陈先达：《文化自信与中华民族伟大复兴》，人民出版社2017年版。

22. 郑大华：《中国近代民族复兴思潮研究》，中国社会科学出版社2017年版。

23. 蒙慧主编：《中华民族伟大复兴的“中国梦”》，人民出版社2017年版。

24. 布特、花勇民：《中国体育发展模式与困境》，北京体育大学出版社2016年版。

25. 张彩红：《竞技体育领域犯罪法律治理研究》，北京体育大学出版社2016年版。

26. 姚选民：《中国共产党与中华民族伟大复兴——中国崛起的政治哲学解释》，九州出版社2016年版。

27. 田祖国：《国家文化软实力与民族传统体育发展的制度保障研究》，

民族出版社 2016 年版。

28. 国家体育总局干部培训中心编：《改革创新推动体育强国建设》，北京体育大学出版社 2015 年版。

29. 钟秉枢主编、李相如执行主编：《中国休闲体育发展实践与探索》，北京体育大学出版社 2015 年版。

30. 刘志敏等：《促进体育强国与全民健身运动协调发展战略研究》，北京体育大学出版社 2014 年版。

31. 中国科协学会学术部：《“强政府、强社会”与中国体育发展》，中国科学技术出版社 2014 年版。

32. 陶坚、林宏宇主编：《中国崛起与全球治理》，世界知识出版社 2014 年版。

33. 尹雨嘉编著：《当代体育发展诸元导论》，光明日报出版社 2014 年版。

34. 杨改生、史友宽主编：《中国体育体制改革与发展研究》，河南大学出版社 2014 年版。

35. 王新：《城乡群众体育统筹发展：理论与实证研究》，北京理工大学出版社 2014 年版。

36. 王智慧：《体育强国的评价体系与实现路径研究》，北京体育大学出版社 2014 年版。

37. 孙杰：《竞技体育犯罪的刑法规制研究》，山东人民出版社 2014 年版。

38. 赵爱国：《国际政治视角中的中美体育体制与政策》，华中师范大学出版社 2013 年版。

39. 翟继勇：《球场暴力预防与管理——以美职篮和中职篮为例》，中国文史出版社 2013 年版。

40. 李先国：《群众体育文化创新与体育强国构建》，上海交通大学出版社 2013 年版。

41. 郭玉川：《竞技体育刑法规制问题研究》，法律出版社 2013 年版。

42. 池建等编著:《体育大国的崛起：新中国具有重大影响的体育大事》，学习出版社 2012 年版。

43. 傅砚农、曹守和：《新中国体育指导思想研究》，人民出版社 2012 年版。

44. 林山田:《刑法通论》（上册）（增订 10 版），北京大学出版社 2012 年版。

45. 章淑慧:《竞技体育伦理基础理论和核心价值观研究》，湖南师范大学出版社 2012 年版。

46. 何国民：《区域体育事业与经济协调发展评价研究》，北京体育大学出版社 2012 年版。

47. 张心向:《在遵从与超越之间——社会学视域下刑法裁判规范实践建构研究》，法律出版社 2012 年版。

48. 邵晓军等：《中国体育改革的历程及阶段性特征研究》，西安电子科技大学出版社 2012 年版。

49. 程林林:《当代中国体育利益格局演化研究》，学习出版社 2011 年版。

50. 康怀宇:《刑事主观事实证明问题研究》，法律出版社 2010 年版。

51. 黄世席:《欧洲体育法研究》，武汉大学出版社 2010 年版。

52. 韩勇:《体育法的理论与实践》，北京体育大学出版社 2009 年版。

53. ［日］大谷实:《刑法讲义总论》（新版第 2 版），黎宏译，中国人民大学出版社 2008 年版。

54. 张心向：《在规范与事实之间——社会学视域下的刑法运作实践研究》，法律出版社 2008 年版。

55. 罗时铭、谭华主编:《奥林匹克学》（第 2 版），高等教育出版社 2007 年版。

56. ［日］西田典之：《日本刑法总论》，刘明祥、王昭武译，中国人民大学出版社 2007 年版。

57. ［美］威廉·巴雷特：《非理性的人：存在主义哲学研究》，段德智译，上海译文出版社 2007 年版。

58. 黄茂荣：《法学方法与现代民法》（第 5 版），法律出版社 2007 年版。

59. ［德］G. 拉德布鲁赫：《法哲学》，王朴译，法律出版社 2005 年版。

60. 卢元镇主编：《体育社会学》，高等教育出版社 2005 年版。

61. ［德］克劳斯·罗克辛：《德国刑法学 总论》（第 1 卷），王世洲译，法律出版社 2005 年版。

62. ［日］西原春夫：《刑法的根基与哲学》，顾肖荣等译，法律出版社 2004 年版。

63. ［法］皮埃尔·布迪厄、［美］华康德：《实践与反思——反思社会学导引》，李康、李猛译，中央编译出版社 2004 年版。

64. ［德］阿图尔·考夫曼：《法律哲学》（第 2 版），刘幸义等译，法律出版社 2004 年版。

65. ［美］米尔建·R. 达马斯卡：《漂移的证据法》，李学军等译，中国政法大学出版社 2003 年版。

66. ［日］大谷实：《刑法总论》，黎宏译，法律出版社 2003 年版。

67. ［日］大冢仁：《刑法概说（总论）》（第 3 版），冯军译，中国人民大学出版社 2003 年版。

68. ［德］卡尔·拉伦茨：《法学方法论》，陈爱娥译，商务印书馆 2003 年版。

69. ［美］本杰明·内森·卡多佐：《法律的生长》，刘培峰、刘骁军译，贵州人民出版社 2003 年版。

70. ［美］H. W. 埃尔曼：《比较法律文化》，高鸿钧等译，清华大学出版社 2002 年版。

71. ［美］理查德·A. 波斯纳：《法理学问题》，苏力译，中国政法大学出版社 2002 年版。

72. ［英］戴维·米勒：《社会正义原则》，应奇译，江苏人民出版社 2001 年版。

73. 薛瑞麟：《俄罗斯刑法研究》，中国政法大学出版社 2000 年版。

74. [德] 弗兰茨·冯·李斯特：《德国刑法教科书》，徐久生译，法律出版社 2000 年版。

75. [德] 亚图·考夫曼：《法律哲学》，刘幸义等译，台北，五南图书出版有限公司 2000 年版。

76. [美] 史蒂文·J. 伯顿：《法律和法律推理导论》，张志铭、解兴权译，中国政法大学出版社 2000 年版。

77. 全国体育院校教材委员会审定：《运动训练学》，人民体育出版社 2000 年版。

78. 宋希仁主编：《当代外国伦理思想》，中国人民大学出版社 2000 年版。

79. [德] 亚图·考夫曼：《类推与“事物本质”——兼论类型理论》，吴从周译，台北，学林文化事业有限公司 1999 年版。

80. 陈忠林：《意大利刑法纲要》，中国人民大学出版社 1999 年版。

81. [意] 杜里奥·帕多瓦尼：《意大利刑法学原理》，陈忠林译，法律出版社 1998 年版。

82. [美] 德沃金：《法律帝国》，李长青译，中国大百科全书出版社 1996 年版。

83. 李海东主编：《日本刑事法学者》，法律出版社、成文堂 1995 年版。

84. [美] 克利福德·吉尔兹：《地方性知识：事实与法律的比较透视》，邓正来译，载梁治平：《法律的文化解释》，三联书店 1994 年版。

85. 沈宗灵主编、张文显副主编：《法理学》，高等教育出版社 1994 年版。

86. 陈学恂主编：《中国近代教育史教学参考资料》（上册），上海教育出版社 1993 年版。

87. 陈志龙：《法益与刑事立法》，台北，台湾大学法学院图书部 1992 年版。

88. 《美国模范刑法典》，陈耀东译，载《各国刑法汇编》（下册），司法通讯社 1980 年版。

89. ［德］黑格尔：《精神现象学》（下卷），贺麟、王玖兴译，商务印书馆 1979 年版。

90. 王伯琦：《民法通则》，台北，正中书局 1963 年版。

91. Adamic L, *Dynamite: The Story of Class Violence in America*, ISCI, 2022.

92. Lu Z & Hong F., *Sport and Nationalism in China*, Routledge, 2013.

93. Simon Gardiner et al., *Sports Law*, Cavendish Publishing Limited, 2012.

94. Tamburrini, Claudio & Torbjörn Tännsjö, eds., *Values in Sport: Elitism, Nationalism, Gender Equality and the Scientific Manufacturing of Winners*, Taylor & Francis, 2002.

95. Bairner A., *Sport, Nationalism, and Globalization: European and North American Perspectives*, Suny Press, 2001.

96. Russell GW., *The Social Psychology of Sport*, New York: Spring er Verlag, 1993.

97. Joel Feinberg, *Harm to Others*, Oxford University Press, 1984.

（二）期刊论文

1. 陈卓、李丽芬：《新制度主义视野下的体育暴力研究》，载《西南交通大学学报（社会科学版）》2023 年第 4 期。

2. 王喆：《辩证分析体育赛场暴力行为的影响》，载《体育世界》2023 年第 6 期。

3. 陶婉婷、朱坪：《职业竞技体育“暴力违规”的民事责任探析》，载《秦智》2022 年第 3 期。

4. 李寒冰、朱邱晗、魏礼壮：《集体身份认同视域下球迷暴力的发生机制与消解路径》，载《体育与科学》2022 年第 1 期。

5. 王猛、渠彦超：《中国共产党百年体育思想的历史演进、理论内涵与重要价值》，载《体育与科学》2021 年第 4 期。

6. 王凯、韩磊：《新中国70年来体育治理的历史演进、主要经验和趋势前瞻》，载《天津体育学院学报》2021年第4期。

7. 陈丛刊、杜雨生、王思贝：《中国共产党体育观的百年演进及经验启示》，载《南京体育学院学报》2021年第7期。

8. 黄璐、刘波：《后疫情时代体育世界的变革趋势探析——〈奥林匹克2020+5议程〉解析与中国借鉴》，载《武汉体育学院学报》2021年第6期。

9. 曹卫东等：《"建党百年与中国特色社会主义体育发展道路"笔谈》，载《上海体育学院学报》2021年第6期。

10. 李斌雄、姬建建：《中国共产党体育强国思想的百年发展、指导作用和基本原则》，载《北京体育大学学报》2021年第6期。

11. 李捷：《实现中华民族伟大复兴：中国近代以来全部历史的主题》，载《近代史研究》2021年第4期。

12. 张雷等：《面向2035年远景目标的体育强国建设：实践回顾与理论分析》，载《天津体育学院学报》2021年第3期。

13. 贾小飞：《体育道德建立的内在机理探析》，载《体育研究与教育》2021年第6期。

14. 刘龙、钟兴龙：《暴力攻击裁判现象探析》，载《体育科学研究》2021年第6期。

15. 张鹏：《体育法域外适用的国际挑战与中国应对》，载《体育科学》2021年第3期。

16. 王雁、燕飞：《党的五代领导人关于体育的重要论述蕴含的马克思主义哲学观》，载《体育与科学》2021年第2期。

17. 李静、高恩召：《从自在、自觉到自为：中华民族发展的历史逻辑》，载《中央民族大学学报（哲学社会科学版）》2021年第4期。

18. 李有强、龚正伟：《体育与人的全面发展：基于马克思主义身体哲学视角的考察》，载《西安体育学院学报》2021年第4期。

19. 刘冬磊、崔丽丽、孙晋海：《中国共产党体育思想视域下构建人类命运共同体的"体育方案"研究》，载《北京体育大学学报》2021年第6期。

20. 高振峰：《党的体育思想与中国体育发展道路自信的辩证逻辑》，载《体育与科学》2021 年第 4 期。

21. 邢金明、王松、刘波：《新时代中国特色社会主义体育思想的学理逻辑、理论特征与价值挖掘论纲》，载《体育与科学》2021 年第 4 期。

22. 张闻铄：《体魄与精神重塑：中央苏区红色体育运动考略》，载《南京体育学院学报》2021 年第 6 期。

23. 刘娟：《中华民族精神视域下的容国团精神》，载《广州体育学院学报》2021 年第 2 期。

24. 崔乐泉、张红霞：《基于中国共产党百年体育实践的体育强国之路研究》，载《武汉体育学院学报》2021 年第 7 期。

25. 刘康：《习近平以人民为中心发展思想的逻辑阐释》，载《河南大学学报（社会科学版）》2021 年第 5 期。

26. 高强、许浩南、程一帆：《体育哲学的思维方式境迁——始于“体育本质”当代中国发问的思想史考察》，载《上海体育学院学报》2021 年第 3 期。

27. 毛振明、罗帅呈、盖清华：《论建党百年体育发展中的“民族振兴梦想”》，载《武汉体育学院学报》2021 年第 7 期。

28. 张小平：《百年奋斗成就的思想密钥——在“两个结合”中不断开辟当代中国马克思主义发展新境界》，载《人民论坛》2021 年第 23 期。

29. 赵富学：《论习近平新时代体育强国思想蕴含的马克思主义哲学观》，载《北京体育大学学报》2020 年第 5 期。

30. 路云亭：《从剧场向球场转移的悲剧——球迷暴力现象的文化学释读》，载《哈尔滨体育学院学报》2020 年第 2 期。

31. 朱梦璇：《刑法介入竞技体育伤害行为的研究》，载《江苏警官学院学报》2020 年第 5 期。

32. 任鹏博等：《习近平新时代体育强国思想的核心内涵、价值指向与实践特质》，载《南京体育学院学报》2020 年第 11 期。

33. 宋冰、耿瑞楠、邱林：《欧美职业体育赛事促进体育强国建设的价值内涵与我国镜鉴》，载《吉林体育学院学报》2020 年第 2 期。

34. 宁吉喆：《“十四五”规划的重要意义及其与 2035 年远景目标的内在逻辑》，载《人民论坛》2020 年第 34 期。

35. 樊士博、张可辉：《新中国成立以来中国共产党体育观的整体检视》，载《北京体育大学学报》2020 年第 8 期。

36. 弓衡、李书娟：《我国体育发展新格局的价值意蕴、时代内涵及实现路径》，载《体育文化导刊》2020 年第 11 期。

37. 郑继超、张佩云、董翠香：《习近平关于体育工作重要论述研究：热点与展望》，载《西安体育学院学报》2020 年第 6 期。

38. 贾斌、王保金：《新时代体育强国建设的基本内涵和实现路径研究》，载《西安体育学院学报》2020 年第 4 期。

39. 王莉、阚军常：《人类命运共同体视角下中国体育外交发展的理念创新与实践路径》，载《天津体育学院学报》2020 年第 6 期。

40. 蒋菠等：《新时代〈体育强国建设纲要〉实施的视野与路径》，载《北京体育大学学报》2020 年第 4 期。

41. 蒋启飞：《习近平新时代体育思想的哲学意蕴》，载《吉林体育学院学报》2020 年第 3 期。

42. 柯勇等：《新中国成立 70 年来我国体育发展的经验启示及未来路径》，载《武汉体育学院学报》2020 年第 1 期。

43. 卢文云：《迈向体育强国我国竞技体育发展面临的问题与对策》，载《沈阳体育学院学报》2020 年第 2 期。

44. 范文：《新时代中国特色社会主义政治建设的理论分析》，载《中国特色社会主义研究》2019 年第 6 期。

45. 彭国强、陈庆杰、高庆勇：《从单一到多元：新时代体育在国家发展中的价值定位研究》，载《武汉体育学院学报》2019 年第 4 期。

46. 付剑锋、胡玉娜：《新中国 70 年来体育发展观的回顾、反思与新时代的展望》，载《武汉体育学院学报》2019 年第 8 期。

47. 顾跃：《习近平关于体育发展论述的科学内涵与现实意义》，载《体育学刊》2019 年第 1 期。

48. 段威：《法律叙事方法对裁判事实建构的影响》，载《法律方法》2019 年第 1 期。

49. 段威：《运动员竞技体育暴力刑事裁判中的事实建构》，载《上海体育学院学报》2019 年第 4 期。

50. 刘芳枝、陈林祥：《新时代习近平体育重要论述的内涵研究》，载《南京体育学院学报》2019 年第 3 期。

51. 刘永刚：《铸牢中华民族共同体意识与国家治理现代化的互构逻辑》，载《西南民族大学学报（人文社会科学版）》2019 年第 10 期。

52. 任海：《当代体育发展与体育概念的界定》，载《成都体育学院学报》2019 年第 5 期。

53. 楼俊超、徐献杰：《习近平关于体育工作重要论述的丰富内涵与重大意义》，载《体育学刊》2019 年第 3 期。

54. 杨铃春等：《习近平关于体育工作重要论述的内在逻辑与时代解读》，载《体育与科学》2019 年第 5 期。

55. 杨桦：《体育改革：成就、问题与突破》，载《体育科学》2019 年第 1 期。

56. 张琴、易剑东：《自治、他治、善治：体育治理路向何方》，载《北京体育大学学报》2019 年第 9 期。

57. 汪习根、汪茹霞：《论中国国际体育执法话语权提升之道》，载《武汉体育学院学报》2018 年第 12 期。

58. 汪文奇、金涛：《新时代我国体育治理格局的转型改造：由“强政府弱社会”转向“强政府强社会”》，载《武汉体育学院学报》2018 年第 7 期。

59. 王子朴、朱亚成：《新时代中国体育强国建设中的体育产业发展逻辑》，载《北京体育大学学报》2018 年第 3 期。

60. 任波、戴俊、黄海燕：《中国体育产业供给侧结构性矛盾与改革路径》，载《天津体育学院学报》2018 年第 5 期。

61. 田标等：《近代以来“体育强国”文化构想的建构》，载《南京体育学院学报》2018 年第 4 期。

62. 柳鸣毅等:《“体育强、中国强”的学理阐述——习近平总书记体育思想初探》,载《武汉体育学院学报》2018 年第 1 期。

63. 刘青等:《国家发展视野中的大国体育崛起》,载《成都体育学院学报》2018 年第 3 期。

64. 鲍明晓等:《关于加快推进体育强国建设的几个基本理论问题——基于党的十九大报告提出体育发展全局的战略性问题》,载《北京体育大学学报》2018 年第 2 期。

65. 布特:《习近平新时代建设体育强国思想及其价值研究》,载《南京体育学院学报》2018 年第 3 期。

66. 陈云云、张玉、胡娟:《新时代习近平体育思想探析》,载《武汉体育学院学报》2018 年第 5 期。

67. 程文广:《习近平新时代中国特色社会主义思想引领下健康中国的体育思想:释义、源起与意义》,载《北京体育大学学报》2018 年第 9 期。

68. 韩致宁:《习近平新时代中国特色社会主义思想的理论逻辑和理论要素论纲》,载《行政论坛》2018 年第 6 期。

69. 丁永亮、杨国庆:《习近平总书记关于体育工作重要论述的丰富内涵和主要渊源》,载《北京体育大学学报》2018 年第 10 期。

70. 黄莉:《体育强国的理论框架与顶层设计——从“十九大”报告中的国家大战略思考体育发展战略》,载《北京体育大学学报》2018 年第 1 期。

71. 王家宏等:《聚焦改革开放 40 年:中国体育改革与发展的思考》,载《体育学研究》2018 年第 6 期。

72. 朱贻庭:《“伦理”与“道德”之辨——关于“再写中国伦理学”的一点思考》,载《华东师范大学学报(哲学社会科学版)》2018 年第 1 期。

73. 陈伟、蔡荣:《刑法立法的类型化表述及其提倡》,载《法制与社会发展》2018 年第 2 期。

74. 石岩、高桢:《我国体育暴力研究热点、演进脉络及发展趋势》,载《成都体育学院学报》2017 年第 6 期。

75. 钱叶六:《竞技体育伤害行为的正当化根据及边界》,载《法学家》2017 年第 3 期。

76. 李润:《“一带一路”格局下我国体育产业发展的理论构想》,载《广州体育学院学报》2017 年第 4 期。

77. 方兰欣:《中国国际话语权提升的制约因素、战略机遇与核心路径》,载《学术探索》2016 年第 9 期。

78. 李向前、吴光远:《体育美学视角下 NBA 扣篮的美学特征研究》,载《北京体育大学学报》2016 年第 3 期。

79. 赵松、常乃军、白春燕:《人的全面发展视阈下竞技体育的本源回归》,载《沈阳体育学院学报》2016 年第 6 期。

80. 石岩、韩健:《青少年体育暴力个案研究》,载《体育与科学》2015 年第 1 期。

81. 段威:《体育暴力之刑法化思考——社会学视域下的体育暴力解读》,载《成都体育学院学报》2015 年第 3 期。

82. 罗军委、钟建伟:《当代中国竞技体育精神文化的危机与重构》,第十届全国体育科学大会会议论文,2015 年 11 月于杭州。

83. 王智慧:《论体育强国视域下的国家体育话语能力》,载《西安体育学院学报》2014 年第 3 期。

84. 谭华、刘春燕:《身体、观念与体育——评罗伯特·麦基考夫的〈体育哲学史〉》,载《武汉体育学院学报》2014 年第 7 期。

85. 郑丁贤:《对体育“暴力”的宗教人类学解读》,载《福建体育科技》2014 年第 4 期。

86. 于善旭:《论法治体育在推进体育治理现代化中的主导地位》,载《上海体育学院学报》2014 年第 6 期。

87. 黄浩:《当前竞技体育伦理精神的缺失及重塑》,载《伦理学研究》2013 年第 6 期。

88. 程向炜等:《97 例醉驾案例的回顾性分析》,载《法医学杂志》2013 年第 2 期。

89. 韩勇：《同场竞技运动员间伤害的侵权责任》，载《体育学刊》2013年第1期。

90. 张春良：《建构体育法治信念的中国攻略》，载《武汉体育学院学报》2012年第4期。

91. 南连伟：《风险刑法理论的批判与反思》，载《法学研究》2012年第4期。

92. 吴玉萍：《竞技体育行为与体育暴力行为界分的刑法考察》，载《中国刑事法杂志》2012年第3期。

93. 程卫波、孙波、张志勇：《中国近代体育发展阶段的历史审视——一种身体社会学视角》，载《体育科学》2011年第3期。

94. 王泽应：《伦理精神自信是文化自信的核心和根本》，载《道德与文明》2011年第5期。

95. 苏青：《法益理论的发展源流及其启示》，载《法律科学（西北政法大学学报）》2011年第3期。

96. 韩勇：《北美体育暴力的刑事诉讼与抗辩》，载《武汉体育学院学报》2011年第12期。

97. 景年红：《英美法国家竞技体育暴力行为刑事责任问题》，载《山东社会科学》2011年第8期。

98. 向会英、谭小勇：《大型体育赛事体育暴力的法律规制》，载《体育科研》2011年第2期。

99. 欧阳本祺：《犯罪构成体系的价值评价：从存在论走向规范论》，载《法学研究》2011年第1期。

100. 张伟、傅砚农：《中国共产党人体育观的形成和发展》，载《成都体育学院学报》2011年第6期。

101. 霍德利：《转型时期我国体育制度创新与路径选择》，载《体育与科学》2011年第1期。

102. 牛克乾：《刑事法官视野中的刑法渊源》，载《法律适用》2010年第1期。

103. 任杰：《竞赛结果“真”与“好”的伦理学分析》，载《体育学刊》2010年第4期。

104. 张云翔：《竞技场上暴力行为归因与类型分析》，载《新乡学院学报（自然科学版）》2010年第6期。

105. 刘延军：《竞技体育规则：规制伤害行为的优位选择——兼论刑法的适度干预》，载《天津体育学院学报》2010年第5期。

106. 陈娜娜、韦宏浩：《体育暴力的心理学致因分析》，载《安徽体育科技》2010年第2期。

107. 李智：《体育赛场暴力侵权的民事诉求途径》，载《法学评论》2010年第1期。

108. 曲伶俐、吴玉萍：《竞技体育暴力行为的刑法解读》，载《山东社会科学》2010年第3期。

109. 齐文远、苏彩霞：《刑法中的类型思维之提倡》，载《法律科学（西北政法大学学报）》2010年第1期。

110. 孙杜兵、贺昭泽：《论我国当代体育价值观的内涵》，载《首都体育学院学报》2010年第5期。

111. 刘仁文：《中国刑法学六十年》，载《浙江大学学报（人文社会科学版）》2010年第1期。

112. 薛静丽、田吉明：《竞技体育犯罪：法律与伦理的双重审视》，载《成都体育学院学报》2010年第12期。

113. 谭红春：《对体育“暴力”的文化人类学解读》，载《天津体育学院学报》2009年第3期。

114. 罗嘉司、王明辉：《竞技致损行为的正当化根据及刑罚边界》，载《北京体育大学学报》2009年第4期。

115. 文启湘、席建强：《扩大农村居民消费的新思路：基于体育消费的视角》，载《学术交流》2009年第8期。

116. 黄世席：《足球暴力法律规制之比较研究——以英意西为例》，载《体育与科学》2008年第1期。

117. 阎小良、王家力、邓仕琳:《从体育学与法学的视角对球场暴力概念的重构》,载《沈阳体育学院学报》2007 年第 2 期。

118. 曲伶俐、宋献晖:《英美国家体育暴力伤害行为刑事责任初探》,载《政法论丛》2007 年第 2 期。

119. 刘治斌:《案件事实的形成及其法律判断》,载《法制与社会发展》2007 年第 2 期。

120. 刘治斌:《司法过程中的法律发现及其方法论析》,载《法律科学(西北政法学院学报)》2006 年第 1 期。

121. 张金成、王家宏、舒钧:《我国球场暴力研究概述》,载《天津体育学院学报》2005 年第 3 期。

122. 马乃欣:《体育社会化功能研究》,载《西安体育学院学报》2005 年第 4 期。

123. 石岩:《国内外反球场观众暴力的立法》,载《体育学刊》2004 年第 2 期。

124. 黄京平、陈鹏展:《竞技行为正当化研究》,载《中国刑事法杂志》2004 年第 6 期。

125. 郑永流:《法律判断形成的模式》,载《法学研究》2004 年第 1 期。

126. 郭树理:《论司法对体育行会内部纠纷的干预》,载《北京市政法管理干部学院学报》2003 年第 3 期。

127. 宋浩波:《试论犯罪经济学的原理》,载《福建公安高等专科学校学报》2003 年第 1 期。

128. 刘志远:《社会危害性概念之正当性考察》,载《中国刑事法杂志》2003 年第 4 期。

129. 翟继勇、刘一民、贾学明:《对体育暴力概念的探讨》,载《辽宁体育科技》2003 年第 1 期。

130. 张林、戴健、陈融:《我国职业体育俱乐部运行机制研究》,载《体育科学》2001 年第 4 期。

131. 周爱光:《对竞技运动概念的再认识》,载《中国体育科技》1999 年第6期。

132. 顾培东：《效益：当代法律的一个基本价值目标——兼评西方法律经济学》，载《中国法学》1992年第1期。

133. 吴礼文：《体育立法的任务和作用》，载《体育文史》1986年第3期。

134. Haut J & Gaum C, *Does Elite Success Trigger Mass Participation in Table tennis? An Analysis of Trickle - down Effects in Germany, France and Austria*, Journal of Sports Sciences, Vol. 23, p. 2760 - 2767 (2018).

135. Storm R. K, Nielsen C G & Jakobsen T G, *Can International Elite Sport Success Trickle Down to Mass Sport Participation? Evidence from Danish Team Handball*, European Journal of Sport Science, Vol. 8, p. 1139 - 1150 (2018).

136. Ubaidulloev Z, *Sport for Peace: A New Era of International Cooperation and Peace Through Sport*, Asia - Pacific Review, Vol. 2, p. 104 - 126 (2018).

137. Jedlicka S. R, *Sport Governance as Global Governance: Theoretical Perspectives on Sport in the International System*, International Journal of Sport Policy and Politics, Vol. 2, p. 287 - 304 (2018).

138. Schulenkorf N, Sherry E & Rowe K, *Sport for Development: An Integrated Literature Review*, Journal of Sport Management, Vol. 1, p. 22 - 39 (2016).

139. Rhamey Jr J. P & Early B. R, *Going for the Gold: Status - seeking Behavior and Olympic Performance*, International Area Studies Review, Vol. 3, p. 244 - 261 (2013).

140. Ha J P & Lyras A, *Sport for Refugee Youth in a New Society: The Role of Acculturation in Sport for Development and Peace Programming*, South African Journal for Research in Sport, Physical Education and Recreation, Vol. 2, p. 121 - 140 (2013).

141. Hancock M, Lyras A & Ha J P, *Sport for Development Programs for*

Girls and Women: A Global Assessment, Journal of Sport for Development, Vol. 1, p. 15 – 24 (2013).

142. Walker M & Kent A, *Do Fans Care? Assessing the Influence of Corporate Social Responsibility on Consumer Attitudes in the Sport Industry*, Journal of Sport Management, Vol. 6, p. 743 – 769 (2009).

143. Redeker R, *Sport as an Opiate of International Relations: The Myth and Illusion of Sport as a Tool of Foreign Diplomacy*, Sport in Society, Vol. 4, p. 494 – 500 (2008).

144. Kaburakis A, *The US and EU Systems of Sport Governance: Commercialized v. Socio – cultural Mmodel—Competition and Labor Law*, The International Sports Law Journal, Vol. 3 – 4, p. 108 – 128 (2008).

145. Green M, *Changing Policy Priorities for Sport in England: The Emergence of Elite Sport Development as a Key Policy Concern*, Leisure studies, Vol. 4, p. 365 – 385 (2004).

146. Jack Anderson, Citius, Altius, Forties? *A Study of Criminal Violence in Sport*, Marq. Sports L. Rev, Vol. 11, p. 102 (2000).

147. Grafman J et al., *Injuries, Violence, And Aggression—A Report Of The Vietnam Head Injury Study*, Neurology, Vol. 46: 5, p. 1231 (1996).

148. Linda S, Calvert Hanson & Craig Dernis, *Revisiting Excessive Violence in the Professional Sports Arena: Changes in the Past Twenty Years?*, Hall Journal of Sport Law, Vol. 6, p. 148 – 149 (1996).

149. Mccutcheon J P, *Sports Violence, Consent and the Criminal Law*, Northern Ireland Legal Quarterly, Vol. 45: 3, p. 267 – 284 (1994).

150. JM Massey, *Case and Comment: Violence*, Crim. L. Rev, Vol. 36, p. 514 (1989).

151. Mary C, *It's Not How You Play the Game, It's Whether You Win or Lose: The Need for Criminal Sanctions to Curb Violence in Professional Sports*, Hamline Law Review, Vol. 12: 1, p. 71 (1988).

152. Diane V. White, *Sports Violence as Criminal Assault: Development of the Doctrine by Canadian Courts*, Duke Law Journal, Vol. 11, p. 1030 – 1034 (1986).

153. Gibson D E N, *Violence in Professional Sports: A Proposal for Self Regulation*, Communications and Entertainment Law Journal, Vol. 3, p. 425 (1980).

154. Sprotzer, *Violence in Professional Sports: A Need for Federal Regulation*, Case and Command, Vol. 5 – 6, p. 3, 8 (1981).

155. R. L. Binder, *Comment, The Consent Defense: Sports Violence and the Criminal Law*, American Criminal Law Review, Vol. 13, p. 235 (1975).

（三）学位论文

1. 杨诗慧：《体育赛场暴力的分类体系研究——基于分类社会学的视角》，扬州大学 2023 年硕士学位论文。

2. 张建荣：《社会文化视野下的体育暴力现象研究》，江西师范大学 2022 年硕士学位论文。

3. 白银龙：《美、德、中三国竞技体育治理特征及其比较研究》，上海体育学院 2022 年博士学位论文。

4. 康沁源：《对抗性竞技体育中伤害行为的刑事责任归责探讨》，贵州大学 2022 年硕士学位论文。

5. 王昌杰：《竞技体育伤害行为的刑法评价》，南京大学 2020 年硕士学位论文。

6. 包宜鑫：《竞技体育中“暴力犯规行为”的刑法规制》，湘潭大学 2019 年硕士学位论文。

7. 徐士航：《竞技体育暴力行为的刑法教义学研究》，扬州大学 2019 年硕士学位论文。

8. 龙雨虹：《竞技体育中伤害行为的刑法规制》，西南政法大学 2019 年硕士学位论文。

9. 王开元：《论竞技体育伤害行为的刑法规制》，湖南师范大学 2018 年硕士学位论文。

10. 韩奉霖：《竞技体育伤害行为的刑法规制》，沈阳师范大学 2018 年硕士学位论文。

11. 黄静：《多元文化背景下毛里求斯大众体育发展研究》，重庆大学 2017 年硕士学位论文。

12. 胡啸：《英美法系国家对竞技体育伤害行为的刑事法规制》，湘潭大学 2015 年硕士学位论文。

13. 冯云：《德国刑法学社会相当性理论的研究与应用——我国出罪机制的一种尝试》，甘肃政法学院 2015 年硕士学位论文。

14. 肖鹤：《我国竞技体育犯罪原因及法律解决机制研究》，陕西师范大学 2012 年硕士学位论文。

（四）其他

1. 徐达内：《中纪委批足球，体总该干实事儿了》，载《东方早报》2014 年 11 月 6 日，第 4 版。

2. 《李铁案细节，首次披露！300 万“上位”国足主教练；1400 万收买对手踢假球……》，载搜狐网 2024 年 1 月 9 日，https：//sports. sohu. com/a/750795403_ 663389。

3. 《CBA：天津逆转送福建 3 连败　朱世龙朝裁判怒扔战术板被驱逐》，载腾讯网，https：//new. qq. com/rain/a/20231223A07VHK00。

4. 《中甲“主帅掌掴主裁”事件追踪：当值主裁判罚基本无误，涉事球队官方致歉》，载腾讯网，https：//new. qq. com/rain/a/20230724A05AUM00。

5. 《百名球迷怒打客队惹事球员》，载武汉晚报网 2023 年 3 月 2 日，https：//sports. huanqiu. com/article/9CaKrnJEqVl。

6. 《爆粗口 + 狂砸球拍攻击裁判！男单卫冕冠军遭重罚，取消比赛资格》，载搜狐网 2022 年 2 月 23 日，https：//sports. sohu. com/a/524934156_ 120225650。

7. 《齐祖顶人一幕法国再演　肇事球员禁赛六年开先河》，载搜狐体育，

https：//sports. sohu. com/20070225/n248339420. shtml。

8.《亚洲足球最耻辱一幕：斗殴持续 14 分钟　哈曼怒发冲冠》，载新浪体育，https：//sports. sina. com. cn/j/2004 – 05 – 10/1014876449. shtml？from = wap。